清州楊氏 退隱實記

▲ 始祖 忠憲公 諱 起 影幀 (眞像)

▲ 退隱公 諱 治 影幀

▲ 퇴은재 전경

▲ 청령사 전경

▲ 충헌사 전경

▲ 충목단 전경

▲ 충목단의 비석

▲ 병사공 휘 치(治) 묘소

▲ 병사공 휘 치(治) 配 平壤趙氏 묘소

▲ 서평군 휘 지수(之壽) 묘소

▲ 퇴은공 휘 치(治) 신도비

이 책을 출판하며

사람들은 모두가 나에 대한 의문과 내 삶에 대하여 과연 내가 어떤 사람인지? 어떻게 살아야 할지를 생각하면서 '그럼 나는? 우리는?'하면서 나의 주위를 살피게 됩니다.

인류가 살아가는 사회 공동체 속에서 서로가 협력하고 의지하는 사회생활을 되돌아보는 것도 매우 중요할 것이기에 나를 표현하는 세 글자 속에서 나를 찾는 것이 중요하다고 생각됩니다. 죽어도 바꿀 수 없는 꼭 지켜야 할 성(姓)이 있고 그 성씨에 순위, 순서 즉 대(代)를 나타내는 돌림 자(字)가 있고 부모의 생각으로 어찌, 어떻게 살라고 받는 한 글자가 있어서 나의 성과 이름으로 결정되어 그것을 가지고 평생을 살아가며 또 그것은 죽은 뒤에도 영원히 가지고 있습니다.

그러면 우리가 가지는 성(姓)은 무엇을 의미할까요? 가까이는 부모와 자식으로부터 시작하여 일가(一家), 친척(親戚), 가문(家門) 등 같은 성(姓)을 갖은 사람끼리는 한 할아버지의 자손으로서 무한한 정(情)을 나누며 같은 생각으로 사회생활을 하려고 이해하며 노력합니다. 또한, 그렇게 살아가는 것이 옳다고 생각합니다.

그러면 우리 선조(先祖)는 어떤 사람이고 어떤 생각을 가지고 어떻게 사셨는지를 알아서 우리 후손들에게는 어떻게 살라고 알리는 것이 매우 중요할 것 같아 청주양씨(淸州楊氏)의 시조(始祖)로 모시고 있는 충헌공(忠憲公)과 포천의 입향조(入鄕祖)이신 병사공(兵使公 : 퇴은공(退隱公)에 대하여 알아보고자 옛 선조(先祖)들께서 기록하여 놓은 서책을 보면서 우리의 성(姓) 양(楊)의 사상(思想)과 후손들에게 전하고자 하는 바는 무엇인지 전(傳)해보려고 포천의 몇몇 일가(一家)분들이 합의하여 작은 책자를 다시 발간하여 보급하자고 하였습니다.

옛 문헌(文獻)이 모두 한자(漢字)로 되어 있어서 읽어보기가 어려운 데다가 번역하여 엮은 책들도 있지만, 이 또한 널리 보급되어 있지 않아 특히 젊은 학생들에게는 접(接)하기도 어렵고 읽어도 고자(古字)나 현재 사용되지 않는 단어로 되어 있어서 이해하기가 어려울 것 같아서 한자의 음과 단어의 뜻을 내서(內書)로 하여 적어보려고 하였으나 많이 부족한 것 같습니다.

포천에서 뜻을 모은 일가(一家)분들이 전문적으로 한자(漢字)를 공부한 사람이 아니어서 원문에 적혀있는 글에 우리말 어순(語順)의 배열이라든가, 존칭어 사용, 또 조사, 접속사, 의문사, 감탄사, 두음법칙, 동자이음, 등 문법상 해석도 잘못되어 있을 수 있고, 단어의 해석은 국어사전과 옥편 컴퓨터 등에서 찾고 하였으나 다른 뜻으로 해석할 수도 있음을 미리 알리면서 이것이 전적으로 옳다고는 주장을 하지 못하니 읽으시면서 한자를 배우지 않은 젊은 사람들을 위하여 만든 책이라 생각하시고 잘못된 부분에 대해서는 양해(諒解)를 바랍니다.

2022년 仲秋

편찬위원 : 永玉, 載煥, 國鍾, 永厚
영옥 재환 국종 영후

永泰, 浩植, 範鍾, 永老
영태 호식 범종 영로

<축간사>

한반도(韓半島)에서의 청주양씨(淸州楊氏)는 누구인가!

楊 永 實(전 병사공파종중회장)

존경하는 청주양씨 문중 일족 여러분, 특히 금번 "퇴은 병사공(諱 治)" 선조님 관련 고문서 자료를 수집, 이를 한역하여, "퇴은실기" 문집을 편찬하시는 퇴은 병사공파 문중일가 여러분!

그간 여러 어려운 과정들을 무릅쓰고, 이를 오직 숭조정신으로 극복하여, 본 문집을 발간하심을 진심으로 축하드립니다.

차제에, 여기서 한반도에서의 우리 청주양씨의 원류와 그 정체성과 퇴은 병사공의 계보를, 한 시대의 단면적 또는 단편적인 단순한 서술이 아닌, 모든 시대를 관통하는 정수(挺秀)[1]를, 여기 간략히 기술하고자 합니다. 즉, 한반도에서의 청주양씨는 누구일까요? 돌이켜보면, 중국 주(周)나라 백교(伯僑: BC 700년경) 때에 이르러 홍농양씨(弘農楊氏)로 성과 관향을 갖

1) 훌륭하게 뛰어남

게 되었습니다.

그 후 후한(後漢) 대에 이르러, 백교의 20세손인 관서부자(關西夫子)로 칭송받으시고, 사지공(四知公)으로 유명하시며, 더욱이 동서고금 인류역사상 청백리(淸白吏)와 신도비(神道碑)라는 어원(語源)의 원조(元祖)이시며, 그 주인공이 되시는 백기(伯起) 양진(楊震 : AD60?~124) 선조께서는, 홍농양씨[2]의 중시조(中始祖)라 할 수 있습니다.

백기 선조의 크나큰 덕망과 경륜과 학문의 후광으로, 중국에서의 홍농양씨는, 수천 개의 성씨 중에서, 상위 6대 문벌에 속하며, 그중에서도 최상위 문벌인 고량(膏粱)에 속합니다. 그 후 중국 원(元)대에 이르러, 사지공 백기 양진 선조의 43세손으로서, 수시중으로 계시던 암곡(巖谷)[3] 양기(楊起, 1303~1394. 7)선조께서, 고려(高麗)의 공민왕(1330~1374)이 세자로 연경(지금의 북경)에 머무를 때, 원나라 노국공주(魯國公主, ?~1365)와 결혼하여, 고려로 환국할 때, 이들을 배종하여 1351년 12월에 고려에 나오셨습니다.

그 후 암곡 선조께서, 고려에 머무르시면서, 원나라에 세공으로 받치는 4대 공물[4]로 인하여, 고려의 재정이 극히 피폐함을 보시고, 이즈음 때마침, 중국대륙에서는 주원장(朱元璋, 1328~1398)이, 원나라를 물리치고, 새로 명(明)이라는 왕조

---

2) 홍농양씨 : 한반도의 청주양씨 원류
3) 암곡(巖谷) : 양기선조의 호
4) 4대 공물 : 동녀 5천 명, 준마 3만 필, 능견 3만 동, 저포 6만 필)

를 건국하는 등, 대륙의 급변하는 세력의 판도를 예감하시고, 이를 공민왕에게, 신흥왕조인 명(明)과 조속히 국교를 맺을 것을 진언하여, 쾌히 승낙을 받고, 예조판서인 장자온(?~1388)을 대동하고, 명 태조 주원장을 예방하여(洪武 元年末: 1368. 12), 그를 잘 설득하여, "금 후 명나라는 고려로부터 세공(歲貢)을 받지 말 것과 고려와 친선 국교를 개설할 것 등을 승낙받는 쾌거를 이루시고 홍무 2년, 1369년 봄에 귀국하셨습니다. 이에 공민왕은 크게 기뻐하시며, 암곡공 양기(楊起) 선조를 벽상삼한창국공신과 상당백[5]으로 특별히 예우함과 동시에, 청주-해주-송화 세 고을을 식읍으로 하사하고, 고려에서의 본관을 청주(淸州)로 내리시고, 또한 청백리로 봉하였습니다. 이때가 1369년(홍무2년) 봄으로, 지금부터 약 650여 년 전의 일입니다.

이때부터(1369년), 암곡 양기 선조님은 그 당시까지의 중국의 홍농양씨 본관 대신, 한반도에서 청주양씨로 본관을 삼게 되시고, 따라서, 한반도에서의 "청주양씨의 시조(淸州楊氏 始祖)"가 되셨습니다.

이 시기를 전후하여, 한반도에서도 고려왕조조차도 노국공주가 산후로 급서한 후, 영민했던 공민왕이 국사를 소홀히 함에, 국기가 문란해지고, 왜구와 홍건적까지 출몰이 빈번해져서, 서서히 사양길에 접어들게 됩니다. 이때, 마침내 외적을

5) 상당백 : 정승 직위에 해당

물리치면서 두각을 나타내고, 이에 더하여 1388년 위화도회군을 통해 세력을 키운 이성계(李成桂, 1335~1408) 장군을 중심으로 한 신흥세력에 의해 서서히 역성혁명(易姓革命)의 기운이 태동하기 시작하여, 드디어 1392년 7월, 고려의 왕씨(王氏) 왕조는 몰락하고, 이씨(李氏) 왕조인 조선(朝鮮)을 건국합니다.

이때, 조선을 건국한 이성계는, 개국 초기부터, 명나라와의 관계를 중히 여겨, 여러 가지 건국과 관련한 대외문제[6](국호, 왕위 등극, 세공 문제 등)들에 대하여 명(주원장)으로부터 승인을 받아야 하는 어려운 처지에 놓이게 되었습니다. 이러한 난국에, 오래전부터 우리 청주양씨 시조이신 암곡공의 덕망과 경륜, 그리고 명 태조와의 친분 등에 대하여 잘 알고 있는 이성계는, 명과 이러한 난제들을 해결하기 위해서는, 암곡공 시조의 도움이 절실히 필요했던 것입니다. 이에 이성계는 우리의 암곡공 시조를 실질적인 "국사(國師)"로 예우하고, 대중 관계에 관한 문제에 관하여, 자주 편전으로 불러드려, 자문을 구했습니다. 그리하여, 이성계는 조선 개국초기에 명과의 산적한 난제들을 원만히 해결하고, 마침내, 1393년 2월에 조선(朝鮮)이란 국호와 태조로서의 등극을 공식적으로 명나라 태조로부터 승인받게 되었습니다.

편전에는 암곡공의 진상(眞像)을 걸어 놓게 하고, 그의 모든

6) 대외문제 : 국호, 왕위 등극, 세공 문제 등

신하들로 하여금 암곡공의 덕망과 경륜을 본받도록 하였습니다. 암곡공께서 연로하시어, 마침내, 1394년 7월 17일 천수를 다하시자, 이 태조는 "나라의 크나큰 어진 정승을 잃었구나!" 탄식하시면서, 3일간 소찬을 들며 퍽 애통해하셨다고 합니다.

이때, 이 태조는 암곡공 시조를 수증사를 원찰로 정중하게 모시도록 하고, 편전에 걸어 놓았던 공의 진상을 그곳에 옮겨 모시게 하고, 충헌(忠憲)이란 시호를 내림과 동시에, 전-현직 정승들로 하여금, 추모글을 짓도록 했습니다. 그리하여, 충헌공의 증손서(曾孫壻)가 되며, 세종 때 영의정에 오른 방촌 황희(1363~1452)는 공의 행장(行狀)을, 영의정 조준(1346~1405)은 행장발문을, 좌의정 하륜(1347~1416)은 수증사 봉안문을, 좌의정 남재(1351~1419)는 향사축문을, 우의정 정탁(1363~1423)은 화상찬을 각각 지어 올려, 우리의 충헌공 시조의 높은 덕망과 경륜과 공적을 높이 칭송했습니다. 특히 이들 여러 추모 글 중, 충헌공의 증손서이며, 충헌공과 30여 년간 동시대에서 상호 교류하면서 함께 살아온 방촌 황희의 '충헌공 행장'문은, 우리 문중뿐만 아니라, 역사적 가치가 높은 퍽 귀중한 사료라고 볼 수 있습니다.

이에 더하여, 명 태조도, 이 태조가 1394년 10월에 한양 천도를 한 후, 최초로 1395년 봄에 보낸 주청사(奏請使) 이자량(李資諒)의 예방을 받을 때, 환영연을 베푼 자리에서, 충헌공의 서거 소식을 접하고, 퍽 애석해하면서, 추모시로 '어제시

(御製詩)'를 지었고, 그 시가 현재도 전해져 내려오고 있습니다.

그 후, 조선 제3대 태종임금도 충헌공에게 어사제문을 내린 바 있다. 그리고 조선왕조에서는, 청주양씨 후손에게는 군역을 면제해주는 특전을 베풀어 주었다. 이와 같이 우리의 충헌공 시조는 당시 중국(원-명)과 국내(고려-조선)에서 널리 알려져 추앙받았던 인물임을 후손들은 마음속 깊이 명심해야 할 것입니다.

그리고 다음은, 세종대왕(1397~1450) 때, 함길-황해 양도 병마절도사로서, 우리나라의 북방을 방어하는 중책을 맡았으며, 포천지역의 향시조이신 호 퇴은(退隱) 휘 양치(楊治, 1400. 9. 7 ~ 1485. 4. 21.)선조에 관하여, 알아보기로 합니다.

병사공 퇴은 양치 선조님은, 위 청주양씨의 시조 충헌공 양기(楊起) 선조의 증손이시며, 조부는 서평군 휘 지수(之壽)이시며, 부는 조선의 개국공신 휘 천진(天震)이신대, 한양에서 1400년 9월 7일에 태어나셨습니다.

어려서부터 학문과 지용이 뛰어나시어, 약관에 갑사(甲士)[7]를 하셨고, 세종 24년에는 경회루에서 거행된, 어전마상궁술대회에서 우승하시어, 세종대왕으로부터 직접 활을 하사받았다. 세종대왕의 명에 따라, 도절제사 절재 김종서(1390~145

7) 갑사(甲士) 王을 호위하는 임무

3.10)가 6진을 개척할 때(세종 15년. 12 ~ 25년), 함께 참전하여, 특히 세종 18년(1436)에, 용맹과 지략으로 여진족을 크게 물리치는 전공을 세운 후, 세종20년(1438)에는 압록강 서북 방면을 방어하는 지벽동지사로 승진하셨고, 세종22년(1440)에는, 절재 김종서가 형조판서로 조정으로 전임함에, 그 뒤를 이어, 조선 국토의 북방전역을 방어하는 함길-황해 양도 병마절도사(병사)의 중임을 맡게 되셨습니다(1440). 이때, 퇴은 병사공의 연세는 41세이시었습니다.

참고로 방촌 황희 정승은 병사공의 자형(姊兄)이 되시며, 특히 그는 어릴 적부터, 병사공의 자질을 높게 평가하시고, 무척 총애하셨다고 합니다. 그러던 중, 세종과 문종(1414~1452)이 연이어 서거한 후, 조정에서는, 단종(1441~1457) 원년(1453) 10월에, 어린 조카 단종의 왕위를 탐하던 수양대군(1417~1468)이 계유정란(1453. 10)을 일으켜, 영의정 황보인(?~1453), 좌의정 절재 김종서 등, 세종대왕의 고명대신들을 격살하는 사건이 발발하자, 병사공께서는, 후 일을 기해서, 모든 관직을 버리고, 포천-기지리 두문동(杜門洞)으로 은둔하셨습니다(1453.10).

다시 2년 후인 단종 3년(1455년 6월)에는 단종은 위압에 못 이겨, 왕위를 수양대군(후에 세조)에게 찬탈당했습니다. 이때, 세종대왕의 빈(嬪)으로, 세종대왕의 특명에 따라, 어린 홍위(弘暐: 단종의 이름)에게 직접 수유를 하시면서 보양했고,

퇴은 병사공의 종질녀가 되시는 혜빈양씨(惠嬪楊氏, 1414~1455. 11. 9)가, 세종대왕[충헌공 시조의 현손서(玄孫壻)]의 유훈에 따라, 중보(국새)를 세조 측에 전하려 하지 않자, 이로 인해 두 아들 한남군, 영풍군과 함께 큰 화를 당했습니다.

이때 포천-기지리 두문동에 계시던 퇴은 병사공께서는, 삼문 멸족의 위험을 무릅쓰시고, 야음을 틈타, 궁궐에 잠입하여, 혜빈의 시신을 수습하여, 포천 기지리(틀못이) 입구, 좌측에 있는 봉수산 남측 기슭언덕에, 부관-부지-무봉으로 암장하셨습니다.

지금도 후세인들은 이 계곡을 능내 또는 능안이라 부르고 있다. 이제는 그 당시의 비극은 잊은 채, 단지 하나의 전설로만 구전되고 있습니다.

왕위 찬탈의 후과로 세조 2년(1456년)에는 피비린내 나는 병자원옥(사육신의 난)이 발발하고, 상왕이던 단종은 노산군(魯山君)으로 강등되고, 세조 3년(1457)에는 다시 서인으로 강등되어, 마침내 영월의 청령포로 유배를 보내져서, 곧이어 그곳에서, 사약을 받고, 한 많은 생을 마감하게 됩니다. 이와 같은 퇴은 병사공의 충의와 충절에 대하여 좌의정 유후조(1797~1876), 대학자 매산 홍직필(1776~1852), 공조전서이며 의병장인 면암 최익현(1833~1906) 선생과 같은 선각자들은, 한결같이 비록 퇴은 병사공께서 사육신과는 함께 죽임을 당하지는 않았지만, 이들 사육신이나 생육신과 동일한 반열에 놓을 수 있는 충신 중의 한 분으로 칭송하고 있습니다.

조정에서는 공께서 세상을 뜨신 후, 314년이 지난 정조 23년(1799년 8월 21일)에 공의 충절을 기리어, 신원(伸冤)하고 포양(褒揚)하는 교지(敎旨)를 내렸습니다.

이와 같은 연유와 전국 유림들의 상소[8]에 따라, 1850년대 중반부터, 사육신 충목 유응부 장군을 모시는 포천 송우 무봉리에 있는 충목단(忠穆壇)에, 수양대군의 왕위 찬탈과정에서 화를 입은 혜빈의 장자인 한남군, 그리고 퇴은 병사공 양치선조를 함께 모시고, 전국 유림향사로 추배하여 오고 있습니다.

참고로 당시 세종대왕, 영의정 방촌 황희, 좌의정 절제 김종서, 중부도총관 부총제 김정준(나주김씨 중시조), 사육신 충목 유응부, 사육신 취금헌 박팽년(1417~1456) 등과는 가까운 인척 지간이 었음을 알 수 있습니다.

그리고 조선의 4대 명필인 봉래 양사언(1517~1584)은 퇴은 병사공의 증손자입니다다. 현재 병사공의 유작시(遺作詩) 8수가 전해지고 있으며, 이들 시들은 모두 한결같이 충의와 충절에 불타는 내용이고, 혜빈(민정빈)의 충절과 비참한 죽음을 애통해하는 내용이라, 음미할수록 비통하고 비장한 마음을 금할 수가 없습니다. 잘 단장된 병사공의 묘는 능안에, 조비의 묘는 기지리 천주산 능선 아래에 있고, 그리고 2000년에 공의 탄신 600주년을 맞아 세운 신도비가 틀못이 입구에 있습

8) 상소 : 고종 11년 10월(1874)에 올려진 상소

니다.[9]

우리는 세상을 살면서, 많은 훌륭하신 선조님들의 이름에 누를 끼치지 않는 후손이 되어야겠고, 또한 우리의 다가오는 우리의 후손들에게는 아무런 부끄럼 없는 당당한 선조가 되어야겠다고 다짐하면서 살아야 되겠습니다. 이는 곧, 사지공 백기 선조님의 청백리 정신으로 사는 것임을 말합니다.

끝으로 다시 한번, "퇴은 병사공 선조님의 실기"를 편집-제작함에 노고가 많으신 퇴은 병사공파 종중, 양영옥 회장, 그리고 편집위원님들의 수고에 충심으로 감사와 함께 축하를 드리며, 선조님들의 음덕이 특별히 함께하리라 믿습니다.

2022년 8월, 서울 잠실에서

전 병사공파 종중회장 **양 영 실**(병사공 18세 손)

---

9) 위 내용에 대한 더욱 자세한 설명과 관련 자료와 사진들은, 인터넷 사이트인, "Google", "Naver" 또는 "Daum" Portal App.에서, 검색어로 간단히 "청주양씨 가문 이야기"을 입력하여 검색하면, 화면 최상단에, "[권말 특별부록] 우리고장 가문 이야기 -청주양씨"란 제하에 자세한 내용을, 국-내외 어디에서나-아무 때나, 자세한 내용을 볼 수가 있습니다. 따라서, 본인뿐만 아니라, 우리의 후세 젊은 세대들에게 이웃 일가들에게도 자주 잘 읽어보도록 권장해주시기 바랍니다.

차례

제2장 충목단(忠穆壇) 배향 사실(配享 事實)

차례

제3장 충헌사지(忠憲祠誌)

제4장 청령사(淸寧祠)

제1장 퇴은실기 退隱實紀

退隱實紀序
퇴은 실 기 서

在魯陵, 癸酉丙子, 守義諸臣, 或死或不死. 蓋, 無不愍褒,
재 노릉 계유 병자 수의 제신 혹 사 혹 불사 개 무 불민 포

有加心事益著, 皓皓乎. 光明於天下 後世其盛矣.
유 가 심 사 익 저 호호 호 광명 어 천하 후세 기 성 의

夫 今觀 退隱楊公 稿公所著 只 詩八首拜裔 雲所輯實蹟
부 금관 퇴은 양공 고 공 소 저 지 시 팔 수 배 예 운 소 집 실적

洪徵士直弼 所撰傳壇祀享祝文 爲一卷噫小矣. 然,誦其詩
홍 징사 직 필 소 찬 전 단 사향 축문 위 일 권 희 소 의 연 송 기 시

公亦, 癸之三相, 丙之六臣者之心耳 其可以文小而小之哉?
공 역 계 지 삼상 병 지 육신 자 지 심 이 기 가 이 문 소 이 소 지 재

公, 始以勇略拔身靺韋弱冠 從金節齋, 拓六鎭遂制 黃, 咸,
공 시 이 용 약 발신 말 위 약관 종 김 절 재 척 육진 수 제 황 함

兩閫及. 癸, 難作 卽棄官, 歸抱之山中.
양 곤 급 계 난 작 즉 기 관 귀 포 지 산중

上王南狩越 惠嬪楊氏 公從女, 以大寶不傳 幷二子漢南,
상왕 남 수 월 혜빈 양씨 공 종 여 이 대 보 부 전 병 이자 한남

永豊, 死. 公夜收屍潛瘞 常, 東望漏血, 清, 冷, 風, 雨,
영 풍 사 공 야 수 시 잠 예 상 동 망 누혈 청 냉 풍 우

月朔　公服向越拜哭.　詩歌以見志　今其詩百不在一在者　皆,
월삭　공복 향 월 배 곡　시가 이 견 지　금 기 시 백 부재 일 재자　개

李忠簡,　車上所吟　禹鼎重時生　亦,大鴻毛輕處死　猶榮之義
이 충 간　거 상 소 음　우 정 중 시 생　역 대 홍모 경 처 사　유 영 지 의

也.
야

嗚乎!　自古忠義之人　自廢以沒世者　不肯衒人耳目寧之死
오 호　자고 충의 지 인　자 폐 이 몰세 자　불긍 현 인 이목 영 지 사

無聲　是以　其節愈晦　其心愈苦　以公而縱　不得與癸三丙六
무성　시 이　기 절 유 회　기 심 유 고　이 공 이 종　부 득 여 계 삼 병 육

同,其哀榮　幷,其心事而晻昧不白何哉.　如使後之　尙,論者按
동 기 애 영　병 기 심사 이 엄매 불 백 하 재　여 사 후 지　상 논자 안

績而起感　其必有擊節而痛恨者矣.
적 이 기 감　기 필 유 격절 이 통한 자 의

公之十二世孫,源基,奉稿本見　示俾余寘一言卷首余謂　公
공 지 십이 세 손 원 기 봉 고 본 견　시 비 여 치 일언 권수 여 위　공

自盡分耳　豈,　待人之發揮哉.　雖然　吾欲採入於魯陵志中竊
자 진 분 이　기　대 인 지 발휘 재　수 연　오 욕 채 입 어 노릉지 중 절

庶幾　附錄於三,　六,　之下而以明其心事之百世不泯而已遂
서기　부록 어 삼　육　지 하 이 이 명 기 심 사 지 백세 불 민 이 이 수

書. 此以歸而悲之
서　차 이 귀 이 비 지

大匡輔國崇祿大夫　議政府右議政　兼領經筵事監　春秋館事
대광보국　숭록대부　의정부　우의정　겸령　경연 사 감　춘추관　사

豊山 柳厚祚 序
풍 산　류 후 조　서

퇴은실기 서문

계유(癸酉) 병자(丙子, 1453년-1456년)에 신하로서 도리를 지키던 많은 신하가 혹은 죽고 혹은 죽지 않았다고 노릉지(魯陵誌)에 있으니 개(蓋)[1]하고 노력하고도 칭찬받지 않은 것이 없는지 임금을 섬기는 마음이 더 있었는지를 분명하게 밝혀 깨끗하게 함이로다.

천하에 영광스러운 일은 후세가 번성하는 것이다.

예! 지금 자세히 보니 퇴은(退隱) 양(楊)공이 분명히 지었다고 후손에게 받은 시 8수와 운소집(雲所輯)의 실적과 홍(洪) 징사(徵士)[2] 직필(直弼)께서 지어 전해지는 단사향(壇祠享)의 축문 한 권에 감탄하였다.

그래서 그 시(詩)를 알아보니 공(公)도 또한 계유년의 삼상(三相)과 병자년에 육신(六臣)들의 마음뿐으로 그것이 가이(可以) 글이 적다고 작음이겠는가?

---

1) 개(蓋) : 의심나는 것은 비워두고 내가 모르는 것은 말하지 않음
2) 징사(徵士) : 학문과 덕행이 높아 임금이 부르나 나아가 벼슬하지 않은 사람

▲ 退隱公 諱 治 影幀

공께서는 젊어서부터 말(靺)[3] 주위에서 용약발신(勇略拔身)[4]을 시작으로 김절재(김종서)를 따라 육진 개척이 이루어지고 만들어져 황해도 함길 두 지방을 관장할 때 계유 정난이 일어나자 즉시 벼슬을 버리고 포천 산중으로 돌아오셨다.

상왕(세조)께서 남(南)[5]에 수월(狩越)[6] 때, 혜빈 양씨가 공의 종질녀인데 옥새를 전하지 않아 두 아들 한남군 영풍군과 더불어 돌아가시니 공께서 밤에 시신을 거두어 남몰래 매장하고 항상 동(東)[7]을 바라보면서 피눈물을 흘리며 맑거나 춥거나 바람이 부나 비가 오나 매월 초하루 아침이면 관복을 입고 분수에 넘치도록 곡하며 절을 하셨다. 시와 노래로서 그 뜻을 보려는데 지금 그 시가 백불재일재(百不

3) 말(靺) : 북방 종족 이름 갈족(靺鞨)
4) 용약발신(勇略拔身 : 용기와 지략으로 몸소 공략하는 것
5) 남(南) 여름, 8월
6) 수월(狩越) : 군사로서 분수를 넘을 때, 즉 왕에게 기어오를 때)
7) 동(東) : 임금

在一在)[8]나 모든 것이 이충간(李忠簡)께서 수레 위에서 읊은 바다. 우정중시생(禹鼎重時生)[9]이지만 또한 큰 기러기의 털 같이 신분이 낮게 살다가 죽는 것도 오히려 영광스러운 의(義)이다. 오호라! 자고로 충(忠)과 의(義)가 있는 사람은 스스로 자리를 그만두고 물러나서 세상을 숨는 것이구나. 현인(衒人)[10]을 즐겨 하고자 아니하고 귀와 눈이 편안하게 소리 없이 돌아가셨으니 이로써 그 절개가 더욱 분명하지 않고 그 마음이 더욱 소홀해져서 공께서는 규칙에서 벗어나 계유년의 삼상(三相)[11]과 병자년의 육신과 더불어 그 슬픈 영화로움을 같이 얻지 못했으나, 어우르면 임금님을 모시는 그 마음의 사실을 분별하기가 어려워 밝힐 수가 없으니 어찌하겠는가?

그리하여 후세에는 오히려 평하는 자가 공적의 맥을 짚어 감동이 일어나 격절(擊節)[12]하며 가슴 아프게 매우 감탄하는 사람이 반듯이 있을 것이다.

공의 12세손 원기(源基)[13]가 원고를 가지고 와 근본을 보이기에 자세히 보고 내가 한마디를 책머리를 적기로 하면서

---

8) 백불재일재(百不在一在 : 많지 않고 적다.
9) 우정중시생(禹鼎重時生 : 우(禹)나라의 삼정승으로 귀중하게 살아가는 것도 좋다.
10) 현인(衒人) 자기를 자랑하여 남에게 보이려는 사람
11) 삼상(三相) : 황보 인, 김종서, 정분.
12) 격절(擊節) : 무릎 치며
13) 원기(源基) : 순달(順達) - 흡(洽) - 홍례(弘禮) - 원기(源基) 15세손으로 자(字)는 사행(士行), 호(號)는 오은(梧隱), 순조 무진년(1808년) 8월 16일생, 병술년(1886년) 3월 15일 졸

내가 말하기를 공께서는 스스로 신분이나 맡은 일에 대하여 힘을 다하였다고 들었는데 어찌 사람을 기다리게 해서 발휘하겠는가? 비록 그렇다 해도 나는 노릉지(魯陵誌) 중에 서기(庶幾)[14]을 절(竊)[15]하여 캐들어 가려한다. 삼공과 육신[16]들 아래 부록(附錄)[17]에서 임금님을 섬기는 그 마음을 밝혀서 백세불민(百世不泯)[18]하게 이(已)[19]에 책으로 만들겠다. 이렇게 해서 돌려보내면서도 마음이 아프구나.

대광보국숭록대부 의정부 우의정 겸 령경연사감 춘추관사
풍산 류후조[20] 서

---

14) 서기(庶幾) : 현인을 일컬음, 공자가 안회를 일컬은 말에서 유래
15) 절(竊) : 범하다
16) 육신(六臣) : 이 개, 하위지, 류성원, 유응부, 성삼문, 박팽년.
17) 부록(附錄) : 출판물에 덧붙인 부분
18) 백세불민(百世不泯) : 오래도록 뒤 섞이지 않음
19) 이(已) : 얼마 아니 있어
20) 류후조(柳厚祚) : 조선 고종 때에 좌의정을 지낸 문신 1798년(정조22) - 1876(고종13) 자는 재가(載可) 호는 매산(梅山) 낙파(洛坡) 시호는 문헌(文憲) 1866년 우의정에 올랐고 이듬해 주청사(奏請使)로 청나라에 다녀왔으며 1872년 판 중추부사로 치사하고 봉조하(奉朝賀)가 되었다.

퇴은공 유, 시, 가

退隱公 遺, 詩, 歌

退居機塘[1]村舍 퇴거기당촌사

菊[2] 萎 霜 降 日	국 위 상 강 일
松[3] 落 歲 寒 時	송 락 세 한 시
物 色 猶 多 變	물 색 유 다 변
吾 心 斷 不 移	오 심 단 불 이

* 단종을 보호하던 충신들이 죽거나 숨어서 세월의 변함을 한탄하는 것으로 추정함.

---

1) 機塘 : 지금 틀못이 마을을 이르는 것.
2) 菊 : 국화는 충신 사육신을 지칭한 것 같음.
3) 松 : 소나무는 충신 생육신을 지칭한 것 같음.

거처하는 기당의 집에서

국화는 서리 내리는 날에 시들었고
소나무도 추운 계절의 철이 되니 버려져서
물색이 마치 많이 변한 것 같아도
내 마음은 단연코 움직이지 않는구나.

又

世事茫然已白頭　　세사망연이백두
千年遺恨子規樓[4]　　천년유한자규루
功名武勇今何用　　공명무용금하용
但願歸從六鬼[5]啾　　단원귀종육귀추

4) 子規樓 : 영월에 임금님이 계시던 루
5) 六鬼 : 사육신의 혼

또

세상사는 망연한데 이미 머리는 희어졌고
자규루에 천년의 한이 서려 있지만
공명과 무용인들 이제 와 무슨 소용이 있겠는가?
단지 사육신들의 혼을 따라가 실컷 울고 싶을 뿐이다

贈 梅月堂[6] 金說卿(時習)

증 매월당 김 설 경(시습)

憤 俗 傷 時 氣 抑 鬱	분 속 상 시 기 억 울
雪 岺 梅 月 邈 煙 塵[7]	설 령 매 월 막 연 진
西 山[8] 高 節[9] 商 家[10] 老	서 산 고 절 상 가 로
栗 里[11] 淸 風[12] 晉 氏[13] 臣	률 리 청 풍 진 씨 신
踪 跡[14] 强 依 法 界 釋[15]	종 적 강 의 법 계 석
文 章 乃 是 生 知 人[16]	문 장 내 시 생 지 인
佯 狂 此 世 將 何 去	양 광 차 세 장 하 거
其 志 願 爲 懷 葛 民	기 지 원 위 회 갈 민

6) 梅月堂 : 김시습의 호, 생육신의 한 사람.
7) 煙塵 : 전장(戰場)에서 일어나는 풍진 병난(兵亂)을 이름.
8) 西山 : 벼슬하는 사람.
9) 高節 : 높은 절개.
10) 商家 : 은나라 조정.
11) 栗里 : 시골 마을 백성.
12) 淸風 : 청아한 품격.
13) 晉氏 : 진나라.
14) 踪跡 : 행적 발자취.
15) 界釋 : 불가(佛家).
16) 知人 : 지혜로운 사람

매월당 김 설경에게 보낸다. (김시습)

세속은 괴롭고 시절은 마음 아파 억울한 생각에
설잠 매월당, 병란에 번민하고 있다네
서산의 높은 절개가 상나라 조정의 어른이라면
율리의 맑은 풍속은 진나라의 신하들인가?
종적이 굳센 힘 되는 것이 불가(佛家)의 법이라면
글로서 이를 바로 잡는 것이 지혜로운 삶일 진데.
미쳐가는 이 세상을 장차 어찌 가야 하나
그 뜻이 시골 백성들에게 품어지기를 바랄 뿐이네.

望 淸泠浦 慨吟 망 청령포 개음

聖 主[17] 胡 爲[18] 寓 客 舍　성 주 호 위 우 객 사
西 江 落 日 影[19] 悠 悠[20]　서 강 낙 일 영 유 유
丹 楓 自 落 蒼 茫[21] 岸　단 풍 자 락 창 망 안
綠 水 空 長[22] 嗚 咽 洲　녹 수 공 장 오 인 주
都 事[23] 悲 歌 吟 暮 渚　도 사 비 가 음 모 저
戶 長[24] 孤 忠[25] 泣 秋 邱　호 장 고 충 읍 추 구
烈 風 雷 雨 當 時 變　렬 풍 뇌 우 당 시 변
空 使 男 兒 憤 涕 流　공 사 남 아 분 체 류

---

17) 聖主： 聖君 임금님 단종.
18) 胡爲：어째서 어찌하여.
19) 影：그림자 햇살 햇빛.
20) 悠悠：걱정하는 모양. 썩 먼 모양.
21) 蒼茫：넓고 멀어서 아늑한 모양.
22) 長：지나가다 통과하다.
23) 都事：서울에서 임금님 모시던 사람.
24) 戶長：시골의 장, 여기서는 嚴戶長, 단종의 시신을 모신 분을 뜻함
25) 孤忠：외롭게 혼자 바치는 충성.

청령포를 바라보며 탄식하며 읊는다

임금님께서 어찌하다 객사에 머무시게 되니
잔잔한 강에 지는 햇살마저도 걱정스럽네.
단풍 떨어지는 강기슭 멀어서 아득하기만 한데
푸른 물 헛되이 지나가는 섬에서 목이 메어 웁니다.
도사들은 저물어가는 물가에서 서글픈 노래라도 읊고
호장은 가을 언덕에서 고충으로 울기라도 하지만.
거센 천둥에 비바람 치며 반란이 일어난 당시에도
아무것도 하지 못한 사나이는 괴로워 눈물만 흘립니다.

聞 從姪女 惠嬪 及 二子漢南君玹 永豐君瑔 俱被極刑 因葬 有感

문 종질녀 혜빈 급 이자 한남군 어 영풍군 천 구피극형 인장 유감

大 義 堂 堂[26] 母 子 幷	대 의 당 당 모 자 병
生 非 爲 重 死 爲 輕	생 비 위 중 사 위 경
不 傳 玉 璽 眞 忠 烈[27]	부 전 옥 새 진 충 렬
欲 試 雲 鋩[28] 寔 毅 英	욕 시 운 망 식 의 영
節 凜 秋 霜[29] 扶 正 紀	절 름 추 상 부 정 기
魂 啾 夜 月 訴 寃 聲	혼 추 야 월 소 원 성
不 封 不 誌 機 塘[30] 阜	불 봉 부 지 기 당 부
雲 氣[31] 慘 憺[32] 秋 日 明	운 기 참 담 추 일 명

26) 堂堂 : 용기가 있다. 용모가 헌칠하고 행동이 단정하다.
27) 忠烈 : 군센 절개와 의리로 충성을 다함.
28) 雲鋩 : 높은 칼끝, 힘 있는 권력을 이르는 말
29) 秋霜 : 당당한 위세. 곧은 절개, 가을 서리.
30) 機塘 : 틀 기. 못 당 틀못이로 생각됨.
31) 雲氣 : 공중을 향해 떠오르는 기운
32) 慘憺 : 참혹하고 암담함 괴롭고 슬픈 모양.

조카 딸 혜빈이 두 아들 한남군 어와 영풍군 천과 함께 극형을 당함으로 장사를 지낸 느낌

대의에 당당하셨던 모자(母子)께서 함께
삶을 소중히 여기지 않고 죽음을 가벼이 하시는
진정한 충렬로서 옥새를 전하지 않으시고
참으로 굳센 명예로 높은 칼끝과 견주려 하셨도다.
늠름한 절의로 가을 서리에도 올바른 인륜을 받은
혼령들의 여러 소리가 달밤에 억울함을 하소연하는
봉분도 없고 기록도 없는 틀못이의 언덕에는
참담한 운기만이 가을날을 밝히는구나.

誡子 校理 順達 更 勿 出仕

계자 교리 순달 갱 물 출사

貞 忠 惟 世 德[33]	정 충 유 세 덕
淸 白 乃 家 風	청 백 내 가 풍
嗟 哉 萬 事 已	차 재 만 사 이
利 遯 碧 山 中	리 둔 벽 산 중

33) 世德 : 여러 대를 거처 쌓아 내려온 아름다운 덕,

교리 순달에게 다시는 벼슬길에 나가지 말 것을 아들에게 훈계하며

정과 충은 대대로 내려오는 덕목이요
청렴결백함은 곧 우리의 가풍이니
자! 이번 참에 모든 일 그만두고
푸른 산속에 은둔하는 것이 좋겠다.

隱居 抱川 山中 作歌 以 示 己志
은거 포천 산중 작가 이 시 기지

聞鵑樓下水無情空流去
문견루하수무정공류거
露梁江[34] 上楓含悲自落來
노량강상풍함비자락래
此身願爲山中芝谷中蘭
차신원위산중지곡중란
莫使世人聞其香嗅其臭
막사세인문기향후기취

34) 露梁江 : 사육신의 묘가 있는 서울의 강

은거하는 포천 산중에서
노래지어 나의 뜻을 알린다

문견루 아래 물은 무정하게 부질없이 흘러가고
노량강 위에 단풍은 슬픔을 머금고 저절로 떨어져 오지만
이 몸은 산속의 지초나 계곡의 난초가 되기를 원하니
세상 사람들아 그 향기를 알려 하고 그 냄새를 맡으려 하지 말아라

退隱公 行狀
퇴은 공 행장

余讀國史 方,金節齋, 開拓六鎮, 帳下赳赳之士 無非周
여 독 국사 방 김 절 재 개척 육진 장하 규규 지 사 무 비 주

之干城. 又, 讀六臣傳 生死自靖之臣 莫非殷之 三仁
지 간성 우 독 육신 전 생사 자정 지 신 막 비 은 지 삼인

想像歎咤如見其人. 日, 楊生泰燁 持其先祖退隱公實蹟
상상 탄 타 여 견 기 인 일 양생 태 엽 지 기 선조 퇴은 공 실적

請余狀, 余蹶 然曰 偉乎壯哉一人而兼嵬勳奇節世復有,
청 여 장 여 궐 연 왈 위 호 장 재 일인 이 겸 외 훈 기절 세 복 유

其人哉 洪祭酒之傳 信而有徵遂按, 而狀之曰.
기 인 재 홍 좨주 지 전 신 이 유 징 수 안 이 장 지 왈

公諱治 字致淳 漢關西夫子震之後也. 曾祖忠憲公 諱
공 휘 치 자 치 순 한 관서 부자 진 지 후 야 증조 충 헌 공 휘

起 當, 勝國時,陪元公主仍居 焉, 賜貫淸州 嘗, 秦革
기 당 승국 시 배 원 공주 잉 거 언 사 관 청주 상 진 혁

四大貢之弊以功 封上黨伯. 祖諱之壽, 贊成襲封西平君.
사대 공 지 폐 이 공 봉 상당 백 조 휘 지 수 찬성 습봉 서평군

考諱天震, 戶曹典書 嘗, 以秦請使永削東貢玉籍 封安岳
고 휘 천 진 호조전서 상 이 진 청사 영 삭 동 공 옥적 봉 안악

君 諡景安 三世俱選淸白吏. 妣寶城宣氏 密直副使 天柱
군 시 경안 삼세 구 선 청백리 비 보성 선씨 밀직부사 천 주
女 以建文二年庚辰生公. 公生有異質武勇絶人 又, 嘗服
녀 이 건문 이 년 경진 생공 공 생 유 이질 무용 절인 우 상 복
習詩禮, 克遵家訓.
습 시 예 극 준 가훈

年十八 從金公宗瑞 討野人斬獲甚多, 宗瑞白于. 朝曰
연 십 팔 종 김 공 종 서 토 야인 참획 심다 종 서 백 우 조 왈
禦侮之勇 死難之節 楊治有之 翼成公, 黃喜, 亦, 盛稱
어모 지 용 사난 지 절 양 치 유 지 익 성 공 황 희 역 성칭
其績以郡守 特陞爲, 黃, 咸, 兩道節度使及.
기 적 이 군수 특 승 위 황 함 양도 절도사 급

端廟初服見, 皇甫, 金, 鄭, 三相臣被禍 卽, 棄官歸隱
단묘 초 복 견 황보 김 정 삼 상신 피화 즉 기 관 귀 은
于抱川山中.
우 포천 산중

上王狩越 有惠嬪楊氏 卽, 公從姪女也 以國寶不傳 幷
상왕 수 월 유 혜빈 양씨 즉 공 종질 여 야 이 국보 부 전 병
二子俱被極刑 敢, 收屍者族 公乘夜潛收 葬於山谷中
이자 구 피 극형 감 수 시 자 족 공 승야 잠 수 장 어 산곡 중
泯其處而平之 仍, 屛居村舍佯狂自廢居 常, 東望血泣
민 기 처 이 평 지 잉 병거 촌사 양광 자 폐 거 상 동 망 혈 읍
如不欲生 每月朔朝 具公服 向魯陵焚香四拜 旣, 而仰天
여 불 욕생 매월 삭조 구 공복 향 노릉 분향 사배 기 이 앙천
長吁曰 吾不與六臣同死 何顔立於天下乎, 遂以罪人
장우 왈 오 불 여 육신 동사 하 안 립 어 천하 호 수 이 죄인
自稱而杜門 謝世餘四十年.
자칭 이 두문 사 세 여 사십 년

嘗, 作詩以見志曰 菊萎霜降日 松落歲寒時 物色猶多
상 작시 이 견 지 왈 국 위 상 강 일 송 락 세 한 시 물 색 유 다

變 吾心斷不移. 又曰 世事茫然已白頭 千年遺恨子規樓
변 오심단불이 우왈 세사 망연 이 백두 천년 유한 자규 루
功名武勇今何用 但願歸從六鬼啾. 又作歌曰 聞鵑樓下
공명 무용 금하용 단원 귀종 육귀추 우 작가 왈 문견루하
水無情空流去, 露梁江上楓含悲自落來 此身願爲山中芝
수 무정 공류거 노량 강상풍함비 자락 래 차신원위 산중 지
谷中蘭 莫使世人聞其香嗅其臭 仍, 自號退隱名 其里曰
곡중난 막사 세인 문기향후기취 잉 자호 퇴은 명 기리왈
杜門. 誡其子校理順達曰 淸白忠貞 自吾忠憲公以來
두문 계기자 교리 순 달 왈 청백 충정 자오충헌공 이래
世守家法 自今以後 汝亦, 物以仕進爲意也.
세수 가법 자금 이후 여 역 물 이 사진 위 의 야

成化乙巳終 享年八十六 墓在東郡機塘谷負寅原. 配
성화 을사 종 향년 팔십 육 묘 재 동군 기 당곡부인원 배
淑夫人 平壤趙氏 漢城判尹 琨, 女 葬機池向乾原.
숙부인 평양 조씨 한성판윤 곤 녀 장기지향건원

嗚乎! 公之先世 已大有功於東土而及 公之生也
오호 공지 선세 이대 유공 어 동토 이급 공지생야
胚胎鍾毓傑 然, 爲萬夫之特文足 以經綸國家武足 以讋
배태 종육걸 연 위 만부 지특문족 이 경륜 국가 무족 이섭
服 邊圉突虎穴而定 天山氈裘毳幕 盡歸版圖 公之勇也.
복 변어 돌 호혈 이 정 천산 전구 취막 진귀 판도 공지용야
色鴻擧而貞介石 麻衣草屨 棄官如屣 公之志也. 蜀魄啼
색홍거이정 개석 마의 초구 기관여사 공지지야 촉백 제
血矢 不變於終身 蜾蠃類我誡 不仕於連世 公之忠也之.
혈시 불변 어 종신 과라 류아계 불사 어연세 공지충야지
三者皆人 人之所難而公能兼之以是推類 則, 公之卓行
삼자 개인 인지소난이공능겸지이시추류 즉 공지 탁행
偉績必多 可傳於後而惜乎.
위적 필다 가전어후이석호

雲仍淪替 文獻未備至今 數百年之間 尙, 未得闡揚而
운잉 윤체 문헌 미비 지금 수 백년 지 간 상 미득 천양 이

發輝之也. 然,兪忠穆應孚 卽, 六臣之一而與 公生而
발 휘 지 야 연 유 충 목 응 부 즉 육신 지 일 이 여 공 생 이

同鄕而居 歿而同壇而祀 此可以驗 公議之不泯也. 更,
동향 이 거 몰 이 동 단 이 사 차 가 이 험 공 의 지 불 민 야 경

何以耄言有無爲哉, 秉筆君子, 想有以裁擇焉.
하 이 모 언 유무 위 재 병필 군자 상 유 이 재택 언

資憲大夫 漢城府判尹 兼 知春秋館義禁府事
자헌대부 한성부판윤 겸 지춘추 관 의금부 사

五衛都摠府都摠管 星山 李源祚 謹狀
오위 도총부도총관 성산 이 원 조 근 장

퇴은공 행장

내가 국사를 읽어보니 김절재(金節齋)[1]와 같이 육진을 개척할 때 장군이 있는 곳에서 용맹스러웠던 병사로 두루 갖추지 않은 것이 없는 무사가 있었고 또 육신 전(傳)을 읽어보니 삶과 죽음을 스스로 꾀한 신하로 은나라 삼인(三仁)[2]이 아닌 이가 없으니 모습을 생각하면 탄식하며 나무라는 것이 그 사람들을 보는 것 같았는데 접때 양생(楊生)[3]이 크게 빛나는 그의 선조 퇴은공의 실적을 가자고 와서 나에게 행장을 청하였는데 내가 깜짝 놀랐다. 이를 말하면 훌륭하고 씩씩한 한 사람이 높은 훈공과 뛰어난 절개를 겸비하고 세상에 돌아옴이 있었다더니 그 사람이었구나! 홍좨주[4](홍제주, 洪祭酒)[5]의 전(傳)에 진실함이 명확하게 이치를 더듬어 밝혀져 있으니 행장(行狀)

---

1) 김절재(金節齋) : 김종서
2) 삼인(三仁) : 은나라의 충신 세 사람 미자(微子), 기자(箕子), 비간(比干)
3) 양생(楊生) : 양원기(楊源基) 씨로 추정됨.
4) 좨주 : 고려 때 국자감의 종3품 벼슬, 조선 때 제향에 술을 받아보던 성균관의 한 벼슬.
5) 홍좨주(洪祭酒) : 홍직필(洪直弼)을 일컬음, 제주(祭酒)는 나이가 많고 덕망이 높은 사람.

에 왈(曰)[6]하겠다.

공의 이름은 치(治)요 자는 치순(致淳)이며 한(漢)나라 관서부자(關西夫子) 진(震)의 후손이시다 증조 충헌공의 이름은 기(起)이시며 당시 고려 때에 원(元)나라 공주를 모시고 따라와 살게 되셨다. 그리하여 본관을 청주로 하사(下賜)받으시고 중국의 지독한 4대 공물을 폐하게 한 공으로 상당백(上黨伯)에 봉하셨다. 할아버님의 이름은 지수(之壽)이며 찬성(贊成)[7]으로 서평군(西平君)으로 습봉(襲封)[8]되시었다. 아버님의 이름은 천진(天震)이며 호조전서(戶曹典書)로서 중국에 청사(請使)로 가시어 우리나라의 공물을 영원히 없애는 옥적(玉籍)[9]을 남기시어 안악군(安岳君)에 봉(封)하셨다. 시호(諡號)를 경안(景安)으로 받으시니 3세가 함께 청백리(淸白吏)에 뽑히셨다. 어머니는 보성 선(宣)씨로 밀직부사 천주(天柱)의 따님에게서 건문(建文) 2년(1400년) 경진(庚辰)년에 공께서 태어나셨다. 공께선 무예와 용맹스러움이 남보다 뛰어난 사람으로 그 본질이 다르게 태어나셨다. 또 시(詩)를 익히고 예(禮)로서 가훈(家訓)에 따라 이루어 냈으며 직접 체험하고 실천에 옮기셨다.

세종 18년(1436년)부터 김(金) 공 종서(宗瑞)께서 토벌할 때 야인들을 지나칠 정도로 많이 참획(斬獲)[10]하였다고 종서

6) 왈(曰) : 남의 말이나 글을 인용할 때 하는 말
7) 찬성(贊成) : 조선 시대 의정부 종일품 벼슬
8) 습봉(襲封) : 제후(諸侯)가 선대의 봉지(封地)를 세습(世襲)함
9) 옥적(玉籍) : 귀중한 문서
10) 참획(斬獲) : 참수와 생포

께서 밝히시었다. 조정(朝政)에서는 목숨을 내걸고 고생한 절의의 용감한 양치(楊治)가 있다고 익성공(翼成公) 황희(黃喜)께서 말씀하시고 또 그 공적을 성칭(盛稱)[11]하여 군수로 특별히 관직에 오르시어 황해 함길 양도 절도사가 되셨다.

단조(端朝)[12] 초에 행하신 것을 보면 황보(皇甫, 황보인), 김(金, 김종서), 정(鄭, 정분), 세 정승이 화를 입자 즉시 벼슬을 버리고 포천 산중으로 은둔하러 들어오셨다.

상왕(上王)[13]이 수월(狩越)[14]할 때 혜빈(惠嬪) 양(楊) 씨가 있었다. 곧 종질녀(從姪女)[15]인데 옥새를 내놓지 않아 두 아들과 더불어 극형을 당하셨다. 감히 족(族)[16]의 시신을 공께서 밤을 이용해 몰래 거두어 산골짜기 가운데 장사 지내고 그곳이 민(泯)[17]하게 평평하게 하고 잉(仍, 곧)에 양광(佯狂)[18]하며 병거(屛居)[19]로 시골집에 거처하시었다. 스스로 넘어가는 집에 사시면서 항상 동(東)[20]을 바라보며 피눈물을 흘리시면서 살기를 바라지 않는 것 같으셨다. 매월 초하루 아침이면

11) 성칭(盛稱) : 크게 칭찬함
12) 단조(端朝) : 단종의 조정
13) 상왕(上王) : 세조
14) 수월(狩越) : 군사로서 분수를 넘다
15) 종질녀(從姪女) : 사촌 형제의 딸
16) 족(族) : 벌이 일족에게 미치는 극형인 자
17) 민(泯) : 눈에 보이지 않는다
18) 양광(佯狂) : 거짓으로 미친 척함
19) 병거(屛居) : 세상을 피해 숨어 삶
20) 동(東) : 임금이 계시는 쪽

관복을 갖추어 입고 노릉(魯陵, 단종릉)을 향해 분향사배(焚香四拜)를 끝내시고는 하늘을 바라보고 길게 한탄하여 말씀하기를 내가 육신(死六臣)과 더불어 같이 죽지 아니하고 어찌하여 얼굴을 들고 하늘 아래에서 머뭇거리나 죄인이로다! 자칭하며 문을 걸어 닫고 40여 년을 세(世)[21]와 사(謝)[22]하시며

일찍이 시를 지어 그 뜻을 나타내 읊으시기를

국화는 서리 내리는 날에 시들었고
소나무도 추운 계절의 철이 되니 버려져서
물색이 마치 많이 변한 것 같아도
내 마음은 결단코 움직이지 않는구나.
또 읊기를
세상사는 망연한데 이미 머리는 희어졌고,
자규루에는 천년의 한이 서려 있지만
공명과 무용인들 이제 와 무슨 소용이 있겠는가?
단지 사육신[23]들의 혼백을 따라가 실컷 울고 싶을 뿐이다.
또 지어 노래하기를
문견루 아래 물은 무정하게 부질없이 흘러가고
노량강 위에 단풍은 슬픔을 머금고 저절로 떨어져 오지만

---

21) 세(世) : 인간 사회
22) 사(謝) : 인연을 끊다
23) 死六臣 : 이 개(李 塏), 하위지(河緯地), 류성원(柳誠源), 유응부(兪應孚), 성삼문(成三問), 박팽년(朴彭年)

이 몸은 산속의 지초나 계곡의 난초가 되기를 원하니

세상 사람들아 그 향기를 알려 하고 그 냄새를 맡으려 하지 말라

이에 스스로 호를 퇴은(退隱)이라 하고 그 동네를 두문(杜門)이라 하시고는 그 아들 교리 순달(順達)에게도 훈계하여 이르기를 청백충정(淸白忠貞)은 자! 우리의 충헌공께서 세상에 나갈 때 지키라는 가정의 법이니 지금부터 이후에는 너 또한 벼슬길에 나아가지 말라는 뜻을 밝히시었다.

성화(成化) 을사년(1485년)에 향년 86세에 돌아가셨고 묘는 동쪽 고을 기당(機塘)골 인(寅)[24] 둔덕을 등지고 있다. 부인 숙부인 평양 조(趙)씨는 한성판윤 곤(琨)의 따님이시고 기지(機池) 건(乾)[25] 둔덕을 향해 장사지내셨다.

오호라! 공의 선대에 이미 대단히 큰 공들이 우리나라에 미쳤고 공께서 태어나셨기 배태(胚胎)[26]를 종(鍾)[27]하였기 훌륭하게 자라셨구나, 그러하여 만부(萬夫)[28]께 특히 문(文)을 족하게 하여 경륜(經綸)[29]이 국가의 힘을 풍족하게 함으로써 섭복(讋服)[30]하게 되니 국경 주변이 호혈(虎穴)[31]에 부딪쳐도

---

24) 인(寅) : 동북동 쪽
25) 건(乾) : 서북방 쪽
26) 배태(胚胎) : 사물의 원인이 되는 빌미
27) 종(鍾) : 모으다
28) 만부(萬夫) : 많은 남자, 많은 사람
29) 경륜(經綸) : 천하를 잘 다스림, 또는 그 방책

정리하여 바로 잡고 천산(天山)에서 전구(氈裘)[32] 취막(毳幕)[33] 을 진(盡)[34]하여 판도(版圖)[35]를 되돌렸으니 공의 용(勇)[36]이요, 큰 기러기의 기색을 높이 들어 올림으로서 진실한 마음으로 개석(介石)[37]하며 삼베옷에 풀 신 신고 벼슬 버리는 것을 마땅히 보잘것없이 여겨야 한다는 것이 공의 지(志)[38]이요, 촉백(蜀魄)[39]의 절통한 울음으로 맹세하며 평생토록 변하지 않는 과라(蜾蠃)[40]를 본떠 나를 경계하고 세상과 맺어 벼슬을 하지 아니하셨으니 공의 충(忠)이다. 이 세 가지(용, 지, 충,)의 인품을 두루 갖춘 사람은 어려운 경우인데 공께서는 뛰어난 재능을 겸비하셨으니 이를 추천해야 할 일인즉 공의 뛰어난 행동과 훌륭한 공적을 반듯이 많이 후세에 전하여야 옳은데 애석하구나!

운잉(雲仍[41])들이 침체되어 쇠하고 문헌도 미비한데도 수백 년이 지난 지금에 오히려 명백하게 드러내 보임을 얻지 못한

---

30) 섭복(讋服) : 두려워하여 복종함
31) 호혈(虎穴) : 호랑이 굴, 매우 위험한 곳을 비유하는 말
32) 전구(氈裘) : 털옷, 오랑캐의 옷, 흉노족을 이름
33) 취막(毳幕) : 흉노(匈奴)의 막(幕)
34) 진(盡) : 없애다, 비게 하다.
35) 판도(版圖) : 한나라의 영토
36) 용(勇) : 용맹스러움
37) 개석(介石) : 굳게 절의를 지킴
38) 지(志) : 뜻
39) 촉백(蜀魄) : 두견새
40) 과라(蜾蠃) : 나나니벌
41) 운잉(雲仍) : 먼 후손

것을 밝게 밝히었다. 그리하여 유(兪) 충목(忠穆) 응부(應孚), 즉 육신의 한사람과 더불어 공께서 살아서는 같은 마을에서 거처하였고 돌아가시어서는 같은 단에서 제사를 지낸다. 이러한 것들이 올바른 증거니 공의 의논이 끝나지 않았다 어찌 이 늙은이의 말에 더할 것이 없지 않겠는가? 붓을 잡을 사람이 있으면 고치고, 잊고 있던 것이 생각나면 가려 뽑아서 지어라.

자헌대부 한성부 판윤 겸 지춘추관의금부사 오위도총부 도총관

성산(星山) 이원조(李源祚)[42]가 삼가 짓다.

---

42) 이원조(李源祚) : 조선 고종 때에 공조판서를 지낸 문신 1792년(정조16)-1871년(고종 8년), 초명은 영조(永祚) 자는 주현(周賢) 호는 호우(毫宇). 응와(凝窩), 시호는 정헌(定憲), 1866년 공조판서를 거처 1871년 숭정대부에 가자 되고 판의금부사에 임명되었으나 나아가지 않았다. 저서로 『응와문집』, 『응와잡록』, 『성경(性經)』 등이 있다.

退隱公墓碑文
퇴은 공묘 비문

節度使楊公諱治 淸州人 其先關西夫子, 震, 屢轉而至
절도사 양공 휘 치 청주 인 기 선 관서 부자 진 누 전 이 지

上黨伯諱起 寔, 公之曾祖也 陪魯國公主東來 封上黨伯.
상당 백 휘 기 식 공 지 증조 야 배 노국 공주 동래 봉 상당 백

祖諱之壽 都僉議贊成事. 父諱天震 戶曹典書 開國功臣
조 휘 지 수 도첨의 찬성사 부 휘 천 진 호조전서 개국 공신

諡景安 公三世 俱選淸白吏. 妣寶城宣氏 密直副使天柱
시 경안 공 삼세 구 선 청백리 비 보성 선씨 밀직부사 천 주

之女. 建文庚辰七月九日生 公天姿英邁學業夙成,世以
지 여 건문 경진 칠월 구일 생 공 천자 영매 학업 숙성 세 이

文章期之 妹兄 領議政, 黃喜 常, 稱許之. 領相, 金宗瑞
문장 기 지 매형 영의정 황 희 상 칭 허 지 영상 김 종 서

初築九城 公以武勇將. 薦拜咸吉黃海兩道兵馬節度使.
초 축 구성 공 이 무용 장 천 배 함길 황해 양도 병마절도사

時年十八 節齋常稱曰 禦侮之勇 死難之節 其惟君乎
시 년 십 팔 절 재 상 칭 왈 어모 지 용 사난 지 절 기 유 군 호

選隷帳下 屢討野人 開拓六鎭,而力辭錄勳 歷黃海兵使
선 예 장하 누 토 야인 개척 육진 이 역 사 녹훈 역 황해 병사

又,行靈光郡守.
우 행 영광 군수

端廟初服見 皇甫, 金, 鄭, 三相被禍 卽, 棄官遯于
단묘 초 복 견 황보 김 정 삼상 피화 즉 기 관 둔 우
抱川山中及. 端廟遜位 每月朔朝 著公服 東向越中淚下
포천 산중 급 단묘 손위 매월 삭조 저 공복 동향 월 중 누 하
如雨及. 端廟昇遐 歔唏煩冤如不欲生 不出山以終身 有
여 우 급 단묘 승하 허 희 번원 여 불 욕생 불출 산 이 종신 유
詩云. 世事茫然已白頭 千年遺恨子規樓 功名武勇今何用
시 운 세사 망연 기 백두 천년 유한 자규 루 공명 무용 금 하 용
但願歸從六鬼啾 又云 菊萎霜降日 松落歲寒時 物色
단 원 귀종 육 귀 추 우 운 국 위 상 강 일 송 락 세 한 시 물 색
猶多變 吾心斷不移. 又歌曰, 聞鵑樓下水無情空流去
유 다 변 오 심 단 불 이 우 가 왈 문 견 루 하 수 무정 공 류 거
露梁江上楓含悲自落來 此身願爲山中芝谷中蘭 莫使
노량 강 상 풍 함 비 자락 래 차 신 원 위 산중 지 곡 중 란 막 사
世人聞其香嗅其臭 仍, 號退隱 此其所以志也.
세인 문 기 향 후 기 취 잉 호 퇴은 차 기 소 이 지 야

壽八十六 乙巳卒于正寢 葬于抱川內北, 烽臺山, 負寅
수 팔십 육 을사 졸 우 정침 장 우 포천 내 북 봉대 산 부 인
原. 配平壤趙氏 判尹 琨之女 墓, 在機塘, 卯坐原.
원 배 평양 조씨 판윤 곤 지 여 묘 재 기 당 묘 좌 원

兪忠穆應孚 曾, 居抱川縣漠洞 一鄕髦士 卽, 遺墟設
유 충 목 응 부 증 거 포천 현 막 동 일 향 모 사 즉 유허 설
壇祭之 以楊公追配 祝曰, 菊萎松凋, 丹心未移, 東風灑
단 제 지 이 양공 추배 축 왈 국 위 송 주 단 심 미 이 동 풍 쇄
淚, 彼美之思. 此, 是鄕先生沒而祭之, 之義也.
루 피 미 지 사 차 시 향 선생 몰 이 제 지 지 의 야

梅山洪祭酒 作序贊之曰 莊光之世 抗義自靖 遯世長
매산 홍 좨주 작 서 찬 지 왈 장 광 지 세 항 의 자 정 둔 세 장

往 至沒世而無悶 苟非豪傑之士. 信道篤而取義深者 何
왕 지 몰세 이 무 민 구 비 호걸 지 사 신 도 독 이 취 의 심 자 하
以與. 此, 成, 朴, 六臣, 判熊魚之取捨死, 非得己 金,
이 여 차 성 박 육신 판 웅어 지 취사 사 비득 기 김
南, 六臣, 與鹿豕而爲群生, 非所欲 慷慨從容之間 所行
남 육신 여 녹시 이 위 군생 비 소욕 강개 종용 지 간 소행
不同, 而皆出於至誠 惻怛如楊公者 卽, 生六臣之流而
부동 이 개 출 어 지성 측달 여 양공 자 즉 생 육신 지 류 이
無愧.
무괴

爲楊嬪之從叔 且, 處忠穆之鄕 而配侑於忠穆所 以殷
위 양 빈 지 종숙 차 처 충 목 지 향 이 배 유 어 충 목 소 이 은
之三仁各得 其本心而同歸於仁者歟! 此, 爲儒賢之正論也.
지 삼인 각 득 기 본심 이 동귀 어 인자 여 차 위 유현 지 정론 야

公有五男一女 長曰順達, 校理. 次曰孝達, 進士 次曰
공 유 오 남 일 녀 장 왈 순 달 교리 차 왈 효 달 진사 차 왈
悌達, 掌隷院司正 次曰允達, 僉正 次曰信達, 通德郞.
제 달 장례원 사정 차 왈 윤 달 첨정 차 왈 신 달 통덕랑
女, 適陽川許瑾 世代寖遠. 子孫繁多不能盡記.
여 적 양천 허 근 세대 침 원 자손 번 다 불능 진 기

後孫,弼周 持家牒而徵文於余. 余不嫻修文爵位 且,卑
후손 필 주 지 가첩 이 징 문 어 여 여 불 한 수 문 작 위 차 비
固不足與論於墓道文字吾徐. 爲上黨伯外裔 壇享追配. 寔,
고 부족 여론 어 묘도 문자 오 서 위 상당 백 외 예 단향 추배 식
出士論 余於是義不敢辭,不避 僭踰考諸邑誌與國史. 記
출 사 론 여 어 시 의 불 감 사 불 피 참 유 고 제 읍지 여 국사 기
其概略 至於發幽 闡微以俟立言之君子
기 개략 지 어 발 유 천 미 이 사 입언 지 군자

通政大夫司諫院大司諫 達城徐膺淳 謹記
통정대부 사간원 대사간 달성 서 응 순 근 기

퇴은공 묘비문

절도사(節度使) 양(楊)공의 이름은 치(治)요 청주(淸州)인 이다. 그 선조는 관서대부 진(震)의 여러 대를 지나 상당백(上黨伯)인 이름 기(起)에 이르니 이분이 공의 증조(曾祖)이시다. 노국(魯國) 공주를 모시고 우리나라로 오시여 상당백(上黨伯)에 봉하셨다. 할아버님의 이름은 지수(之壽)이고 도첨의찬성사이시다. 아버님의 이름은 천진(天震)이며 호조전서 개국공신으로 시호는 경안(景安)이며 공의 3대가 청백리(淸白吏)에 함께 뽑히셨다. 어머니는 보성 선(宣) 씨로 밀직부사 천주(天柱)의 따님이시다.

건문(建文) 병진(丙辰 : 1400년) 7월 9일에 태어나셨다. 공께서는 타고난 재능이 영민하고 비범하여 학업을 숙성(夙成)[1] 하여 세(世)[2]로 문장을 기(期)[3]한다고 매형인 영의정 황희(黃喜)께서 항상 진실을 인정하여 칭찬하셨다. 영상(領相) 김종서

1) 숙성(夙成) : 어린 나이에 이미 학예(學藝) 등을 성취함
2) 세(世) : 이어 내려오는 가계, 여러 대를 이어
3) 기(期) : 기대하다, 희망을 걸고 믿다.

(金宗瑞)가 처음 아홉 성을 쌓을 때 공께서 힘이 있고 용맹스러운 장수였기에 함길(咸吉) 황해(黃海) 양도 병마절도사의 벼슬 내리기를 천거하였다.

세종 18년(1436년)에 절재(節齋)께서 항상 칭찬하여 말씀하시기를 어모(禦侮)[4]의 용맹이나 사난(死難)[5]에 절의 그런 것을 생각하면 어진 사람이다. 장하(帳下)[6]의 소신(小臣)으로 뽑히어 여러 차례 야인들을 토벌하고 육진을 개척한 공훈의 기록을 알린 힘으로 황해 병사를 지내셨고 또 영광군수도 행하셨다.

단종 초에 복(服)[7]을 보면 황보(皇甫), 김(金), 정(鄭), 세 정승이 화를 입자 즉시 벼슬을 버리고 물러나 포천 산중으로 들어오셨다. 단종께서 손위(遜位)하시니 매월 초하루 아침이면 관복을 입고 동(東)쪽을 향해 월(越)[8]토록 눈물을 비 오듯 흘리셨고. 단종께서 승하(昇遐)하시니 흐느끼며 한탄하여 울며 원통함에 괴로워하시면서 살려고도 하지 않으시고 산에서 나아가지도 않고 종신토록 시로 말한 것이 있다.

세상사는 망연한데 이미 머리는 희어졌고
자규루에 천년의 한이 서려 있지만

---

4) 어모(禦侮) : 외적의 내습을 격퇴한다는 뜻으로 무신을 이름
5) 사난(死難) : 국가의 난리에 죽음
6) 장하(帳下) : 대장군이 있는 곳
7) 복(服) : 실천에 옮기다.
8) 월(越) : 분수에 넘치다.

공명과 무용인들 이제 와 무슨 소용이 있겠는가?

단지 사육신들의 혼을 따라가서 함께 실컷 울부짖고 싶을 뿐이다.

또 읊기를

국화는 서리 내리는 날에 시들었고

소나무도 추운 계절의 철이 되니 버려져서

물색이 마치 많이 변한 것 같아도

내 마음은 단연코 움직이지 않는구나.

또 노래하여 말하기를

문견루 아래 물은 무정하게 부질없이 흘러가고

노량강 위에 단풍은 저절로 떨어져 오지만

이 몸은 산속의 지초나 계곡의 난초가 되기를 원하니

세상 사람들아 그 향기를 알려 하고 그 냄새를 맡으려 하지 말아라.

이에 스스로 호를 퇴은(退隱)이라 하였으니 이것이 그가 뜻하는 바이다.

나이 86세인 을사년(1485년)에 정침(正寢)[9]에서 돌아가시어 포천, 내북(內北) 봉대산, 인(寅)[10] 둔덕을 등진 곳에 장사지냈다. 부인 평양 조(趙)씨는 판윤 곤(琨)의 따님이며 묘는

9) 정침(正寢) : 주로 일을 집행하는 방

10) 인(寅) : 동북동 방향

기당 11)묘좌(卯坐) 자리 언덕에 있다.

유(兪) 충목(忠穆) 응부(應孚)께서 이전에 사시던 곳 포천현 막동(漠洞) 한 고을에서 뛰어난 인물을 후세에 전하기 위한 단(壇)을 설치하여 제사를 지내는데 양(楊)공을 추가로 배양하는 축에 말하기를, 국화는 시들고 소나무는 말라가도 정성 어린 마음 변하지 않고 주인에게 부는 바람에 눈물 뿌리며 그 임을 기리며 생각하였다. 이러하니 선생 돌아가신 이 고을에서 제사 지내는 것은 예로서 사리에 맞다.

매산(梅山) 홍(洪)좨주12)(祭酒, 홍직필)께서 서문을 지어 밝히시며 말씀하시기를 장광(莊光, 단종)의 세상에서 의(義)에 대항하여 자기를 다스려 숨어 살며 멀리 떠나가서 세상을 마침에도 번민함이 없으셨으니 적어도 호걸은 아니지만 선비이시다. 도(道)를 굳게 믿고 의(義)를 취한 깊은 사람임을 어찌 의심하겠는가? 이는 성(成 성삼문), 박(朴 박팽년) 육신들과 웅어(熊魚)13)를 판단하여 벼슬을 버리고 죽음으로써 자아(自我)를 얻고자 한 것도 아니고 김(金 김시습), 남(南 남효원), 육신과 더불어 녹시(鹿豕)14)들의 동료로 살려고 한 바도 없었다. 의분이 복받쳐 슬퍼하고 한탄하며 종용(從容)15)하는 동안

11) 묘좌(卯坐) : 동쪽
12) 좨주(祭酒) : 홍문관의 벼슬 이름
13) 웅어(熊魚) : 곰의 발바닥과 물고기의 맛이 있는 음식의 형용
14) 녹시(鹿豕) : 사슴이나 돼지, 권세와 천함
15) 종용(從容) : 하릴없이 유유히 지냄

의 소행(所行)은 같지 않으나 지극한 성실함이 모든 것에서 나타남으로써 측달(惻怛)[16]함은 양공(楊公)도 같은 것인즉 육신들의 흐름에 부끄러워할 것이 없다고 말씀하셨다.

양(楊) 빈(嬪)[17]의 종숙(從叔)이시며, 또 충목(忠穆)[18]의 고향에 사셨기 충목소(忠穆所)에 배양할 것이 권유 됨으로서 은(殷)나라의 삼인(三仁)을 각기 얻으셨고 그 본마음인 인(仁)에 같이 돌아오셨구나! 이래서 유현(儒賢)들의 정론(正論)[19]이 되었구나.

공께서는 5남 1녀를 두셨다. 장자(長子)는 순달(順達)이고 교리다. 차자(次子)는 효달(孝達)이고 진사다. 차자는 제달(悌達)이고 장례원 사정이다. 차자는 윤달(允達)이고 첨정이다. 차자는 신달(信達)이고 통덕랑이다. 따님은 양천(陽川) 허(許)씨 근(瑾)에게 시집 갔으며 여러 대의 선조들과 잠들어 있다. 자손이 많이 번창하였기에 모두 기록할 수가 없다.

후손 필주(弼周)가 증거되는 글로서 가첩(家牒)[20]을 나에게 가져왔기에 나는 문덕(文德)의 닦음도 벼슬의 지위도 우아하지 않고 또 인격도 낮은 데다 나 서(徐)는 상당백의 외 후손이 되니 묘도문자(墓道文字)[21]를 서술하여 주는 것은 도리상

---

16) 측달(惻怛) : 가엾게 여기어 슬퍼함
17) 양(楊) 빈(嬪) : 惠嬪
18) 충목(忠穆) : 유응부
19) 정론(正論) : 정당한 언론, 이치에 합당한 의론(議論)
20) 가첩(家牒) : 한 집안의 계보를 적은 책
21) 묘도문자(墓道文字) : 묘에 새기는 문자

부족하나, 단(壇) 제사에도 추가로 배양되셨으며 진실로 선비로 나타났다고 주장하는 이 뜻에 내가 감히 거절할 수도 없고 피할 수 없어 분수에 넘치지만 모든 것을 곰곰이 생각해서 이 마을의 기록과 국사와 더불어 이를 대강 추리고 줄여서 적어 두었으니 숨은 것은 더 들추어내고 작은 것도 드러내서 군자들의 의견을 세상에 발표하기를 기대한다.

통정대부 사간원 대사간 달성 서응순(徐膺淳)이 삼가 적는다.

退隱公 實蹟
퇴은 공 실적

公諱治 字致淳 號退隱 其先中華人 故, 唐叔虞之後,
공휘치 자치순 호퇴은 기선중화인 고 당숙우지후

伯僑, 自晉歸周, 周封楊侯, 食采於楊, 因以楊爲姓歷漢至
백교 자진귀주 주봉양후 식채어양 인이양위성역한지

唐世以勳業名 焉 詳載於黃尨村所著.
당세이훈업명 언 상재어황방촌소저

忠憲公行錄 忠憲公 諱起以中朝金紫光祿大夫位在 上台
충헌공행록 충헌공 휘기이중조금자광록대부위재 상태

而盛德大業 爲皐夔,伊,周之佐躋,天下於太平矣及.
이성덕 대업 위고기 이 주지좌제 천하어태평의급

其, 魯長公主下嫁之日, 帝特命 公陪來東土 卽高麗
기 노장공주하가지일 제특명 공배래동토 즉고려

忠宣王時也. 洪武末,回還天朝,具陳東藩,歲貢之弊. 特, 蠲,
충선왕시야 홍무말 회환천조 구진동번 세공지폐 특 견

四大貢 童女五千人 駿馬三萬匹 綾絹三萬同 苧布六萬
사대공 동녀오천인 준마삼만필 능견삼만동 저포육만

疋 而歸東方於是乎 爲太平無事之國. 詔封壁上三韓
소 이귀동방어시호 위태평무사지국 조봉벽상삼한

昌國功臣淸白吏上黨伯 號曰巖谷 賜貫淸州 以淸州,
창국 공신 청백리 상당 백 호 왈 암 곡 사 관 청주 이 청주

海州, 松禾 爲食邑以明邦家匹休之 意於公爲曾祖. 祖諱
해주 송화 위 식읍 이 명 방가 필 휴 지 의 어 공 위 증조 조 휘

之壽 都僉議贊成事 封西平君. 考諱天震 戶曹典書以秦
지 수 도첨의 찬성사 봉 서평군 고 휘 천 진 호조전서 이 진

請使入 上國留仕, 數紀, 永削東貢玉籍及, 還, 封安岳
청 사 입 상국 유 사 수 기 영 삭 동 공 옥적 급 환 봉 안악

君 諡景安. 妣寶城宣氏 密直副使 天柱,女 以建文二年
군 시 경 안 비 보성 선씨 밀직 부사 천 주 여 이 건문 이 년

庚辰九月生公.
경진 구월 생 공

公生,有異質 常, 服習於詩禮 家謨而義勇武略屹 然,
공 생 유 이질 상 복 습 어 시례 가 모 이 의용 무략 흘 연

爲萬夫之, 特金節齋宗瑞, 初築九城. 聞公名選隷帳下多
위 만부 지 특 김 절 재 종 서 초 축 구성 문 공 명 선 례 장하 다

所籌策. 年十八 討野人賊開拓六鎭虜獲甚衆, 朝家聞而
소 주책 연 십 팔 토 야인 적 개척 육진 노 획 심 중 조가 문 이

壯之 卽, 拜爲靈光郡守 又, 陞資爲黃海咸吉兩道
장 지 즉 배 위 영광 군수 우 승자 위 황해 함길 양도

兵馬節度使及至.
병마절도사 급 지

端廟初服見 皇甫仁, 金宗瑞, 鄭苯 三相臣被禍 卽, 棄
단묘 초 복 견 황보 인 김 종 서 정 분 삼 상신 피화 즉 기

官歸隱于 抱川山中逮夫. 上王狩越之時 有惠嬪楊氏 卽,
관 귀 은 우 포천 산중 체 부 상왕 수 월 지 시 유 혜빈 양씨 즉

公之從姪女也, 以國寶不傳 并其二子, 漢南君𤥽, 永豊
공 지 종질 여 야 이 국보 부 전 병 기 이자 한남군 어 영 풍

君瑔 同時被禍而有詔. 敢, 收屍者族 公愕然慟泣曰 此
군 천 동시 피화 이 유 조 감 수 시 자 족 공 악연 통 읍 왈 차

何變也 吾生不能死於君 又, 見此不忍言之慘禍生 亦,
하 변 야 오 생 불능 사 어 군 우 견 차 불인 언 지 참화 생 역

何爲 遂乘夜親自收其棄體, 不棺不誌 潛葬於抱川機塘
하 위 수 승야 친 자 수 기 기 체 불 관 부 지 잠 장 어 포천 기 당

谷中 而畏約無窮泯 其處而平之因居. 抱川村舍佯狂自
곡 중 이 외약 무 궁 민 기 처 이 평 지 인 거 포천 촌 사 양광 자

恣居 常, 東望越中血淚如雨至. 聞,淸冷浦烈風雷雨之變
자 거 상 동 망 월 중 혈루 여 우 지 문 청령포 열 풍 뇌우 지 변

則, 煩冤鳴泣如不欲生 而每月朔朝具公服 向魯陵焚香
즉 번원 오읍 여 불 욕생 이 매월 삭조 구 공복 향 노릉 분향

四拜 旣, 而仰天長吁曰 吾不與六臣同死 何顔立於天下
사배 기 이 앙천 장우 왈 오 불 여 육신 동사 하 안 립 어 천하

乎 遂以罪人自稱 而杜門隱約四十餘年. 作詩以見志曰
호 수 이 죄인 자칭 이 두문 은 약 사십 여년 작시 이 견 지 왈

菊萎霜降日 松落歲寒時 物色猶多變 吾心斷不移 又
국 위 상 강 일 송 락 세 한 시 물 색 유 다 변 오 심 단 불 이 우

曰 世事茫然已白頭 千年遺恨子規樓 功名武勇今何用
왈 세 사 망연 이 백두 천년 유 한 자규 루 공명 무용 금 하 용

但願歸從六鬼啾 又作歌 曰 聞鵑樓下水無情空流去
단 원 귀종 육 귀 추 우 작가 왈 문 견 루 하 수 무정 공 류 거

露梁江上楓含悲自落來 此身願爲山中芝谷中蘭 莫使
노량 강 상 풍 함 비 자 낙 래 차 신 원 위 산중 지 곡 중 난 막 사

世人聞其香嗅其臭 仍,自號退隱名 其里曰杜門. 又, 戒
세인 문 기 향 후 기 취 잉 자호 퇴은 명 기 리 왈 두문 우 계

其子校理順達曰 淸白忠貞 自吾忠憲公 以來世守家法也
기 자 교리 순 달 왈 청백 충정 자 오 충 헌 공 이 래 세수 가법 야

自今以後 汝勿以仕進爲意也至.
자금 이후 여 물 이 사진 위 의 야 지

成化乙巳 竟, 以天年終 享年八十六. 墓, 在抱川機塘
성화 을사 경 이 천년 종 향년 팔십 육 묘 재 포천 기 당

谷,背寅原. 配, 淑夫人平壤趙氏 漢城府尹 琨, 女 直學,
곡 배인원 배 숙부인 평양 조씨 한성부윤 곤 여 직학

思謙, 孫也. 葬于機池, 向乾原.
사겸 손야 장우기지 향건원

嗚乎 公稟剛毅之質 抱經濟之志 已, 自齠齔儼 然,
오호 공품강의지질 포경제지지 기 자초흘엄 연

若老成人. 所習者忠憲公忠孝之行 所聞者景安公淸白之
약노 성인 소습자충헌공 충효 지행 소문자 경안 공 청백 지

訓也. 經綸學術 實 爲當世之望而其奮. 不顧身以殉國家
훈야 경륜 학술 실 위 당세 지망이기분 불고신이순 국가

之急 乃,素所蓄積以 故, 年未弱冠, 能討强寇 立奇功垂
지급 내 소소 축적 이 고 연미 약관 능토강구 입 기공 수

名簡冊而及. 見, 群彦剝牀災害將及, 則, 炳幾高蹈 以
명 간책 이급 견 군언박상 재해 장급 즉 병기 고도 이

自拔於崑岡烈炎之中. 此, 大雅所謂旣明 且, 哲以保其
자발어 곤강 열염지중 차 대아 소위기명 차 철이보기

身者至若.
신자지약

上王狩越,离明改照 則, 所以蹈仁踐義灼有定, 見旣,
상왕 수월 리명개조 즉 소이도인천의작유정 견기

不與, 成, 朴, 諸臣俱在 侍從之列而超然遠引 已, 是
불여 성 박 제신 구재 시종 지열이 초연 원인 기 시

荒野退散之踪 則又豈可 故, 犯鈇鉞同死於雷霆之下哉.
황야 퇴산지종 즉우기가 고 범 부월 동사 어 뇌정 지하재

只, 得抗義自靖沒身 以無悔焉已矣.
지 득항의 자정 몰신 이무회언이의

成, 朴, 六臣, 殺身成仁 金, 南, 六臣, 隱身守節 或死
성 박 육신 살신성인 김 남 육신 은신 수절 혹사

或生, 所行不同 而其貞忠炳烈之義 則, 皆出於至誠惻怛.
혹생 소행부동 이기 정충 병렬 지의 즉 개출어 지성측달

公之慷慨忠節 亦, 豈非生六臣之同流乎. 惜哉 自經㤼亂
공 지 강개 충절 역 기 비 생 육신 지 동류 호 석 재 자 경 겁 란

孱孫殘裔 散在八域 斷爛遺蹟趂, 未收拾寥寥百年之間
잔손 잔 예 산 재 팔역 단란 유적 진 미 수습 요 요 백년 지 간

亦,未得揄揚 此, 豈非痛恨者乎.
역 미득 유 양 차 기 비 통한 자 호

禮曰 先祖無美而稱之謚也 有美而不彰 亦, 慢也. 略
예 왈 선조 무 미 이 칭 지 일 야 유 미 이 불 창 역 만 야 약

叙家乘與國史之所載者 以俟夫後之秉筆君子 云爾.
서 가승 여 국사 지 소 재 자 이 사 부 후 지 병필 군자 운 이

十五世孫 弘禮, 謹識
십 오세 손 홍 례 근 지

퇴은공 실적

공의 이름은 치(治)요 자는 치순(致淳)이고 호는 퇴은(退隱)이다. 그 선조는 중화(中華) 인이다. 옛날 당숙우(唐叔虞)의 후손 백교(伯僑)란 분이 진(晉)나라에서 주(周)나라로 돌아와 주나라에서 양(楊)나라의 제후로 봉해져서 양나라를 다스렸다. 그로 인하여 양(楊)으로 성(姓)을 하였다고 중국 역사에 적혀있다. 그 시대에 공훈이 훌륭했다고 황방촌(黃尨村 : 黃喜) 저서에 상세히 적혀있다.

충헌공(忠憲公) 행록(行錄)에 충헌공의 이름은 기(起)로서 중국조정에 금자광록대부(金紫光祿大夫)의 자리에 계시면서 웃어른으로 성덕대업(盛德大業)을 조심스레 명령하니 이(伊)[1], 주(周)[2]와 같은 다스림에 올라 천하가 태평하게 하였다.

기(其)[3]이 노장(魯長) 공주를 하가(下嫁)[4]할 때 황제의 특

---

1) 이(伊), 伊尹 은나라의 재상
2) 주(周) : 주공, 주(周)나라 문왕의 아들로서 무왕의 동생, 공자는 황제가 본받을 청백한 인물로 극찬했다.
3) 기(其) : 말소리를 고르는 어조사
4) 하가(下嫁) : 시집 보내다.

명으로 공께서 모시고 동토(東土, 고려)에 오셨으니 곧 고려 충선(忠宣)왕 때다. 홍무(洪武)[5] 말(末)[6]로 천조(天朝)[7]에 다시 돌아가 동번(東藩)[8]의 사정을 모두 갖추어 진술하여 세공의 공물을 폐하셨다. 특별히 4대 공물 동녀(童女)[9] 오천인, 준마(駿馬, 뛰어난 말) 삼만 필, 능견(綾絹, 비단) 삼만 동, 저포(苧布, 베) 육만 필을 제거하기로 하고 우리나라로 돌아오셨다! 태평 무사한 나라가 되니 벽상삼한창국공신(壁上三韓昌國功臣) 청백리 상당백에 봉함을 알리고 호를 암곡(巖谷)이라 하고 본관을 청주로 사(賜)[10]하고 청주(淸州), 해주(海州), 송화(松禾)를 식읍으로 함으로서 나라와 집안을 함께 편안하게 밝히셨으니 증조(曾祖) 되시는 공의 의(意)[11]이다. 할아버님의 이름은 지수(之壽)이며 도첨의찬성사(都僉議贊成事) 이시고 서평군(西平君)에 봉(封)하시었고, 아버님의 이름은 천진(天震)이며 호조전서(戶曹典書)로서 중국의 청사(請使)로 들어가 중국에 머물러 벼슬하며 여러 규칙을 살펴 우리나라의 공물을 영원히 삭제한 옥적(玉籍)[12]을 가지고 돌아오시니 안악군(安岳君)에 봉(封) 하시었고 경안(景安)이란 시호도 받으셨다. 어머

5) 홍무(洪武) : 洪武帝, 주원장(朱元璋), 연호(年號)로써 일컫는 제호(帝號)
6) 말(末) : 신하를 일컬음
7) 천조(天朝) : 중국 조정
8) 동번(東藩) : 고려
9) 동녀(童女) : 어린 여자아이
10) 사(賜) : 하사하다.
11) 의(意) : 내용, 뜻
12) 옥적(玉籍) : 귀중한 문서

니는 보성(寶城) 선(宣)씨로 밀직부사(密直副使) 천주(天柱)의 따님에게서 건문(建文) 2년 경진(1400년) 9월에 공께서 태어나셨다.

공께서는 태어날 때부터 본바탕이 남과 달라 항상 시(詩)와 예(禮)를 익히고 실천하여 가정을 꾀하고 충의와 용기로서 군사상의 책략을 우뚝 솟아나게 하셨다. 그래서 많은 장정 중 특별히 김절재(金節齋) 종서(宗瑞)와 9성을 처음 쌓게 되었다. 공께서는 대장군 아래서 례(隷)[13]로 선발되어 주책(籌策)[14]이 많이 있어 훌륭했다고 들었다. 세종 18년(1436년)에 야인의 도적을 토벌하고 6진을 개척할 때 진실로 많은 사람을 노획했다고 왕실에서 듣고 장함에 벼슬을 내려 영광군수가 되었다. 또 관직이 올라 황해 함길 양도 병마절도사에 이르렀다.

단종 초에 실천에 옮긴 것을 보면 황보인(皇甫仁), 김종서(金宗瑞), 정분(鄭苯), 세 정승의 신하가 화를 입자 즉시 관직을 버리고 숨어들어 포천 산중에 이르셨다!

상왕(上王, 세조)이 군사로서 분수를 넘을 때 혜빈 양 씨가 계셨다. 곧 공의 종질녀이었는데 옥새를 내놓지 않아 두 아들 한남군 어(玹)와 영풍군 천(瑔)이 더불어 동시에 화를 당하였다는 알림이 있어 감히 족(族)[15] 인자의 시신을 수습하며 공께서 놀라 당황하며 마음 아파 울면서 말씀하시기를 이 어쩐

13) 례(隷) : 소신(小臣)

14) 주책(籌策) : 이해관계를 헤아린 끝에 생각해낸 꾀

15) 족(族) : 벌이 일족에게 미치는 극형

반란인가! 내 삶이 능하지 못해 왕비께서 돌아가셨고 또 이 참지 못할 참혹한 재화가 생기는 것을 본들 또한 무엇을 하겠는가? 밤을 이용하여 내 버려진 수족을 친히 몸소 거두어 관도 없고 기록도 없이 포천 기당 골짜기에 몰래 장사를 지내고 억울한 일로 죽음을 당한 일들을 묶어서 한없이 눈에 보이지 않도록 함으로 그곳에서 무사히 살게 되셨다.

포천 촌집에서 미친 척하며 스스로 거리낌 없이 사시면서 항상 주인 쪽을 바라보며 분수에 넘치도록 비 오듯이 피눈물을 흘리셨다. 청령포(淸冷浦)가 열풍(烈風)[16] 뇌우(雷雨)[17]로 변했다는 소문을 들으시고는 즉시 괴로워 고민하며 탄식하여 울면서 삶에는 욕심이 없는 것처럼 매월 초하루 아침이면 관복을 갖추고서 노능(魯陵)[18]을 향해 분향 사배 후 곧바로 하늘을 바라보시며 길게 탄식하여 말씀하시기를 내가 육신과 더불어 같이 죽지 아니하였으니 어찌 하늘 아래서 얼굴을 들고 있겠는가? 이로써 죄인이라 스스로 부르며 문을 닫고 숨어서 약 40여 년 시 지은 것을 보고 뜻을 말하면,

국화는 서리 내리던 날에 시들었고,
소나무도 추운 계절의 철이 되니 버려져서
물색이 마치 많이 변한 것 같아도

---

16) 열풍(烈風) : 맹렬하게 부는 바람
17) 뇌우(雷雨) : 우레와 함께 내리는 비
18) 노능(魯陵) : 단종의 능

내 마음은 결단코 움직이지 않는구나.

또 말하기를

세상사는 망연한데 이미 머리는 희어졌고

자규루에 천년의 한이 서려 있지만

공명과 무용인들 이제 와 무슨 소용이 있겠는가!

단지 사육신들의 혼을 따라가 실컷 울고 싶을 뿐이다.

또 노래하여 말하기를

문견루 아래 물은 무정하게 부질없이 흘러가고

노량강에 단풍은 슬픔을 머금고 저절로 떨어져 오지만,

이 몸은 산속의 지초나 계곡의 난초가 되기를 원하니,

세상 사람들아 그 향기를 알려 하고 그 냄새를 맡으려 하지 말아라.

이를 따라 스스로 호를 퇴은(退隱)이라 하고 그 마을을 두문(杜門)이라고 하였다. 또 그 아들 교리 순달(順達)에게 훈계하여 말하기를 청백충정(淸白忠貞)은 우리 충헌공으로부터 내려온 대대로 지키라는 가법(家法)[19]이니 지금부터 이후에는 너도 벼슬길에 나아가지 말라는 뜻을 행하기에 이르렀다.

성화(成化) 을사(乙巳)년(1485년)에 마침내 천수를 다하시고 향년 86세에 돌아가셨다. 묘는 포천 기당(機塘) 골, 인(寅)[20]

19) 가법(家法) : 한 집안의 법도
20) 인(寅) : 동북동 방향

언덕인 등에 있다. 부인 숙부인 평양 조(趙)씨는 한성부윤(漢城府尹) 곤(琨)의 따님이고 직학(直學) 사겸(思謙)의 손녀이시다. 기지(機池) 건(乾 : 서북방) 언덕에 장사 지냈다.

오호라 공께서는 타고난 성품의 본질이 강직하여 굴하지 않으며 나라를 다스려 백성을 구제하는 뜻을 품어 이미 어려서부터 의젓하려고 입술을 깨 물으셨다. 그래서 노숙한 성인 같으시었다. 충헌공으로부터 충효의 행실을 익힌 것이고 경안공으로부터 청백의 교훈을 들으신 것들이 경륜과 학술을 배워 그때는 명성이 높게 드러내 우러러보았다. 몸을 돌보지 아니하고 국가가 급할 때 목숨을 바치는 이런 꾸밈없는 도리를 모아서 쌓으신 고로 나이가 약관(弱冠)[21]이 아닌데도 강한 도적들을 능히 토벌하는 뛰어난 공을 세워 명예로운 이름을 책에 글로서 후세에 남기기에 이루셨다.

재덕(才德)이 뛰어난 이들의 사물에 기초를 벗겨보면 재해의 해로움이 막 닥치려 하면 곧 기회를 잡아 세속을 떠나 몸을 깨끗하게 보존해서 곤강(崑岡)[22]에서 세차게 불타오르는 속에서도 스스로 빠져나오는구나! 이런 극히 올바르게 이르신 바를 이미 명확하게 드러내셨고 또한 지혜롭게 그 몸을 보존한 분이신 것 같다

상왕(세조)이 군사로서 분수를 넘을 때 사리(事理)의 밝음이

---

21) 약관(弱冠) : 남자 나이 20세를 일컬음, 젊은 나이

22) 곤강(崑岡) : 곤륜산의 다른 이름

흩어진 것을 다시 알게 하셨다. 그 까닭은 인(仁)을 따르고 의(義)를 실천하여 성(盛)하게 바로잡는 것은 이미 보았고, 성(成, 성삼문), 박(朴, 박팽년) 제신들과 함께 있으며 더불어 하지는 않았지만 시종(侍從)[23]의 반열에서 초연(超然)[24]하게 멀리서 인도하며 나를 바르게 하고 황야에 모였던 것이 흩어진 즉 또한 그것이 옳다. 그래서 부월(鈇鉞)[25]을 공격하여 뇌정(雷霆)[26] 아래에서 같이 죽지 않으셨다. 다만 의(義)로서 대항하며 자신만 바르게 몸을 숨겼다고 후회 없는 것이 어찌 이뿐이겠는가?

성(成, 성삼문), 박(朴, 박팽년), 육신은 몸을 죽여 인을 이루고 김(金, 김시습), 남(南, 남효원), 육신은 몸을 숨겨 절의를 지키며 혹은 죽고 혹은 살아서 행동한 바는 같지 않으나 그 절개가 곧고 충성스러움은 분명한 뜻인즉 모두는 지극한 성실함과 측달(惻怛)[27]함이 나타났다. 공의 강개(慷慨)[28]한 충절 역시 어찌 육신과 같은 맥락이 아니겠는가? 애석하구나! 나약한 자손들은 반역이 두려워 스스로 목을 매어 죽고 쇠약해진 후손들은 흩어져서 팔도에 여러 조각으로 찢어져 유적

---

23) 시종(侍從) : 임금을 모시고 있던 시종원의 벼슬
24) 초연(超然) : 남과 관계하지 않음
25) 부월(鈇鉞) : 제후나 대장이 생살권(生殺權)을 가진다는 표징으로 천자에게 받는 것. 정벌(征伐) 형륙(刑戮) 등에 쓰인다.
26) 뇌정(雷霆) : 격렬한 천둥
27) 측달(惻怛) : 가엾게 여기어 슬퍼함
28) 강개(慷慨) : 의분이 북받쳐 슬퍼하고 한탄함

(遺蹟)[29]을 뒤쫓으려 했으나 백 년 사이에 수가 적어 거둘 수가 없었고 또한 찬양함을 얻지도 못하였으니 이 어찌 가슴 아프게 몹시 한탄할 일이 아니겠는가?

홍례(弘禮)[30]가 말한다. 선조는 아름다움이 없어도 칭찬이 넘쳐야 하는데 아름다움이 있는데도 드러내지 못하고 또 태만하여 집안의 족보와 국사를 더불어 대략 서술하였으니 기재할 것이 있으면 이후에 군자가 붓 잡기를 기대하면서 글을 맺는다.

15세손 홍례가 삼가 적다.

---

29) 유적(遺蹟) : 남이 있는 옛 자취

30) 홍례(弘禮) : 자(字)는 경숙(敬叔) 호(號)는 묵헌(默軒) 선조 신묘(宣祖辛卯 1591년) 생 1653년 졸 통덕랑(通德郞)이다. 경서(經書)를 통달하여 인조(仁祖)가 친림(親臨) 하신 경연(經筵)에 참여하셨다.
순달(順達)-세광(世光)-흡(洽)-득효(得孝), 자(字), 백원(百源) 호(號), 남재(南齋) - 차남(次男)이시다.

退隱公 傳
퇴은 공 전

楊公諱治, 淸州人 其先, 出關西夫子, 震. 曾祖, 起, 陪
양공 휘 치 청주 인 기 선 출 관서 부자 진 증조 기 배

魯國公主東來, 封上黨伯. 祖, 之壽, 贊成事. 父, 天震,
노국 공주 동래 봉 상당 백 조 지 수 찬성사 부 천 진

戶曹典書, 三世俱選淸白吏. 公時年十八 別, 遷拜兵馬節度使.
호조전서 삼세 구 선 청백리 공 시년 십 팔 별 천배 병마절도사

端廟初 服見, 皇甫, 金, 鄭, 三相臣被禍 卽, 棄官遯于,
단묘 초 복 견 황보 김 정 삼상 신 피화 즉 기 관 둔 우

抱川山中及. 端廟遜位, 每月朔朝, 著公服, 東向越中, 淚下如
포천 산중 급 단묘 손위 매월 삭조 저 공복 동향 월 중 누 하 여

雨及. 端廟昇遐, 噓唏煩冤, 如不欲生, 不出山門以終身, 有
우 급 단묘 승하 허 희 번원 여 불 욕생 불 출 산문 이 종신 유

詩云. 世事茫然己白頭 千年遺恨子規樓 功名武勇今何用 但
시 운 세사 망연 기 백두 천년 유한 자규 루 공명 무용 금 하 용 단

願歸從六鬼啾. 又云 菊萎霜降日 松落歲寒時 物色猶多變
원 귀종 육 귀 추 우 운 국 위 상 강 일 송 낙 세 한 시 물 색 유 다 변

吾心斷不移. 又作歌曰, 聞鵑樓下水無情空流去 露梁江上楓
오 심 단 불 이 우 작 가 왈 문 견 루 하 수 무정 공 류 거 노량 강 상 풍

含悲自落來　此身願爲山中芝谷中蘭　莫使世人聞其香嗅其
함 비 자 낙 래　차 신 원 위 산중 지 곡 중 난　막 사 세인 문 기 향 후 기

臭. 仍, 號退隱 此其所以志也.
취 잉 호 퇴은 차 기 소 이 지 야

兪忠穆公,應孚　曾居,　抱川縣南之漠洞,　一鄕髦士,　卽,
유 충 목 공 응 부　증 거　포천 현 남 지 막 동　일 향 모 사　즉

遺墟設壇祭之, 以楊公追配 祝曰. 菊萎松凋 丹心未移 東風
유허 설 단 제 지 이 양공 추배 축 왈 국 위 송 주 단 심 미 이 동 풍

灑淚 彼美之思 是, 爲紀實云.
쇄 루 피 미 지 사 시 위 기 실 운

梅山居士,洪直弼曰　莊光之世,抗義自靖,遯世長往至,沒世
매산 거사 홍 직 필 왈　장 광 지 세 항 의 자정 둔 세 장 왕 지 몰세

而無悶者 苟, 非豪傑之士 信道篤而取義深者, 亦,何以與此
이 무 민 자 구 비 호걸 지 사 신 도 독 이 취의 심 자 역 하 이 여 차

哉.
재

成, 朴, 六臣 判熊魚之取舍死, 非得已. 金, 南, 六臣 與
성 박 육신 판 웅어 지 취 사 사 비 득 기 김 남 육신 여

鹿豕而群生, 非所欲 慷慨從容之間, 所行不同, 而皆出於
녹시 이 군 생 비 소 욕 강개 종 용 지 간 소행 부동 이 개 출 어

至誠 惻怛如楊公者 卽, 生六臣之流而無愧. 爲楊嬪之從叔
지성 측달 여 양공 자 즉 생 육신 지 류 이 무괴 위 양 빈 지 종숙

且, 處兪忠穆之鄕, 而配侑於忠穆所, 以殷之三仁各得 其
차 처 유 충 목 지 향 이 배 유 어 충 목 소 이 은 지 삼인 각 득 기

本心而同歸於仁者歟.
본심 이 동귀 어 인 자 여

唐城 洪直弼 謹撰
당성 홍 직 필 근찬

퇴은공 전[1)]

양공의 이름은 치(治)이고 청주(淸州)인이다. 그 선조(先祖)는 관서부자(關西夫子) 진(震)이시다. 증조할아버님 기(起)께서 노국(魯國) 공주를 모시고 우리나라에 오시어 상당백(上黨伯)에 봉하셨다. 할아버님 지수(之壽)께서는 찬성사(贊成事)이시고 아버님 천진(天震)께서는 호조전서(戶曹典書)로서 3세가 청백리(淸白吏)에 함께 뽑히시었다. 공께서 세종 18년(1436년)에 병마절도사에 특별히 천거되어 받으시었다.

단종 초에 복(服)[2)]을 보면 황보, 김, 정, 세 정승의 신하가 화를 당하자 즉시 벼슬을 버리고 물러나 포천 산중으로 오셨다.

단종께서 손위(遜位)[3)]하시자 매월 초하루 아침이면 관복을 입으시고 동(東)을 향해 분수에 넘치도록 비 오듯 눈물을 흘

1) 전(傳) : 전기(傳記), 한평생의 기록. 1, 사람의 일대(一代)의 사적(事跡)을 기록(記錄)한 것. 2, 현인(賢人)이 쓴 글을 傳이라 하며 사실(事實)을 기록한 것을 記라 한다.

2) 복(服) : 실천에 옮긴 것

3) 손위(遜位) : 임금의 자리를 물려줌

리시었고 단종께서 승하(昇遐)하시자 번원(煩冤)4)하며 허희(噓唏)5) 하시면서 살기를 바라지 않는 것처럼 평생토록 산문(山門)6)도 나오지 않으시며 시를 지은 것이 있다.

세상사는 망연한데 이미 머리는 희어졌고
자규루에는 천년의 한이 서려 있지만,
공명과 무용인들 이제 와 무슨 소용이 있겠는가?
단지 육신들의 혼을 따라가서 실컷 울부짖고 싶을 뿐이다.
또 읊기를
국화는 서리 오던 날에 시들었고
소나무도 추운 계절의 철이 되니 버려져서
물색이 마치 많이 변한 것 같아도
내 마음은 결단코 움직이지 않는구나.
또 노래하여 말하기를
문견루 아래 물은 무정하게 부질없이 흘러가고
노량강 위에 단풍은 슬픔을 머금고 저절로 떨어져 오지만,
이 몸은 산속의 지초나 계곡 속의 난초가 되기를 원하니,
세상 사람들아 그 향기를 알려거나 그 냄새를 맡으려 하지 말아라.

그대로 따라서 호를 퇴은이라 하셨으니 이것이 그가 바라는

4) 번원(煩冤) : 괴로워함
5) 허희(噓唏 : 흐느껴 욺
6) 산문(山門) : 산어귀

뜻이었다.

유(兪) 충목공(忠穆公) 응부(應孚)께서 이전에 사시던 포천현 남쪽 막동(漠洞) 한 마을에 모사(髦士)[7]를 후세에 전하기 위하여 단을 설치하고 제사를 지내는데 양공을 추가로 배양하는 축에 이르기를 국화는 시들고 소나무가 말라가도, 정성 어린 마음은 변하지 않고, 주인의 분부에 눈물 흘리며, 그분을 기리며 생각하셨다고. 이렇게 실(實)[8]의 기(紀)[9]를 운(云)[10] 하였다.

매산(梅山) 거사(居士) 홍직필(洪直弼)은 말한다. 장광(莊光, 단종)의 세(世)[11]에서 의(義)에 대항하여 자기를 다스려 숨어 살며 멀리 떠나가서 세상을 마침에도 번민함이 없으셨으니 구(苟)[12] 호걸(豪傑)은 아니지만 선비이시다. 도(道)를 굳게 믿고 의(義)를 취한 깊은 사람임을 또한 하이(何以)[13] 이를 의심할 수 있겠는가

성(成, 성삼문), 박(朴, 박팽년), 육신(六臣)들과 웅어(熊魚)[14]를 판단하여 벼슬을 버리고 죽음으로써 자아(自我)를 얻고자 한 것도 아니고, 김(金, 김시습), 남(南, 남효은), 육신(六臣)

---

7) 모사(髦士) : 뛰어난 인물
8) 실(實) : 행적
9) 기(紀) : 기록하다.
10) 운(云) : 말하다. 어조사로 구말(句末)에 쓰인다.
11) 세(世) : 왕조(王朝)의 임금 차례
12) 구(苟) : 진실로, 적어도
13) 하이(何以) : 무엇으로써
14) 웅어(熊魚) : 맛있는 음식의 형용

과 녹시(鹿豕)[15])들의 동료로 살려고 한 바도 없었다, 의분이 복받쳐서 슬퍼하고 한탄하며 종용(從容)[16]하는 동안의 소행은 같지 않으나 지극한 정실함이 모든 것에 나타남으로 측달(惻怛)함은 양공도 같은 것인즉 생육신(生六臣)[17]들의 흐름에 부끄러워 할 것이 없다. 양(楊) 빈(嬪, 혜빈)의 종숙(從叔)[18]이시며 또 충목(忠穆)의 고향에 사셨기에 충목소(忠穆所)에 배향할 것을 권유됨으로써 은나라 삼인(三仁)을 각기 얻으셨고 그 본 마음인 인(仁)에 같이 돌아오셨구나!

당성(唐城) 홍직필[19] 삼가 짓다.

15) 녹시(鹿豕) : 권좌에 대한 욕심
16) 종용(從容) : 하릴없이 유유히 지냄
17) 생육신(生六臣) : 이맹전(李孟專), 조 여(趙 旅), 원 호(元 昊), 김시습(金時習), 성담수(成聃壽), 남효온(南孝溫)
18) 종숙(從叔) : 아버지의 사촌
19) 홍직필(洪直弼) : 조선 후기의 학자 1776년(영조52) - 1852년(철종3)초명은 긍필(兢弼) 자는 백임(伯臨), 백응(伯應). 호는 매산(梅山), 시호는 문경(文敬), 1841년(헌종7) 성균관 좨주(祭酒)에 임명 1851년(철종2)에 대사헌 1852년 지돈녕부사(知敦寧府事) 형조판서에 임명되었으나 모두 사양하였다. 1856년 경현사(景賢祠)에 배향되었다. 저서로 매산집 52권이 있다.

退隱公 家乘 後記
퇴은 공 가승 후기

記者,記其實也. 蓋記,其人之姓, 號, 官啣, 與, 其
기자 기 기 실 야 개 기 기 인 지 성 호 관함 여 기
行蹟, 事業, 無不備. 焉, 此記之所以作也. 淸州之楊, 有
행적 사업 무 불비 언 차 기 지 소이 작 야 청주 지 양 유
兩路兵馬節度使 諱, 治, 字, 致淳. 其先, 中華人, 漢,
양 로 병마절도사 휘 치 자 치순 기 선 중화 인 한
關西夫子, 楊震, 爲其鼻祖, 以淸白儉德官, 至上卿 其後
관서 부자 양 진 위 기 비조 이 청백 검 덕 관 지 상경 기 후
四十三世. 有諱曰起, 於公爲曾祖. 天資粹美, 素性淸儉,
사십 삼 세 유 휘 왈 기 어 공 위 증조 천자 수미 소성 청검
藹. 然, 有四知之遺風, 而以盛德大業. 爲, 稷, 卨, 伊,
애 연 유 사지 지 유풍 이 이 성덕대업 위 직 설 이
呂之佐躋. 天下於堯舜, 仁壽之域, 特命, 拜金紫
여 지 좌 제 천하 어 요순 인수 지 역 특명 배 금 자
光祿大夫及. 其魯長公主, 下嫁于, 東藩也. 帝特命, 陪來
광록대부 급 기 노 장 공주 하가 우 동번 야 제 특명 배 래
以輔理, 東土遂按察, 其歲貢之弊. 四大物事, 童女五千
이 보 리 동토 수 안찰 기 세공 지 폐 사대 물 사 동녀 오 천

人，駿馬三萬匹，綾絹三萬同，苧布六萬疋，曰，叢爾
인 준마 삼만 필 능견 삼만 동 저포 육만 소 왈 총이

小國. 此何，等貢弊也. 洪武末，復還中朝，具陳，貢獻之
소국 차하 등공폐야 홍무 말 부환 중조 구진 공헌 지

弊，永蠲四貢之大者，而來東土，賴是，而爲太平無事之
폐 영견 사공 지 대자 이내 동토 뢰시 이위 태평 무사 지

國民安，而國富，國富而風熙. 公之德化恩澤，可謂，與
국민 안 이 국부 국부 이 풍희 공 지 덕화 은택 가위 여

東海，而同其深矣. 詔，封壁上三韓昌國功臣，淸白吏，
동해 이 동 기 심 의 조 봉 벽상 삼한 창국 공신 청백리

上黨伯，號曰，巖谷，賜貫淸州，以淸州，海州，松禾，三
상당 백 호 왈 암곡 사관 청주 이 청주 해주 송화 삼

郡，爲食邑，以明匹，休邦家之意也.
군 위 식읍 이 명 필 휴 방가 지 의 야

公之前後事蹟，詳悉於翼城公，黃尨村，所著. 公之
공 지 전후 사적 상실 어 익성 공 황 방촌 소저 공 지

行狀中，尨村公，卽，公之孫，安岳君之女壻也. 尨老之
행장 중 방촌 공 즉 공 지 손 안악 군 지 여서 야 방로 지

文章，勳業爲秉公. 千載證案之直筆，則豈可阿所好，而
문장 훈업 위 병 공 천재 증안 지 직필 즉 기 가 아 소호 이

能言之哉.
능언 지 재

公之子曰，之壽，以國舅，封西平君. 孫曰，天震，以
공 지 자 왈 지수 이 국구 봉 서평군 손 왈 천진 이

戶曹典書，請入中國，永削東貢，玉籍而還. 特褒，其
호조전서 청입 중국 영삭 동공 옥적 이환 특포 기

淸白而封安岳君，謚曰，景安. 有七男三女，女則，黃尨
청백 이 봉 안악 군 익 왈 경안 유 칠남 삼녀 여즉 황방

村，翼成公，喜，文主，簿治崔司正，有良也. 曾孫曰，
촌 익성공 희 문주 부치 최 사정 유량 야 증손 왈

治, 卽 退隱公也, 公之稟賦英邁, 氣質雄勇, 允, 爲邦家
치 즉 퇴은 공 야 공 지 품부 영매 기질 웅용 윤 위 방가

之良輔, 而私家之肖孫, 則, 記, 公之行之顚末而先觀,
지 양보 이 사가 지 초 손 즉 기 공 지 행 지 전말 이 선 관

世業之善述. 然後, 可知, 其善繼也. 陸機, 詞賦先陳
세업 지 선 술 연후 가지 기 선계 야 육 기 사부 선진

世德, 柳公碑陰記. 其先友, 此莫非彰. 世業之明顯而視
세덕 류공 비음 기 기 선 우 차 막 비 창 세업 지 명현 이 시

先世之親賢也. 然則, 節度使之行蹟, 知, 其有所自來矣,
선세 지 친 현 야 연 즉 절도사 지 행적 지 기 유 소 자래 의

豈不稱. 先業之有如此, 如此而以明, 其有是祖, 而有是
기 불 칭 선업 지 유 여차 여차 이 이 명 기 유 시 조 이 유 시

孫耶 噫! 公之言行, 固, 未可, 一一枚擧, 而其孝悌敦睦,
손 야 희 공 지 언행 고 미 가 일 일 매거 이 기 효제 돈목

奮勇威武眞, 可謂, 由天之行, 特地之雄也.
분용 위무 진 가위 유 천 지 행 특 지 지 웅 야

早抱弧桑之志, 而擅, 無雙之令譽學得穿. 楊之枝而
조 포 호 상 지 지 이 천 무쌍 지 영예 학 득 천 양 지 지 이

抱, 不二之雄資勇, 可以, 奪三軍之衆才, 可以, 爲百夫
포 불이 지 웅 자 용 가 이 탈 삼군 지 중재 가 이 위 백부

之長, 常奮, 不顧身, 以殉國家之急, 其素所蓄積也.
지 장 상 분 불 고 신 이 순 국가 지 급 기 소 소 축적 야

年, 纔, 十八, 以武勇徵選 節齋, 金相國, 宗瑞, 見,
연 재 십 팔 이 무용 징 선 절 재 김 상국 종 서 견

而奇之命, 討野人賊, 而開拓六鎭.
이 기 지 명 토 야인 적 이 개척 육진

朝廷聞而壯之, 卽, 拜爲靈光郡守 是, 所謂, 不世之
조정 문 이 장 지 즉 배 위 영광 군수 시 소위 불 세 지

英才, 惜乎! 邦運不幸, 文考昇遐, 君上, 居, 危疑之位,
영재 석 호 방운 불행 문 고 승하 군상 거 위의 지 위

臣下處畏忌之地，公知. 國事之郎當，而先見，其幾不俟
신하 처 외기 지 지 공 지 국사 지 낭당 이 선견 기 기 불 사

終日棄官，歸田以觀，其動靜矣，屬當.
종일 기 관 귀전 이 관 기 동정 의 속 당

端廟禪位之日，公之從姪女，爲世宗惠嬪，而將移玉璽
단묘 선위 지 일 공 지 종질 녀 위 세종 혜빈 이 장 이 옥새

之際，惠嬪，據理諭之曰，先王傳敎，國家重寶，非元孫，
지 제 혜빈 거 리 유 지 왈 선왕 전교 국가 중 보 비 원손

則，不傳，牢執不與，少無回撓之意.
즉 부 전 뇌 집 불 여 소 무 회 요 지 의

噫，嬪，有三子. 一曰，漢南君玹 二曰，壽春君，玹 三
희 빈 유 삼자 일 왈 한남군 어 이 왈 수춘 군 현 삼

曰，永豊君瑔 與其二子，同時被禍而有詔，敢,收屍者族
왈 영 풍 군 천 여 기 이자 동시 피화 이 유 조 감 수 시 자 족

公，愕然慟泣曰，此，何變也 吾生不能，死於君 又見，
공 악연 통 읍 왈 차 하 변 야 오 생 불능 사 어 군 우 견

此不忍言之慘禍生，亦，何爲遂? 乘夜，親自收其棄體，
차 불인 언 지 참화 생 역 하 위 수 승야 친 자 수 기 기 체

不棺不誌，潛葬於抱川機塘谷中，而畏約無窮泯，其處而
불 관 부 지 잠 장 어 포천 기 당 곡 중 이 외약 무궁 민 기처 이

平之因居. 抱川村舍，佯狂自恣，或歌或笑，自怨自哀，
평 지 인 거 포천 촌사 양광 자자 혹 가 혹 소 자 원 자 애

每，當，春花染紅，秋月揚明，杜宇巴山，啼血，蜀王之
매 당 춘화 염 홍 추월 양 명 두우 파 산 제 혈 촉 왕 지

寃恨，落鴈湘江，不勝，帝妃之淸怨，則慨. 然，瞻望越
원 한 낙 안 상강 불승 제 비 지 청 원 즉 개 연 첨망 월

中，掩仰垂泣，自不覺，忠憤之鬱於中，而發於外矣.
중 엄 앙 수 읍 자 불각 충분 지 울 어 중 이 발 어 외 의

中夜撫枕，私自痛心曰 愚! 雖，愚蒙不類，非不知 天命
중야 무 침 사 자 통심 왈 우 수 우몽 불 류 비 부지 천명

人心, 自有所屬, 而以吾身不似, 無比之踪荷. 先王,稀世
인심 자유 소속 이이오신불사 무비지종하 선왕 희세
殊遇之寵, 無絲毫萬一之報, 又, 不得保, 幼主於顚沛
수우 지 총 무 사호 만일 지 보 우 불득보 유주 어 전패
危亡之地, 而何面目, 立於天地之間哉! 杜門蟄伏, 一未
위망 지 지 이 하 면목 입 어 천지 지 간 재 두문 칩복 일 미
嘗與人對坐. 有時, 或, 送人於, 金東峰, 李耕隱, 所以,
상 여 인 대좌 유 시 혹 송인 어 김 동 봉 이 경 은 소이
肉札, 潛, 相通信, 以叙其抑鬱之意. 不使, 鄰里傍人, 有
육 찰 잠 상 통신 이 서 기 억울 지 의 불 사 인리 방인 유
所聞知也. 當時, 有一聯詩, 傳播人口者, 特地, 貞, 忠,
소문 지 야 당시 유 일 련 시 전파 인구 자 특 지 정 충
節, 全天骨肉恩之句, 而不知作之者, 誰某, 則此必有意
절 전 천 골육 은 지 구 이 부지 작 지 자 수모 즉 차 필 유 의
慷慨之士, 爲公所作而或疑, 金東峰贈, 公詩云. 然, 而
강개 지 사 위 공 소 작 이 혹 의 김 동 봉 증 공 시 운 연 이
世代浸遠, 文獻無徵, 尤, 可惜矣.
세대 침 원 문헌 무 징 우 가석 의

世, 或, 以公之不死, 爲疑, 然, 以公之堂堂忠義, 炳炳
세 혹 이 공 지 불사 위 의 연 이 공 지 당당 충의 병 병
高節, 非不知. 一死非難, 而公於是時 棄職, 家居者久矣
고절 비 부지 일 사 비난 이 공 어 시 시 기 직 가거 자 구 의
無其職而徒死, 亦, 無其義, 故, 公所以不死者此也. 殷
무 기 직 이 도 사 역 무 기 의 고 공 소이 불사 자 차 야 은
之, 夷, 齊, 叩諫而不得, 故, 隱居首陽採薇矢死, 而扶
지 이 제 고 간 이 부 득 고 은거 수양 채미 시 사 이 부
綱常於萬古, 則, 此, 無損於不臣, 周之忠義也. 晉之
강상 어 만고 즉 차 무손 어 불신 주 지 충의 야 진 지
淵明, 非其君不事, 故, 葩跡, 柴桑, 誦荊視意, 而保
연명 비 기 군 불 사 고 파 적 시상 송 형 시 의 이 보

靖節於三逕, 則, 是, 無傷於爲晉室之名敎也. 爲君盡忠
정절 어 삼경 즉 시 무 상 어 위 진실 지 명교 야 위 군 진 충
之道, 豈可曰. 死之, 之爲忠, 不死之爲非節乎. 惟, 在
지 도 기 가 왈 사 지 지 위 충 불사 지 위 비 절 호 유 재
義理之存, 不存, 如何耳.
의리 지 존 부 존 여 하 이

公以一介, 赳赳之士, 斷斷兮, 無他技而淸白遺風, 可
공 이 일개 규규 지 사 단단 혜 무 타 기 이 청백 유풍 가
以廉頑, 而立懦高尙志節, 亦, 可以扶綱, 而振紀, 則,
이 염 완 이 입 나 고상 지절 역 가 이 부 강 이 진 기 즉
其丹忠秉節, 素操特行罔俾生死六臣.
기 단충 병절 소 조 특 행 망 비 생 사 육신

專美於我東, 而只恨屢經, 兵燹文蹟莫考, 孱孫流散,
전 미 어 아 동 이 지 한 누 경 병선 문적 막 고 잔손 유 산
家乘未保, 玉混於石, 而精光莫辨. 蘭萎於草, 而遠香難
가승 미 보 옥 혼 어 석 이 정 광 막 변 난 위 어 초 이 원 향 난
分, 機塘谷裡, 空添野老之冤淚, 抱川村前徒增烈士之
분 기 당 곡 리 공 첨 야 로 지 원루 포천 촌 전 도 증 열사 지
悲憤者.
비분 자

今, 至幾百年數也. 然, 而大節忠烈, 固, 不可. 終沒沒
금 지 기 백년 수 야 연 이 대절 충렬 고 불가 종 몰 몰
而無稱, 則, 其或者, 待時以褒揚耶, 何幸? 聖德, 昭明
이 무 칭 즉 기 혹 자 대 시 이 포양 야 하 행 소명
無隱不顯.
무 은 불 현

正廟辛亥陽月, 念六日 賜諡楊惠嬪, 爲愍貞, 親祭, 侑
정묘 신해 양월 염 육일 사 시 양 혜빈 위 민 정 친제 유
祭之 後, 其二子俱蒙恩澤, 封陵, 而致祭, 己未八月二十
제 지 후 기 이자 구 몽 은택 봉 능 이 치제 기미 팔월 이십

一日，襃奬. 公之功勳澤及，後裔至，有受敎. 焉，純廟
일 일 포장 공 지 공훈 택 급 후예 지 유 수 교 언 순묘

庚寅抱川章甫，特，爲退隱先生齊會，發文曰 兪忠穆,楊
경인 포천 장보 특 위 퇴은 선생 제회 발문 왈 유 충 목 양

退隱，兩先生之丹心素節，俱. 是，端廟之忠臣也. 儉德美
퇴은 양 선생 지 단심 소절 구 시 단묘 지 충신 야 검덕 미

行實，爲儒林之宗師也. 矧，玆，本鄕，卽，我兩先生，
행실 위 유림 지 종사 야 신 자 본향 즉 아 양 선생

同時，杖屨之所乎! 本鄕士林，曾，爲兪先生，刱(創)設，
동시 장 구 지 소 호 본향 사림 증 위 유 선생 창 창 설

祠宇. 已行俎豆之禮而，惟，我楊先生之淸德高節. 尙，
사우 기 행 조두 지 예 이 유 아 양 선생 지 청덕 고절 상

闕縟儀，則，百世崇慕之地，豈，非慨然者乎? 越四載，
궐 욕 의 즉 백세 숭모 지 지 기 비 개 연 자 호 월 사 재

癸巳冬，果，爲追配於抱川祝石嶺下，蘇屹面，幕洞里，
계사 동 과 위 추배 어 포천 축 석 령 하 소 흘 면 막 동 리

忠穆公祠廟.
충 목 공 사묘

嗚呼! 自公之先世以來世 有豊功盛烈屢蒙. 朝家之
오호 자 공 지 선세 이 내 세 유 풍 공 성 렬 누 몽 조가 지

襃奬，至今，數入於大臣襃啓中而公繩. 其祖，武，無忝
포장 지금 수 입 어 대신 포계 중 이 공 승 기 조 무 무 첨

世業，早年英銳，荷寵蒙恩入，則爲仲山甫，補袞之責出
세업 조년 영예 하 총 몽 은 입 즉 위 중산 보 보곤 지 책출

則爲寇萊，公鎖鑰之任，揚聲北閫，顯名當世及.
즉 위 구래 공 쇄약 지 임 양 성 북곤 현명 당세 급

夫，晩年，遭變之後家食，而不在其位，故，未嘗效忠
부 만년 조 변 지 후 가식 이 부재 기 위 고 미 상 효 충

殉節，而牢守，不更二之心，不改矢靡他之志. 建忠義於
순절 이 뇌 수 불 경 이 지 심 불 개 시 미 타 지 지 건 충의 어

沖君之地 激斗膽於惠嬪之寃慷慨悲歌, 忠憤鬱而干于!
충 군 지 지 격 두담 어 혜빈 지 원 강개 비가 충 분울 이 간 우

霄歔唏歎息 氣意激, 而薄于漠, 則公之平生 素執惟,以
소 허 희 탄식 기 의 격 이 박 우 막 즉 공 지 평생 소 집 유 이

忠孝二字 爲人道之第一義, 而辦重輕於泰毛, 辨取舍於
충효 이자 위 인도 지 제일 의 이 판 중경 어 태 모 변 취 사 어

熊魚. 一事一行, 無不符義,而合理也. 是以聞公之風者
웅어 일 사 일행 무 불 부 의 이 합 리 야 시 이 문 공 지 풍 자

莫不擊節嘆賞, 而忠愛之心, 亦, 豈不由然, 而興起也哉?
막 불 격절탄상 이 충애 지 심 역 기 불 유 연 이 흥기 야 재

余, 實老, 癃, 淺,篾, 先賢美蹟, 不敢贅贊而竊, 有感
여 실 로 륭 천 멸 선현 미 적 불감 췌 찬 이 절 유 감

於節度公之忠義 略擧其實錄 可, 傳於世者及 其先世之
어 절도 공 지 충의 약 거 기 실록 가 전 어 세 자 급 기 선세 지

美行美蹟 撮, 其一二者記 焉.
미행 미 적 촬 기 일 이 자 기 언

達城 判官 達山 徐有喬 謹記
달성 판관 달산 서 유 교 근 기

퇴은공 가승 후기

- 집안의 역사적인 사실을 적은 기록

글을 쓰는 사람은 그 진실을 기록해야 한다. 개(蓋)[1]의 기록은 그 사람의 성(姓), 호(號), 관함(官啣)[2]과 더불어 그 행적과 사업(事業)이 불비(不備)[3]한 것이 없다. 언(焉)[4]에 기(記)[5]의 소이(所以)[6]로써 작(作)[7]한다. 청주(淸州) 양(楊)씨는 양로병마절도사(兩路兵馬節度使)로 계셨고 이름은 치(治)요 자(字)는 치순(致淳)이시다. 그 선조(先祖)는 중화(中華) 인(人)으로 한(漢)나라 관서부자 양진(楊震)이 비조(鼻祖)[8]이신데 청백하고 검소하며 덕이 있는 관리로서 상경(上卿)에 이르셨다. 그 후 43세손인 이름 기(起)가 계셨는데 공의 증조가 되신다. 타고난 자질이 순수하고 아름답고 깨끗한 성품에 청렴하고 검소

1) 개(蓋) : 모두
2) 관함(官啣): 官銜. 벼슬, 직함
3) 불비(不備) : 제대로 갖추지 못함
4) 언(焉) : 그리하여
5) 기(記) : 기록
6) 소이(所以) : 까닭
7) 작(作) : 시문을 짓다
8) 비조(鼻祖) : 시조(始祖), 창시자(創始者)

하셨으며 임금에게 충성을 다하셨다. 그리고 사지(四知)[9]의 유풍(遺風)이 있으므로 훌륭한 덕으로 큰일을 이루어 직·설·이·여(稷卨·伊·呂.)의 다스림에 올라 요순(堯舜)에 천하인 인수(仁壽)[10]의 지역(중국)에서 특명(特命)으로 금자광록대부를 받으셨다. 그 노장(魯長) 공주가 시집을 가니 동쪽 고려 국이다. 황제의 특명으로 모시고 와서 고려의 다스림을 도우려고 그 세공의 폐해를 조사하고 살펴보기에 이르렀다. 4대 물건들은 어린 여자 5,000인, 준마 30,000필, 능견(비단) 30.000동, 저포(베) 60.000필을 말한다. 작은 나라에 이같이 많으니 이가 어찌 공물 등급에 폐단이 아니겠는가? 홍무(洪武)[11]의 신하로 중국 조정에 다시 돌아가서 모든 것을 갖추어 진술하여 받치던 세공을 폐지하고 4대 공물의 큰 것을 오래도록 제거하고 돌아오시니 이에 힘입어 태평 무사하니 국민이 편안하므로 나라가 부자가 되었다. 부자 나라로서 관습이 빛남은 공의 덕화(德化)에 은혜로운 덕택이라 가히 말할 수 있다. 우리나라도 더불어서 같이 그와 깊어지니, 벽상삼한창국공신(壁上三韓昌國功臣) 청백리(淸白吏) 상당백(上黨伯)에 봉함을 알리고 호를 암곡(巖谷)이라 하고 본관을 청주(淸州)로 하여 청주(淸州) 해주(海州) 송화(松禾) 3군(三郡)을 식읍(食邑)[12]으로 사(賜)하여

---

9) 사지(四知) : 하늘이 알고 땅이 알고 네가 알고 내가 안다.
10) 인수(仁壽) : 인덕이 있고 수명이 깊
11) 홍무(洪武 : 홍무제(洪武帝), 주원장(朱元璋)의 연호(年號)로써 일컫는 제호(帝號)

명필(明匹)[13]이 되어 편안히 하고자 한 것이 나라의 뜻이었다

공의 전후 사적(事蹟)은 익성공(翼成公) 황방촌(黃尨村)께서 서술하신 공의 행장(行狀) 중에서 상실(詳悉)[14]한 것이다. 방촌(尨村) 공은 곧 공의 손자 안악군(安岳君)의 사위이시다. 방촌 어르신의 문장은 공훈에 병공(秉公)[15]되었다. 긴 세월을 증거에 의한 직필(直筆)[16]인즉 어찌 가히 한쪽으로 치우쳤겠는가? 사리에 마땅하다고 능히 말할 수 있다.

공의 아들을 말하면 지수(之壽)인데 국구(國舅)[17]로서 서평군(西平君)에 봉해졌고 손자를 말하면 천진(天震)인데 호조전서로서 중국의 청(請)[18]으로 들어가 우리나라의 세공을 영원히 삭제하는 옥적(玉籍)[19]으로 돌아오시니 특별히 칭찬하여 그 청백함에 안악군(安岳君)에 작위를 내리시고 시호를 경안(景安)이라 하셨다. 7남 3녀가 있다. 따님은 즉 황방촌(黃尨村) 익성공 희(喜)께서 선미한 남편이신데 정사를 다스림에 그릇된 일을 바르게 하는데 능함이 있었다. 증손을 말하면 치(治)니 곧 퇴은(退隱) 공이다. 공께서는 품부(稟賦 : 타고난 성

12) 식읍(食邑) : 공신들에게 내려주던 땅
13) 명필(明匹) : 확실한 짝
14) 상실(詳悉) : 빠짐없이 상세히 앎
15) 병공(秉公) : 편벽됨이 없이 두루 공평함
16) 직필(直筆) : 어떠한 일을 곧이곧대로 적는 일
17) 국구(國舅) : 임금의 장인, 왕후의 아버지, 3녀가 노(魯)나라 왕비로 시집갔다.
18) 청(請) : 주청사(奏請使). 중국에 보내는 사절(使節)
19) 옥적(玉籍) : 귀중한 문서

품)가 영매(英邁)20)하고 기질이 씩씩하고 용감하여 진실로 방가(邦家)21)에도 잘 보좌하고 사가(私家)에도 꼭 닮은 자손이었다, 즉 기록에 공의 행실에 전말(顚末)이 조상을 보면서 세업(世業)에 정성스럽게 선인(先人)의 뒤를 따랐다. 그런 연후로 가히 알아서 그 선(善)을 이으셨다고 육기(陸機)22)에 선조들이 펼친 세덕(世德)을 글로 지어 류공(柳公)23)께서 비음(碑陰)24)에 기록하셨다. 그 선조들의 우애가 이에 드러내지 않은 것이 없다. 세업(世業)이 밝게 나타남으로써 조상들의 한평생을 보니 친(親)하고 어질었다. 그런즉 절도사의 행적(行蹟)을 알아보니 그러한 바가 있어 저절로 이루었으니 어찌 칭찬하지 않겠는가? 선업(先業)이 이같이 있고 이처럼 밝았으니 그 바른 조상이 있음으로써 그 바른 자손이 있었구나! 공의 언행은 도리어 미가(未可)25)하다. 하나하나 낱낱이 들어서 말하면 그 효도나 우애가 두터워 화목함을 널리 떨치고 용감한 위엄의 무덕(武德)은 거짓이 아니었다고 가히 말할 수 있고. 오히려 하늘이 행한 특별한 영웅이시다.

일찍이 혼자 상(桑)26)의 뜻을 품음으로 마음대로 할 수 있

---

20) 영매(英邁) : 영민하고 비범함
21) 방가(邦家) : 나라
22) 육기(陸機) : 틀못이 언덕
23) 류공(柳公) : 퇴은실기를 쓰신 류후조
24) 비음(碑陰) : 비석 뒷면
25) 미가(未可) : 아직도 되지 않았다.
26) 상(桑) : 뽕을 따다, 뽕나무를 재배하여 누에를 치다.

었고 견줄 데가 없는 좋은 명예의 배움을 얻어 꿰뚫어 통했다. 양(楊)씨의 자손임을 마음에 품고 둘도 없는 뛰어난 재질의 용감함을 가히 널리 떨쳤고 전체 군대의 무리에서 재주 있는 사람으로 가히 많은 장정의 어른이 돼서 항상 명성을 드날렸고 몸을 돌보지 않고 국가가 위급할 때 목숨을 바치는 그 근본의 도리를 많이 모아 쌓았다.

재(纔)[27] 세종 18년(1436년)에 무예와 용맹을 증거로 세워 뽑아 절재(節齋) 김(金) 상국(相國) 종서(宗瑞)께서 불러서 만나 보시고는 갑자기 명하시니 야인의 도적들을 토벌하고 육진을 개척하였다.

조정에서 씩씩함을 듣고 곧 영광군수의 벼슬을 내리게 되었다. 이는 소위(所謂)[28] 불세(不世)[29]의 영재(英才)인데 아깝구나! 나라의 운세가 불행하여 문고(文考)[30]께서 승하(昇遐)하시니 군상(君上)이 거(居)[31]하기가 위의(危疑)[32]한 위(位)[33]이고 신하(臣下)들은 처(處)[34]하기를 외기(畏忌)[35]하는 지(地)[36]임을 공께서는 아셨다.

---

27) 재(纔) : 비로소
28) 소위(所謂) : 이른바, 세상에서 말하는바.
29) 불세(不世) : 세상에 드묾
30) 문고(文考) : 문종 아버님
31) 거(居) : 일정한 자리를 차지하고 있다.
32) 위의(危疑) : 위험스럽게 생각하고 의심함
33) 위(位) : 자리, 신분
34) 처(處) : 남아서 지키다, 머물러 있다.
35) 외기(畏忌) : 두려워하고 꺼림

나라의 일이 낭당(郎當)[37]함을 먼저 보고 그 조짐을 기다리지 않고 종일(終日)[38]에 벼슬을 버리고 전(田)[39]으로 돌아오시는 것을 자세히 보니 그 동정(動靜)[40]이었구나! 촉(屬)[41]이 맞다.

단종께서 선위(禪位)[42]할 때, 공의 종질녀인 세종의 혜빈에게서 막 옥새(玉璽)를 옮기려 하였는데 혜빈께서는 도리를 근거로 깨우치며 말씀하기를 전교(傳敎)[43]가 나라의 중보(重寶)[44]는 원손(元孫)이 아니면 전하지 말라면서 뇌(牢)[45]를 고집하며 함께하지 않은 것은 회요(回撓)[46]한 생각이 소무(少無)[47]했다.

아, 빈(嬪, 혜빈)에게는 세 아들이 있는데 첫째가 한남군(漢南君) 어(玹)요 둘째가 수춘군(壽春君) 현(玹)이요 셋째가 영풍군(永豐君) 천(瑔)이다. 그 두 아들과 더불어 동시에 화를 당했다는 조(詔)[48]가 있어 감히 족(族)[49]인 자의 시신을 수습

---

36) 지(地) : 처지
37) 낭당(郎當) : 극도로 피로한 모양
38) 종일(終日) : 하루 만에
39) 전(田) : 시골, 밭으로.
40) 동정(動靜) : 사람의 행동, 일 따위의 낌새
41) 촉(屬) : 맡기다. 위임하다.
42) 선위(禪位) : 왕위를 물려줌
43) 전교(傳敎) : 선왕의 명령
44) 중보(重寶) : 옥새
45) 뇌(牢) : 지조를 굳게 지킬 것
46) 회요(回撓) : 옳지 않음, 삐뚤어짐
47) 소무(少無) : 조금도 없다.

하며 공께서 놀라 당황하며 마음 아파 울면서 말씀하시기를 이 어쩐 반란인가! 내 삶이 능하지 못해 왕비께서 돌아가셨고 또 이 참지 못할 참혹한 재화가 생기는 것을 본들 또한 무엇을 하겠는가? 밤을 이용하여 내 버려진 수족을 친히 몸소 거두어 관도 없고 기록도 없이 포천 기당(機塘) 골에 몰래 장사를 지내고 억울한 죄로 죽음을 당한 일이 분명하지 않게 끝없이 눈에 보이지 않도록 그곳의 자리부터 평평하게 하였다. 포천 시골집에서 미친 척하며 자기가 하고 싶은 대로 혹은 노래하고 혹은 웃으며 스스로 원망도 하고 스스로 슬퍼도 하면서 늘 어울려서 봄에 꽃피어 붉게 물들고 가을에 달이 밝게 떠오르면 파산(巴山)[50]에서 천지 사방을 닫고 피눈물 흘리던 촉(蜀) 왕의 원한이나, 상강(湘江)[51]에 내려앉은 기러기의 견딜 수 없는 황제 비(妃)의 순진한 원망과 같이 탄식하셨다. 그러나 월중(越中)[52]을 멀리서 바라보며 그리워함에 감싸여 눈물을 드리우고 자기를 나타내지 않고 충의 감정의 복받침에 중(中)[53]은 울(鬱)[54]하고 외(外)[55]는 발(發)[56]하였겠구나? 한

---

48) 조(詔) : 알리다
49) 족(族) : 벌이 일족에게 미치는 극형
50) 파산(巴山) : 중국 사천성(泗川省)에 있는 지명
51) 상강(湘江) : 중국 광서성(廣西省)에서 동정호(洞庭湖)로 흐르는 강
52) 월중(越中) : 분수에 넘는 것, 여기서는 세조의 행위를 이름
53) 중(中) : 마음
54) 울(鬱) : 막혀 통하지 않음
55) 외(外) : 언행(言行)
56) 발(發) : 열다

밤중에 베개를 어루만지며 사사로운 자기의 몹시 아픈 마음을 말하기를 어리석도다! 비록 우몽(愚蒙)[57]한 무리가 아니라는 것을 알지 못한 것은 아니나 천명(天命)과 인심(人心)이 스스로 이어진 바 있음으로써 나 자신을 닮지 않은 본받음이 없는 행적을 책망한다, 선왕의 세상에 드문 각별한 대우의 총애를 아주 조금, 만에 하나도 갚지 못하고 또 전패(顚沛)[58]하며 위태로워 망하려는 처지에 어린 임금을 보호하지 못하였으니 무슨 면목으로 하늘과 땅 사이에 서겠는가! 문을 닫고 숨어서 밖에 나오지 않고 한 번도 사람들과 더불어 마주 앉아 본 일이 없었다. 어느 때에는 혹 김동봉(金東峰) 이경은(李耕隱)에게 사람을 보내 까닭을 몸소 적은 편지로 몰래 서로 통신하며 그 억울한 뜻을 서술했으나 심부름꾼이 없어 이웃 동네 옆 사람에게서 소문으로만 알 수 있었다.

당시에 한 구절의 시가 있었는데 사람들의 입으로 전파되는 것이었다. 특히 정(貞), 충(忠), 절(節) 모두 다 임금님의 뼈와 살 같은 은혜의 글귀로서 지은이가 누구인지 알 수 없은 즉, 이에는 반듯이 강개(慷慨)[59]한 선비의 뜻이 있었으니 공께서 지었다는 바를 혹시 의심하였는데 김동봉(金東峰)[60]에게 보낸 공의 시(詩)라고 한다. 그러나 여러 대로 깊고 멀어서 헤아릴

57) 우몽(愚蒙) : 우매(愚昧), 어리석고 사리가 어둠
58) 전패(顚沛) : 발에 걸려 넘어짐, 허둥거림
59) 강개(慷慨) : 의분이 복받쳐 슬퍼하고 한탄함
60) 김동봉(金東峰) : 김시습

수 없고 문헌의 증거도 없어 더욱더 애처롭구나!

세(世)[61]들이 혹은 공께서 죽지 않은 것을 의심한다. 그러하나 공의 당당한 충의와 환하게 빛나는 높은 절개를 알지 못함이 아니다 오로지 죽음만 비난을 하지만, 그러나 이 시기에 공께서는 벼슬을 버리고 가거(家居)[62] 한 것이 오래되어 그 직이 없음으로써 헛되이 죽고 또 그런 의미가 없는 고로 공께서 죽지 못한 것의 까닭은 그래서이다.

은(殷)나라 이(夷, 백이), 제(齊, 숙제)가 정성스럽게 직언하여도 바로잡음을 얻지 못한 고로 양지(陽地)머리에 숨어 살며 고사리를 캐면서 바르게 죽음으로써 한없는 세월 강상(綱常)[63]을 떠받든, 즉 이는 신하의 도리를 다하지 않음에 비난이 없으니 주(周)나라의 충의(忠義)이다, 진(晉)나라 연명(淵明, 도연명)이 그 임금을 섬기지 않음이 아닌 고로 파적(葩跡)[64]인지 시상(柴桑)[65]인지의 형(荊)[66]을 송(誦)[67]하여 뜻을 시(視)[68]함으로써 삼경(三逕)[69]의 정절(靖節)을 지킨즉 이는 진

61) 세(世) : 세상 사람
62) 가거(家居) : 벼슬하지 아니하고 집에 있음
63) 강상(綱常) : 삼강(三綱과 오상(五常), 곧 사람이 지켜야 할 도리
64) 파적(葩跡) : 꽃 모양의 자취
65) 시상(柴桑) : 거친 뽕나무
66) 형(荊) : 다스림
67) 송(誦) : 말함
68) 시(視) : 자세히 살핌
69) 삼경(三逕) : 은자의 뜰에 이름. 한(漢의 장후(蔣詡)가 들에 작은길 세 개를 내고 송(松), 죽(竹), 매(梅)를 심었다는 고사에서 나온 말

(晉)나라 황실의 훌륭한 가르침이 됨에 상(傷)[70]이 없었다.

임금을 위해 충(忠)의 도리는 다하였으니 그가 옳다고 말하겠다. 죽어야 충(忠)이 되고 죽지 않으면 절(節)이 아니 되는가? 오직 의리가 있고, 있지 않음을 살펴서 어느 것과 같이하느냐 뿐이다

공께서는 일개(一介)[71] 규규(赳赳)[72]한 병사로서 단단(斷斷)[73]하여 다른 재주가 없음으로써 청백(淸白)한 유풍(遺風)만이 옳다면서 청렴함을 고집함으로써 나약하게 고상(高尙)[74]한 지조와 절개를 세웠고. 또 가히 강(綱)[75]을 떠받침으로 기(紀)[76]를 떨친 즉 그 정성 어린 충성과 밝은 절개, 깨끗한 지조의 짝이기에 생사(生死) 육신(六臣)들을 따라서 행동할 수가 없었다.

아동(我東)[77]에 전미(專美)[78]한 이 원통함을 여러 차례 적으려 하였으나 병선(兵燹)[79]으로 문적(文蹟)[80]도 상세하지 못

70) 상(傷) : 부족함
71) 일개(一介) : 하찮은
72) 규규(赳赳) : 용맹스러운
73) 단단(斷斷) : 지키어 변하지 않는 모양
74) 고상(高尙) : 몸가짐과 품은 뜻이 깨끗하고 높아 세속 된 비천한 것에 굽히지 않음
75) 강(綱) : 사물에 가장 주가 되는 것, 근본
76) 기(紀) : 사람의 길, 인륜, 도덕
77) 아동(我東) : 나의 주인
78) 전미(專美) : 미명(美名)을 혼자 차지함
79) 병선(兵燹) : 전쟁으로 일어난 화재
80) 문적(文蹟) : 문부(文簿) 뒤에 상고할 문서나 장부

하고 나약해진 자손들은 흩어져 떠돌아다녀 가승(家乘)[81]이 보존되지 않아 돌에 섞인 옥(玉)으로서 깨끗하고 산뜻하게 분명히 할 수는 없었다, 풀에 시들은 난(蘭)으로서 심오한 향기를 베풀어주기 어려운 기당곡(機塘谷) 속에서 부질없이 시골 노인들과 더불어 원통함에 눈물 흘리며 포천 마을의 도(徒)[82] 앞에 높은 열사(烈士)[83]로서 슬프고 분한 사람이었다

지금은 몇백 년을 헤아린다. 그러니 큰 절개의 충렬(忠烈 : 굳센 절개와 의리로 충성을 다함)이 도리어 알 수가 없고 끝이 묻혀 보이지 않으므로 설명할 수가 없는 즉 그 어떤 사람이 기회가 오리라 기대했으며 포양(褒揚)[84]할 줄 어찌 바랬겠는가? 임금님의 덕으로 나타나지 못했던 것이 숨김없이 밝고 환하게 되었다.

정묘(正廟 : 정조) 신해(辛亥)년 (1791년) 양월(陽月)[85] 26일에 양(楊) 혜빈(惠嬪)에게 시호를 내려 민정(愍貞)이라 하고 친히 제사를 지내시며 제사 지낼 것을 권했다, 후에 두 아들도 임금님의 은혜로운 덕택을 함께 받았다. 능(陵)에 봉해짐으로써 정성스럽게 제사 지냈고 기미(己未)년(1799년) 8월 21일에 포장(褒獎)[86]하였다. 공의 공훈에도 은혜가 미치니 후손

81) 가승(家乘) : 한 집안의 기록으로서 족보나 문집
82) 도(徒) : 무리, 문인(門人) 이름 있는 학자 밑에서 가르침을 받는 사람
83) 열사(烈士) : 절개가 굳은 사람
84) 포양(褒揚) : 칭찬하여 추어올림
85) 양월(陽月) : 10월

에 이르러 교(敎)[87] 를 받을 수 있었다. 그리하여 순묘(純廟, 순조) 경인(庚寅)년(1830년)에 포천의 장보(章甫)[88]들이 특별히 퇴은(退隱) 선생을 제회(齊會)[89]하게 되었는데, 발문에 이르기를 유(兪) 충목(忠穆)과 양(楊) 퇴은 두 선생의 굳은 마음과 깨끗한 절개는 같으니 이는 단묘(端廟, 단종)의 충신이시다. 검소한 덕과 아름다운 행실이 유림에게 종사(宗師)[90]가 되었다. 하물며 여기가 본고향이니 곧 우리 두 선생이 동시에 장구(杖屨)[91]의 지위로구나! 본고향의 사림들이 일찍이 유(兪) 선생의 사우(祠宇)[92]를 설치하여 조두(俎豆)[93]의 예로서 행해졌다. 유(惟)[94] 우리 양(楊)선생의 밝은 덕과 높은 절개인데 오히려 욕(縟)[95]의 의(儀)[96]에서 궐(闕)[97]한즉 백 세도록 숭모(崇慕)해야 할 지(地)[98]로 어찌 개탄할 그런 것들이 아니겠

86) 포장(褒奬) : 칭찬하고 장려함
87) 교(敎) : 왕이나 제후의 명령
88) 장보(章甫) : 유생(儒生)
89) 제회(齊會) : 또는 재회(齋會)로 중들이 독경과 불경으로 죽은 사람을 제도(濟度) 즉 극락의 세계로 이끌어주는 일
90) 종사(宗師) : 받들어 모범으로 삼음
91) 장구(杖屨) : 어른에 대한 높임말
92) 사우(祠宇) : 사당집
93) 조두(俎豆) : 제사 때 음식을 담는 그릇
94) 유(惟) : 그것으로써
95) 욕(縟) : 화려한 채식(采飾), 즉 채색하여 꾸밈, 여기서는 단의 제향으로 추정됨
96) 의(儀) : 예의(禮儀), 관례
97) 궐(闕) : 빼다, 제외하다.
98) 지(地) : 처지

는가? 4년이 지난 계사(癸巳)년 (1833년) 겨울에 마침내 포천 축석령 아래 소흘면 막동(漠洞)마을 충목공 사묘(祠廟)[99]에 추가 배양되셨다.

오호라! 공께서는 선세(先世)로부터 내세(來世)[100]에 매우 큰 공과 많은 공적을 여러 번 입음이 있었기 나라에서 포장(褒奬)하려는 지금 대신(大臣)의 포계(褒啓)[101] 중에 공의 정직함이 여러 번 들어왔다. 그 조상의 힘차고 튼튼한 욕됨이 없는 세업(世業)과 젊었을 때의 영민한 예기에 총애를 짊어지고 은혜를 입어 중산보(仲山甫)[102]가 되어 비로소 관복을 입고서 해야 할 보곤(補袞)[103]의 임무로 책출(責出)[104]나간 즉 공이 쇄약(鎖鑰)[105]에서 책임을 맡아 외적의 침략을 다스리게 되어 북쪽을 곤(閫)[106]하여 명예를 날리니 그 시대에는 세상에 드러난 명성에 미쳤다.

그분은 만년(晩年)에 난리를 만난 후 벼슬을 하지 않음으로서 그 지위에 있지 않은 고로 효충(効忠)[107]과 순절(殉節)[108]

---

99) 사묘(祠廟) : 제사 지내는 곳
100) 내세(來世) : 現世
101) 포계(褒啓) : 칭찬할 것을 널리 알림
102) 중산보(仲山甫) : 중국 주왕조(周王朝) 중흥(中興)의 신하, 11대 선왕(宣王)을 섬겨 정치를 도움
103) 보곤(補袞) : 임금의 일을 보충하는 일
104) 책출(責出) : 책임을 지고 필요한 물품을 차출하다.
105) 쇄약(鎖鑰) : 중요한 장소
106) 곤(閫) : 문이 문지방 안으로까지 들어오는 것을 막다.
107) 효충(効忠) : 충성을 다함

로서 지조를 굳게 지킬 수 있던 것이 아니었다. 둘(서로)을 바꾸지 않는 마음과 맹세로 복종한 것은 고치지 않는 것과는 다른 뜻이다. 나이 어린 임금의 처지에 충의를 세우고 혜빈의 원통한 강개(慷慨)에 담력 크게 부딪치며 충의 분한 마음에 속이 답답함을 슬픈 노래로써 간여하셨구나! 밤이면 한숨짓고 탄식하며 기(氣)와 의(意)를 부딪치며 박(薄)[109]하여 막(漠)[110]한 즉 공께서는 평생 타고난 바탕을 지키려는 생각으로써 충효 두 자가 사람의 도리에 제일의 의(義)가 됨으로써 태모(泰毛)[111]로 소중함과 가벼이 함에 힘쓰고 웅어(熊漁)로서 나아가고 그침을 분명히 하셨다. 하나의 일과 하나의 행동이 의(義)에 맞지 않은 것이 없으므로 사물의 옳은 이치에 맞았다. 이로써 공의 말들을 들어보면 격절탄상(擊節嘆賞)[112]하지 않을 수가 없음으로써 충성과 사랑의 마음 또한 어찌 유연(油然)[113]하게 떨쳐 일어났겠는가?

나는 참으로 늙어 몸도 쇠약하고 학문도 깊지 않은데 눈도 어두워서 선현의 아름다운 자취를 행동이 온당치 않은 것을 칭찬함으로써 헛되이 되지나 않을까 해서 감히 할 수가 없었

108) 순절(殉節) : 충신이 충절을 지키다 죽음
109) 박(薄) : 지위가 낮다
110) 막(漠) : 자연 무위의 모양, 소리 없다.
111) 태모(泰毛) : 매우 큰 것과 아주 작은 것
112) 격절탄상(擊節嘆賞) : 무릎을 치며 탄복하고 칭찬함
113) 유연(油然) : 느릿느릿 나가는 모양

으나 절도공의 충의에 느낌이나 감정이 있어 대략 사실을 들어서 그 실제로 행한 것을 기록하였으니 가히 세상 사람들에게 전함이 미치도록 그 선세(先世)의 아름다운 행실과 아름다운 자취를 요점만 취하여 그 한두 것들을 기록하였다.

달성 판관 달산 서유교[114]가 삼가 쓰다.

114) 서유교(徐有喬) : 1849년 (헌종 15년)-1851년 (철종 2년)까지 대구 판관으로 재임

士林呈訴巡相文
사림 정소 순상 문

義城幼學 申祖憲. 玄風幼學 金熙洛. 大邱幼學 朴時
의성 유학 신 조 헌 현풍 유학 김 희 락 대구 유학 박 시

鉉. 等
현 등

謹齊沐上書于
근 제 목 상서 우

巡相閣下 伏以顯揚偉烈. 朝家之常典褒崇, 特, 節士林
순상 각하 복 이 현양 위 렬 조가 지 상전 포숭 특 절 사림

之公議也. 苟, 有曠百代貞忠卓行歷. 屢世湮沒不彰則庸
지 공의 야 구 유 광 백대 정충 탁행 역 누 세 인몰 불 창 즉 용

詎非欠 常典而鬱公議者乎.
거 비 흠 상전 이 울 공 의 자 호

生等, 竊嘗恨故節度使楊公諱治, 以世宗祖嵬勳, 端廟時
생 등 절 상 한 고 절도사 양공 휘 치 이 세종 조 외 훈 단묘 시

貞節至 今無崇, 終節惠之盛典也 生等, 敢請, 略陣, 其
정절 지 금 무 숭 종 절 혜 지 성전 야 생 등 감 청 약 진 기

始終蓋.
시 종 개

楊公 本中華舊閥而至麗朝. 有忠憲公 楊公 諱起 卽
양공 본 중화 구 벌 이 지 여조 유 충 헌 공 양공 휘 기 즉
節度公之曾祖也. 忠憲公以中朝, 金紫光祿大夫, 旣, 己
절도 공 지 증조 야 충 헌 공 이 중조 금 자 광록대부 기 기
濟天下於太平矣及. 魯長公主下嫁于, 東國也 ,以皇命陪
제 천하 어 태평 의 급 노 장 공주 하가 우 동국 야 이 황명 배
公主以來. 洪武末 秦革, 東藩四大貢之弊. 詔封壁上
공주 이 내 홍무 말 진 혁 동번 사대 공 지 폐 조 봉 벽상
三韓昌國功臣, 上黨伯 其盛德大業, 著在史乘. 有子, 諱,
삼한 창국 공신 상당 백 기 성덕 대업 저 재 사승 유 자 휘
之壽贊成事, 封西平君. 有孫, 諱, 天震以奏請使入,
지 수 찬성사 봉 서평군 유 손 휘 천 진 이 진 청사 입
上國永削東貢玉籍, 封安岳君, 諡景安, 公三世俱選
상국 영 삭 동 공 옥적 봉 안악 군 시 경안 공 삼세 구 선
淸白吏 節度公之父以上也.
청백리 절도 공 지 부 이 상 야

公以建文二年庚辰生, 生, 有異質武勇絶人. 世宗大王
공 이 건문 이 년 경진 생 생 유 이질 무용 절인 세종 대왕
命 故, 相臣, 金公宗瑞, 討野人 公 時年十八, 以幕下從
명 고 상신 김공 종 서 토 야인 공 시 년 십 팔 이 막하 종
征, 開拓六鎭, 斬獲甚多, 金相公白于. 朝曰, 禦侮之勇,
정 개척 육진 참획 심다 김 상공 백 우 조 왈 어모 지 용
死難之節, 楊治有之, 翼成公黃喜, 亦, 盛稱. 其年, 少
사난 지 절 양 치 유 지 익 성 공 황 희 역 성칭 기 년 소
績多遂, 特, 陞資 爲黃海咸吉兩道兵馬節度使, 斯, 已偉
적 다 수 특 승자 위 황해 함길 양도 병마절도사 사 이 위
矣,越在我 端廟初服見 皇甫, 忠定公, 仁. 金, 忠翼公,
의 월 재 아 단묘 초 복 견 황보 충 정 공 인 김 충 익 공
宗瑞. 鄭, 忠莊公, 苯. 三相公被禍 卽, 棄官歸隱于,
종 서 정 충 장 공 분 삼상 공 피화 즉 기 관 귀 은 우

抱川山中及至. 端廟遜位之時, 有惠嬪楊氏者, 卽, 公之
포천 산중 급 지 단묘 손위 지 시 유 혜빈 양씨 자 즉 공 지

從姪女也, 以國寶不傳. 幷其二子, 漢南君 諱玹, 永豊君
종질 여 야 이 국보 부 전 병 기 이자 한남군 휘 어 영 풍 군

諱瑔, 同日被禍而有傳. 敢, 收屍者族 公, 愕然恫泣曰,
휘 천 동일 피화 이 유 전 감 수시 자 족 공 악연 통 읍 왈

吾生不能死於君 又, 見此不忍之慘禍生 亦,何爲遂收,
오 생 불능 사 어 군 우 견 차 부 인 지 참화 생 역 하 위 수 수

其棄體, 隱葬於機塘之谷, 而不封不誌. 因, 與世長辭,
기 기 체 은장 어 기 당 지 곡 이 불 봉 부 지 인 여 세 장 사

佯狂自恣居 常, 東望越中, 血淚如雨至. 聞, 淸冷浦,烈
양광 자 자 거 상 동 망 월 중 혈루 여 우 지 문 청령포 열

風雷雨之變, 則煩冤嗚泣, 如不欲生, 而每月朔朝, 具
풍 뇌우 지 변 즉 번원 오읍 여 불 욕생 이 매월 삭조 구

公服 向魯陵焚香四拜旣, 而仰天長吁曰 吾不與六臣
공복 향 노릉 분향 사배 기 이 앙천 장우 왈 오 불 여 육신

同死, 其將何顔立於世乎, 遂以罪人自稱, 而杜門隱 約
동사 기 장 하 안 립 어 세 호 수 이 죄인 자칭 이 두문 은 약

四十餘年 作詩以見,志曰
사십 여년 작시 이 견 지 왈

菊萎霜降日 松落歲寒時 物色猶多變 吾心斷不移 又
국 위 상 강 일 송 락 세 한 시 물색 유 다변 오 심 단 불 이 우

曰 世事茫然己白頭 千年遺恨子規樓 功名武勇今何用
왈 세사 망연 기 백두 천년 유 한 자규 루 공명 무용 금 하 용

但願歸從六鬼啾 又 作歌曰 聞鵑樓下水無情空流去
단 원 귀 종 육 귀 추 우 작가 왈 문 견 루 하수 무정 공 유 거

鷺梁江上楓含悲自落來 此身願爲山中芝谷中蘭 幕使
노량강 상 풍 함 비 자 락 래 차신 원 위 산중 지 곡 중 난 막 사

世人聞其香嗅其臭. 仍, 號曰退隱名, 其里曰, 杜門至.
세인 문 기 향 후 기 취 잉 호 왈 퇴은 명 기 리 왈 두문 지

城化乙巳以天年終. 嗚呼! 此公之生平大略也.
성화 을사 이 천년 종 오호 차 공 지 생평 대략 야

公素以淸白, 家聲世篤忠貞, 其生長見聞, 涵毓擩染,
공 소 이 청백 가성 세 독 충정 기 생 장 견 문 함 육 유 염

固有以異乎人者而其奮, 不顧身以殉國家之急 乃, 素所
고 유 이 이 호 인 자 이 기 분 불 고 신 이 순 국가 지 급 내 소 소

蓄積也 以故, 年未弱冠, 能討强寇, 立奇功, 垂名簡冊而及.
축적 야 이 고 연 미 약관 능 토 강 구 입 기공 수 명 간책 이 급

見群彦剝牀, 禍害將及, 則見幾高蹈, 以自拔於崑岡烈
견 군 언 박 상 화해 장 급 즉 견 기 고도 이 자 발 어 곤강 열

炎之中. 此大雅, 所謂旣明 且, 哲以保其身者 而至若.
염 지 중 차 대아 소위 기 명 차 철 이 보 기 신 자 이 지 약

上王狩越, 离明改照 則, 所以, 蹈仁踐義灼有定見, 其
상왕 수 월 리 명 개 조 즉 소이 도 인 천 의 작 유 정견 기

不與, 成, 朴, 諸公俱在 侍從之列, 而超然遠引, 己, 爲
불 여 성 박 제공 구재 시종 지 열 이 초연 원 인 기 위

退遯之踪 則, 又, 豈可, 故, 犯鈇鉞, 同死雷霆之下哉.
퇴 둔 지 종 즉 우 기 가 고 범 부월 동사 뇌정 지 하 재

只, 得抗議自靖以沒其身, 而無悔焉己矣?
지 득 항의 자정 이 몰 기 신 이 무 회 언 기 의

兪忠穆公, 應孚 曾, 居抱川縣南, 後之人 卽. 遺墟設
유 충 목 공 응 부 증 거 포천 현 남 후 지 인 즉 유허 설

壇祭之以楊公配食, 可見. 公議之不泯也, 故, 祭酒洪公,
단 제 지 이 양공 배식 가 견 공 의 지 불 민 야 고 좨주 홍공

直弼, 製其祝曰 菊萎松凋 丹心未移 東風灑淚 被美之
직필 제 기 축 왈 국 위 송 조 단심 미 이 동 풍 쇄 루 피 미 지

思 又, 爲之入傳序之曰 成, 朴, 六臣, 判熊魚之取舍死,
사 우 위 지 입 전 서 지 왈 성 박 육신 판 웅어 지 취 사 사

非得己. 金, 南, 六臣, 與鹿豕而爲群生, 非所欲. 慷慨,
비 득 기 김 남 육신 여 녹시 이 위 군 생 비 소 욕 강개

從容之間, 所行不同, 而皆出於至誠 惻怛如楊公者 卽,
종 용 지 간 소행 부동 이 개 출 어 지성 측달 여 양공 자 즉
六臣之流, 而無愧 爲楊嬪之從叔 苟 非豪傑之士. 信道
육신 지 유 이 무괴 위 양 빈 지 종숙 구 비 호걸 지 사 신 도
篤, 而取義深者 亦, 何以, 與此, 噫乎? 其盡之矣. 生
독 이 취 의 심 자 역 하 이 여차 희 호 기 진 지 의 생
等, 何, 敢, 更贅多少而竊伏念.
등 하 감 경 췌 다소 이 절 복 념

英陵, 莊陵之世 苟, 有一節可記, 一行可表者, 自
영릉 장 릉 지 세 구 유 일절 가 기 일행 가 표 자 자
列聖朝以來, 莫不奬勵, 褒異俱蒙, 贈諡以施, 夫隱卒
열성조 이래 막 불 장려 포 이 구 몽 증 시 이 시 부 은졸
易名之典, 而至如楊公, 樹立, 旣如彼平生秉執. 又, 若
역명 지 전 이 지 여 양공 수립 기 여 피 평생 병 집 우 약
此而尙今, 湮晦無稱是誠, 盛世之欠典, 而多士之齎恨也,
차 이 상금 인회 무 칭 시 성 성세 지 흠전 이 다사 지 재 한 야
生等, 居鄕, 邦不勝湮鬱 玆, 將前後文券, 齎誠, 仰訴于.
생 등 거향 방 불승 인 울 자 장 전후 문권 재 성 앙소 우
棠陰之下伏願, 詳考實績啓達, 天聽俾蒙, 貤, 贈之典,
당 음 지 하 복 원 상고 실적 계달 천청 비 몽 이 증 지 전
千萬祈懇之至.
천만 기 간 지 지

巡相閣下 處分
순상 각하 처분

甲戌 十月 日
갑술 십 월 일

安東 幼學 金正洛 權宗夏
안동 유학 김정낙 권종하

尙州 幼學 黃蘭善 金憲奎
상주 유학 황난선 김헌규

仁同 幼學 張羲杓 李奎祥
인동 유학 장희표 이규상

善山 幼學 金漢氣
선산 유학 김한기

陜川 幼學 河潤九 進士 尹厚達
합천 유학 하윤구 진사 윤후달

星州 進士 李觀熙 進士 鄭思容 幼學 李宗岳
성주 진사 이관희 진사 정사용 유학 이종악

裵錫仁
배석인

漆谷 幼學 李海秀 李以淳 姜會永 鄭壽祺 李騏運
칠곡 유학 이해수 이이순 강회영 정수기 이기운

知禮 幼學 李寅熙 李羲洙 金容鎭
지례 유학 이인희 이희수 김용진

義城 幼學 金洛絢
의성 유학 김낙현

大邱 幼學 崔命憙 徐枝 都鎭岳 李秀輔 全錫一
대구 유학 최명희 서발 도진악 이수보 전석일

具祥春 李錫奎 進士 徐鼎坤 李華祥
구상춘 이석규 진사 서정곤 이화상

義興 幼學 朴顯國 洪祺命
의흥 유학 박현국 홍기명

慶州 幼學 崔晩述 李能夏
경주 유학 최만술 이능하

晉州 幼學 姜致永 河運一 鄭在旭
진주 유학 강치영 하운일 정재욱

永川 幼學 曺瑞翼 鄭致龍
영천 유학 조서익 정치룡

河陽 幼學 許磶 金文東
하양 유학 허석 김문동

開寧 幼學 崔希昌 李寬
개령 유학 최희창 이관

禮安 幼學 李彙輔 金騏一
예안 유학 이휘보 김기일

安義 幼學 林秀馨 鄭化翼
안의 유학 임수형 정화익

龍宮 幼學 李鍾泰 進士 柳遠和
용궁 유학 이종태 진사 류원화

淸道 幼學 朴龍德 李秉永
청도 유학 박용덕 이병영

居昌 幼學 尹鳳朝 進士 金基漢
거창 유학 윤봉조 진사 김기한

密陽 幼學 金浩奎 孫鍾華
밀양 유학 김호규 손종화

玄風 幼學 金熙華 郭南紀 金永濟 裵道永
현풍 유학 김희화 곽남기 김영제 배도영

高靈 幼學 朴浩善 朴龍浩 金理德
고령 유학 박호선 박용호 김이덕

金山 幼學 李基一 呂錫璉 朴在夏
금산 유학 이기일 여석련 박재하

草溪 幼學 安炳坤 鄭大錫
초계 유학 안병곤 정대석

咸安 幼學 安孝植
함안 유학 안효식

聞慶 幼學 蔡尙穆 進士 權錫琪
문경 유학 채상목 진사 권석기

慈仁 幼學 朴命德 崔昇燁 進士 李嘉祐
자인 유학 박명덕 최승엽 진사 이가우

醴泉 幼學 權九容 朴周鼎
예천 유학 권구용 박주정

慶山 幼學 徐奭基 朴景煥 等
경산 유학 서석기 박경환 등

表紙
표지

楊公之實, 鬱, 湮沒, 無稱苞苕. 焉, 不知之理字益採.
양공 지 실 울 인몰 무칭포초 언 부지 지이자익채

士林之公議 以待朝家處分事.
사림 지공의 이대 조가 처분 사

사림들이 제출한 소장 순상문

의성(義城)에 유학(幼學) 신조헌(申祖憲), 현풍(玄風)에 유학 김희락(金熙洛) 대구(大邱)에 유학 박시현(朴時鉉) 등이 삼가 목욕재계(齋戒)하고 글을 올립니다.

순상(巡相)[1] 각하의 말씀에 따르면 현양(顯揚)[2] 위열(偉烈)[3]을 나라에서 상전(常典)[4]으로 포상(褒賞)하고 우러러 공경한다기에 특별한 절(節)[5]의 사림(士林)[6]으로 공(公)을 논의하였습니다.

진실로 오랜 세월 정충(貞忠)과 탁행(卓行)[7]이 역사에 뚜렷하게 있는데 여러 세대를 인몰(湮沒)[8]하여 드러내지 못했으니

---

1) 순상(巡相) : 순찰사(巡察使)의 별칭, 조선시대 도(道) 안에근무를 순찰하는 벼슬
2) 현양(顯揚) : 이름을 높이 드날림
3) 위열(偉烈) : 위대한 공을 남긴 사람
4) 상전(常典) : 상식적인 규정, 규칙, 상규(常規) 즉 늘 변하지 않는 규칙
5) 절(節) : 절의
6) 사림(士林) : 훌륭한 사람들, 유림
7) 탁행(卓行) : 매우 뛰어난 행실
8) 인몰(湮沒) : 깊숙이 숨어 흔적도 없이 사라져버림

즉 용거(庸詎)[9] 흠이 아니겠습니까? 상전(常典)에 가득 차 있기에 공을 의논한 것입니다.

생(生)[10]들이 남들 모르게 한(恨)을 알아본 바로는 절도사 양(楊)공 휘(諱) 치(治)는 세종조(世宗祖)에 외훈(嵬勳)[11]이 있었고 단묘(端廟, 단종) 때에 정절(貞節)을 이루었으나 지금은 존경함이 없었으니 끝에는 절의를 지킨 혜택을 주어야 성대한 법이오라 저희들이 감이 청하옵니다. 대략을 진술함에 그 처음부터 끝까지 개(蓋)[12]하겠습니다.

양(楊)공의 조상은 중국의 옛 벌(閥, 문벌)로서 고려조정에 오신 충헌공(忠憲公)인 양(楊)공 휘(諱) 기(起)가 곧 절도공(節度公)의 증조가 되십니다.

충헌공께서는 중국의 금자광록대부(金紫光祿大夫)로 이미 태평하게 천하를 제(濟)하시었는데. 노장(魯長) 공주께서 시집가시는 곳이 동국(東國, 고려)이므로 황제의 명에 공주를 모시고 오셨습니다. 홍무(洪武)[13])의 신하로서 중국의 동번(東藩, 고려)에 4개 큰 공물의 폐해를 혁(革)[14]하시니 벽상삼한창국공신(壁上三韓昌國功臣) 상당백(上黨伯)에 봉함을 알린 그 성

9) 용거(庸詎) : 어찌
10) 생(生) : 저희
11) 외훈(嵬勳) : 높은 훈공
12) 개(蓋) : 의심나는 것은 궐하고 자기가 모르는 것은 말하지 아니하는 일
13) 홍무(洪武) : 홍무제(洪武帝) 주원장(朱元璋)의 연호(年號)로써 일컫는 제호(帝號)
14) 혁(革) : 고치다

덕과 대업이 분명하게 사승(史乘)15)에 있습니다.

아들인 휘(諱) 지수(之壽)께서는 찬성사(贊成事)로 서평군(西平君)에 봉(封) 하셨고, 손자 휘 천진(天震)께선 중국에 청사(請使)로 들어가 상국(上國, 중국)에서 동(東, 우리나라)의 세공에 옥적(玉籍)을 영원히 없애셨기 안악군(安岳君)에 봉하시고 시호를 경안(景安)이라 하셨습니다, 공의 3세가 함께 하청 백리에 뽑히시니 절도공의 부(父)로써 높이 숭상하실 분이십니다.

공께서는 건문(建文) 2년 경진(庚辰)년(1400년)에 태어나셨는데 태어날 때부터 성질이 다르시어 무예와 용맹이 남이 따를 수 없을 만큼 뛰어나셨습니다. 세종대왕의 명(命)으로 상신(相臣) 이신 김(金) 공 종서(宗瑞)께서 야인들을 토벌하였는데 공께서도 그때(세종 18년, 1436년) 장군의 군막 아래서 종정(從征)16)을 하며 육진을 개척할 때 심할 정도로 많이 참획(斬獲)17)했다고 김 상공이 밝히시니 조정에서 말하기를 어모(禦侮)18)의 용맹함과 사난(死難)19)의 절개가 양치(楊治)에게 있다고 익성공(翼成公) 황희(黃喜)께서도 또한 매우 칭찬하셨습니다. 그해에 작은 공적을 많이 이루어 특별히 승자(陞資)20)

---

15) 사승(史乘) : 역사적 사실을 적은 서적
16) 종정(從征) : 윗사람이 아랫사람의 무도함을 공격하여 바로 잡음
17) 참획(斬獲) : 참수와 생포
18) 어모(禦侮) : 무신
19) 사난(死難) : 국가의 난리에 죽음
20) 승자(陞資) : 정3품의 품계에 오르는 일

하시어 황해, 함길, 양도, 병마절도사가 되셨는데 이에는 이미 훌륭함과 아(我)21)가 있으셨습니다.

단종 초에 실천에 옮긴 것을 보면 황보(皇甫) 충정공(忠定公)인(仁), 김(金) 충익공(忠翼公) 종서(宗瑞), 정(鄭) 충장공(忠莊公) 분(苯), 세 상공이 화를 당하자 즉시 벼슬을 버리고 은둔하시어 포천 산중에 이르셨습니다. 단묘(端廟, 단종)께서 왕위를 물리실 때 곧 공의 종질녀인 혜빈(惠嬪) 양(楊) 씨가 계셨는데 국보를 전하지 않음으로써 그 두 아들 한남군(漢南君) 휘 어(玹), 영풍군(永豊君) 휘 천(瑔)과 함께 같은 날에 피화(被禍)22)의 소식이 있어 감히 족(族)의 시신을 수습하며 공께서 놀라 당황하여 마음 아파 울면서 말씀하시기를 내 삶이 능하지 못해 군(君)23)께서 돌아가셨고 또 이 참지 못할 재화가 생기는 것을 본들 또한 무엇을 하겠는가! 그 버려진 몸을 수습하여 기당(機塘)골24)에 봉분도 없고 지(誌)25)도 없이 몰래 장사 지내기에 이르렀습니다. 그로 인하여 세상을 긴 하소연과 더불어 미친 척하며 스스로 거리낌 없이 살아가면서 항상 주인 쪽을 바라보며 분수에 넘치도록 비 오듯 피눈물을 흘리시었습니다. 청령포(淸冷浦)가 열풍뇌우(烈風雷雨)26)의 변(變)을

21) 아(我) : 외고집, 자기의 생각을 굽히지 않는 일
22) 피화(被禍) : 재화를 입음
23) 군(君) : 왕비
24) 기당(機塘)골 : 틀못이
25) 지(誌) : 표지석
26) 열풍뇌우(烈風雷雨) : 세찬 바람에 번개 치며 오는 비

들으시고 즉시 괴로워 고민하며 살고자 하지 않을 것처럼 흐느껴 우시면서 매월 초하루 아침이면 관복을 갖추고 노릉(魯陵)을 향해 분향(焚香) 사배(四拜)를 끝내고는 하늘을 바라보며 길게 한탄하여 말씀하시기를 내가 육신과 더불어 같이 죽지 않았으니 장차 어찌 세상에 얼굴을 들고 있겠는가! 이로써 죄인이라 스스로 부르며 문을 닫고 숨어서 약 40여 년 시(詩) 지은 뜻을 보면 이르기를

국화는 서리 내리던 날 시들었고
소나무도 추운 계절의 철에 버려져서
물색이 마치 많이 변한 것 같아도
내 마음은 결단코 움직이지 않는구나.
또 이르기를
세상사 망연한데 이미 머리는 희어졌고
자규루에 천년의 한이 서려 있지만
공명과 무용인들 지금 와 무슨 소용이 있겠는가!
단지 사육신들의 혼을 따라가 실컷 울고 싶을 뿐이다.
또 노래하여 이르기를
문견루 아래 물은 무정하게 부질없이 흘러가고,
노량강 위에 단풍은 슬픔을 머금고 저절로 떨어져 오지만,
이 몸은 산속의 지초나 계곡의 난초가 되기를 원하니
세상 사람들아 그 향기를 알려 하고 그 냄새를 맡으려

하지 말라.

이를 따라 스스로 호를 퇴은(退隱)이라 하시고 그 마을을 두문(杜門)이라 하셨습니다. 성화(成化) 을사년(1485년)에 천수를 마치셨으니 애달프구나! 공의 생평(生平)27)이 대략(大略) 이러합니다.

공께서는 타고난 바탕이 청백한데 다 집안의 명성과 대대로 독실한 충정(忠貞)의 그런 삶을 오래도록 보고 들어서 함육(涵毓, 育)28)한 유염(擩染)29)함이 본디부터 있는 남다른 사람으로서 그 명성을 떨치시고, 나라가 급할 때는 몸을 돌보지 아니하고 목숨을 바치는 이런 꾸밈이 없는 바를 축적(蓄積)하셨습니다, 이런 고로 나이가 젊지 아니한데도 강한 도적들을 능히 토벌하는 뛰어난 공을 세워 수명간책(垂名簡冊)30) 을 이르렀습니다.

선비들의 상(牀)31)을 박(剝)32)하고 보면 재화(災禍)의 해로움이 막 이르려 하면 곧 기회를 보아 고도(高蹈)33)하여서 곤강(崑岡)34)의 열염(烈炎)35) 가운데서도 스스로 빠져나오는 이

27) 생평(生平) : 평생 삶
28) 함육(涵毓, 育) : 자연적으로 차츰 길러 냄
29) 유염(擩染) : 젖어서 물이 듦
30) 수명간책(垂名簡冊) : 영예로운 이름을 길이 후세에 남김
31) 상(牀) : 사물에 기초
32) 박(剝) : 벗기다
33) 고도(高蹈) : 세속을 떠나 몸을 깨끗하게 보존함
34) 곤강(崑岡) : 곤륜산

러한 대아(大雅)36)를 이른 바는 이미 명확하게 드러내셨고 또한 지혜롭게 그 몸을 보존한 분이 신 것 같습니다.

상왕(세조)께서 수월(狩越)37)에 리(离)38)의 사리(事理)를 밝혀 다시 알게 하셨습니다. 그 까닭은 인(仁)을 따르고 의(義)를 실천하여 성(盛)하게 바로 잡음이 있는 것을 보았고 그 성삼문(成三問) 박팽년(朴彭年) 제공(諸公)들과 함께 있으며 더불어 하지는 않았지만 시종(侍從)39)의 반열에서 초연(超然 40) 하게 멀리서 인도하며 자신이 물러나 피해서 뒤를 쫓자 하신 즉 또한 그가 옳은 고로 부월(鈇鉞)41)에 공격하여 뇌정(雷霆)42) 아래에서 같이 죽지 않으셨습니다! 단지 의(義)로 대항하여 스스로 바르게 몸을 숨기셨으니 후회 없는 것이 어찌 이 뿐이겠습니까?

유(兪) 충목공(忠穆公) 응부(應孚)께서 일찍이 포천(抱川)현(縣) 남쪽 끝에 사람인 즉 언덕에 단을 세우고 제사를 지내는데 양공도 배양하여 후세에 전함이 옳다고 봅니다. 공의 논의가 면(泯)43)하지 않음은 고(故, 예전)에 좨주(祭酒) 홍(洪)공

35) 열염(烈炎) : 세차게 불타오른다
36) 대아(大雅) : 뛰어나게 우아한 것
37) 수월(狩越) : 군사로서 분수를 넘을 때
38) 리(离) : 山神, 짐승 형상을 한 산신
39) 시종(侍從) : 임금을 모시고 있던 시종원의 한 벼슬
40) 초연(超然) : 남과 관계하지 않음
41) 부월(鈇鉞) : 제후나 대장이 생살권을 가진다는 증표로 천자에게서 받는 것
42) 뇌정(雷霆) : 격렬한 천둥

직필(直弼)께서 지으신 그 축문에 이르기를 국화는 시들고 소나무는 말라도 정성 어린 마음 변하지 않고 주인에게서 부는 바람에 눈물 뿌리면서 그 임을 기리며 생각하였다. 또 립(立)[44]을 만든 서(序)[45]에 전하여 이르기를, 성(成), 박(朴) 육신들과 웅어(熊漁)의 취사(取舍)[46]로 죽음으로써 자기를 얻고자 한 것도 아니고, 김시습(金時習), 남효온(南孝溫) 육신들과 더불어 녹시(鹿豕)[47]의 동료로 살려고 한 바도 아니었다, 강개(慷慨)[48]하며 종용(從容)[49]하는 동안의 소행(所行)은 같지 않으나 지성(至誠)[50]이 모든 것에 나타내며 측달(惻)[51]함은 양(楊)공도 같은 것인즉 육신들의 흐름에 부끄러워할 것이 없는 양(楊) 혜빈의 종숙으로서 진실로 호걸(豪傑)[52]은 못 되지만 선비는 되십니다. 도(道)를 믿어 흔들리지 않고 의(義)를 취한 깊은 사람인데 또한 무엇으로써 이를 따라 감탄하겠습니까? 그 정성을 다하고자 함인데 저희 들이 어찌 감히 혹이라도 고치서 다소(多少)라도 몰래 감출 생각을 하겠습니까?

---

43) 면(泯) : 뒤섞이다
44) 립(立) : 확고하게 세워
45) 서(序) : 차례를 따라 죽 서술하다
46) 취사(取舍) : 나아감과 그침
47) 녹시(鹿豕) : 사슴이나 돼지
48) 강개(慷慨) : 의롭지 못한 것을 보고 정의심이 복받치어 슬퍼하고 한탄함
49) 종용(從容) : 하릴없이 유유히 지냄
50) 지성(至誠) : 지극히 성실함, 또는 그 정성
51) 측달(惻怛) : 불쌍히 여기어 슬퍼함
52) 호걸(豪傑) : 지용(智勇)이 뛰어나고 기개와 풍도가 있는 사람

영릉(英陵, 영조), 장릉(莊陵, 정조) 세대에 진실한 하나의 절(節)이 바르게 기록돼 있고, 하나의 행실을 바르게 표(表)[53] 한 것이 열성조(列聖朝)[54]로부터 내려오며 장려(奬勵)[55]하지 않음이 없었으니 따른 것도 함께 입혀서 포상하여 주시고 시호도 베풀어 은졸(隱卒)[56]로서 역명지전(易名之典)[57]으로서 양(楊)공도 같이 수립(樹立)[58]하여 주시면 저분들과 같이 평생을 손잡고 지키겠습니다. 또 만일 이로써 상금(尙今)[59] 인회(湮晦)[60]하여 바른 정성을 칭찬함이 없으면 이 성세(盛世)[61]에도 흠전(欠典)[62]에 많은 선비가 아까운 생각을 보낼 것입니다.

저희들이 시골에 살며 나라의 근심으로 마음이 답답함을 견딜 수가 없습니다, 이에 전후의 문권(文券)을 함께하여 정성껏 보내며 우러러 고하옵니다. 당음(棠陰) 아래서 복원(伏願)[63]하오니 실적을 상고(詳考)[64]하여 계달(啓達)[65]하시어 천청(天

53) 표(表) : 임금에게 올리는 서장(書狀)
54) 열성조(列聖朝) : 여러 대의 임금님
55) 장려(奬勵) : 권하여 힘쓰게 함
56) 은졸(隱卒) : 공신이 죽었을 때 임금이 애도의 뜻을 표하던 일
57) 역명지전(易名之典) : 임금으로부터 시호를 받는 은전
58) 수립(樹立) : 어떤 사업을 이룩하여 세움
59) 상금(尙今) : 이제 와
60) 인회(湮晦) : 망해 자취를 감춤
61) 성세(盛世) : 문화가 융성한 세대
62) 흠전(欠典) : 불충분한 법규
63) 복원(伏願) : 웃어른께 삼가 원함
64) 상고(詳考) : 상세히 검토함
65) 계달(啓達) : 임금에게 의견을 아룀

聽)66)을 입게 하시고 보태서 전(典)67)을 내려주시기를 천만 번 간절히 빕니다.

갑술 10월 일(1874년, 고종 11년)

안동 유학 김정락, 권종하.
상주 유학 황난선, 김헌규.
인동 유학 장희표, 이규상.
선산 유학 김한기.
협천 유학 하윤구. 진사 윤후달.
성주 진사 이관희, 정사용, 유학 이종악, 배석인.
칠곡 유학 이해수. 이이순, 강회영, 정수기, 이기운.
지례 유학 이인희, 이희수, 긴용진.
의성 유학 김락순.
대구 유학 최명희, 서발, 도진악, 이수보, 전석일, 구상춘, 이석규. 진사 서정곤, 이화상.
의흥 유학 박현국, 홍기명.
경주 유학 최만술, 이능하.
진주 유학 강치영, 하운일, 정재욱.
영천 유학 조서익, 정치용.

---

66) 천청(天聽) : 하늘이 준 총명, 임금의 생각과 판단
67) 전(典) : 법, 규정

하양 유학 허 석, 김문동.
개녕 유학 최희창, 이 관.
예안 유학 이휘보, 김기일.
안의 유학 임수향, 정화익.
용궁 유학 이종태. 진사 유원화.
청도 유학 박용덕, 이병영.
거창 유학 윤봉조. 진사 김기한.
밀양 유학 김호규, 손종화.
현풍 유학 김희화, 곽남기, 김영제, 배도영.
고령 유학 박호선, 박용호, 김리덕.
금산 유학 이기일, 여석련, 박재하.
초계 유학 안병권, 정대석.
함안 유학 안효식.
개경 유학 채상목. 진사 권석기.
자인 유학 박명덕, 최승엽. 진사 이가우.
예천 유학 권구용, 박주정.
경산 유학 서석기, 박경환. 등

표지 글

양공(楊公)의 실(實)[68]이 울(鬱)[69]하고 인몰(湮沒)[70]하여 포(苞)[71]와 초(苕)[72]를 칭(稱)[73]할 수가 없습니다.

어찌 리(理)[74]를 자(字)[75]하고 익(益)[76] 채(採)[77]하고자 함을 부지(不知)[78]하겠습니까?

사림(士林)들이 공(公)을 의(議)[79]하였으니 조가(朝家 : 조정)[80]에서 처분(處分)한 사(事)를 대(待)[81]합니다.

---

68) 실(實) : 행적
69) 울(鬱) : 막혀서 통하지 아니하다.
70) 인몰(湮沒) : 깊이 숨음
71) 포(苞) : 뿌리 근본
72) 초(苕) : 산이 높은 모양
73) 칭(稱) : 칭찬하다, 기리다.
7.4) 리(理) : 사람이 순행(順行)하는 도리
75) 자(字) : 기르다, 양육하다.
76) 익(益) : 더욱 많이
77) 채(採) : 묻힌 것을 파내다
78) 부지(不知) : 알지 못함
79) 의(議) : 상의
80) 조가(朝家) : 조정
81) 대(待) : 준비하고 기다리다.

魯城 忠憲祠 奉安文
노성 충헌사 봉안 문

穹壤之間曰, 有正氣 公, 乃所受烈烈其志, 早遇風雲.
궁 양 지 간 왈 유 정기 공 내 소 수 열렬 기 지 조 우 풍운
名聞九城歷揚, 銓憲治積有聲. 粵, 惟端廟睿質孔仁, 其
명문 구성 역 양 전 헌 치적 유 성 월 유 단묘 예질 공 인 기
奈運否嗚乎. 不辰, 白馬無影, 冤禽空啼噫. 噫魯陵 可
내 운 부 오 호 부 진 백마 무 영 원금 공 제 희 희 노릉 가
不忍提有臣, 草野聞變而狂聲, 聲招魂吾君難忘. 公曰,
불인 제 유 신 초야 문 변 이 광 성 성 초혼 오 군 난망 공 왈
吾家忠孝世傳, 況, 又, 惠嬪同堂至親, 我何生爲自川晦
오가 충효 세전 황 우 혜빈 동당 지 친 아 하 생 위 자 천 회
跡. 成, 朴, 諸賢, 贊同聲烈, 可蹈白刃. 竟,不搖衷旣辨.
적 성 박 제현 찬동 성 렬 가 도 백인 경 불 요 충 기 변
其義, 舍取魚熊, 西山之餓, 東海之蹈, 萬古雲霄, 一揆
기 의 사 취 어 웅 서산 지 아 동해 지 도 만고 운소 일규
前後于.
전후 우

彼, 魯鄕, 迺, 祖靈宮以孫配祖, 禮無不. 公士林合辭,
피 노 향 내 조 영 궁 이 손 배 조 예 무 불 공 사림 합사
論議完成於千萬歲, 是侑是享.
논의 완성 어 천 만 세 시 유 시 향

侍從 李鍾泰 謹撰
시종 이 종 태 근찬

노성(魯城)[1] 충헌사(忠憲祠) 봉안문

궁양지간(穹壤之間)[2]에서 이르기를 정기(正氣)[3]가 있으신 공께서는 이 열렬(烈烈)[4]한 그 뜻을 받은 바, 일찍이 풍운(風雲)[5]을 만나셨습니다.

구성(九城)[6]을 명문(名聞)[7]으로 지나온 일을 드러내 치적(治積)[8]의 헌(憲)[9]으로 전(銓)[10]하자는 소리가 있습니다. 월(粤)[11]을 생각해보면! 단종 때에는 예(睿)[12]한 질(質)[13]은 공자님에 인(仁)인 들 그 어찌 운(運)[14]을 애달파하지 않았겠는

1) 노성(魯城) : 논산의 옛 지명
2) 궁양지간(穹壤之間) : 세간(世間)
3) 정기(正氣) : 공명정대한 기운
4) 열렬(烈烈) : 성질이 용감한 모양
5) 풍운(風雲) : 세상이 어지러움
6) 구성(九城) : 북방에 김종서와 구축한 성
7) 명문(名聞) : 이름을 세상에 알림
8) 치적(治積) : 정치상의 공적
9) 헌(憲) : 본보기
10) 전(銓) : 저울질
11) 월(粤) : 이에
12) 예(睿) : 슬기롭다
13) 질(質) : 꾸미지 아니한 본연의 그대로의 성질
14) 운(運) : 운명

가? 때가 아니었습니다, 백마(白馬)의 그림자는 없고 원통한 짐승이 부질없이 울부짖으며 탄식하니. 아아! 노능(魯陵, 단종)을 가히 제(提)[15]를 불인(不忍)[16]의 신하들만 있었기에, 초야(草野)[17]에서 반란의 소문을 들으시고는 미칠 듯이 소리치면서 초혼(招魂)[18]소리에 우리의 임금님을 난망(難忘)하시다며 공께서 우리 가정은 충효(忠孝)가 대대로 전해오고 하물며 또 혜빈께서도 같은 집안의 친척인데 내가 어찌 살기 위해 스스로 천(川)[19]에 회적(晦迹)[20]하겠는가? 성(成 : 성삼문), 박(朴 : 박팽년), 제현들과 세찬 소리에 찬동(贊同)하여 백인(白刃)[21]을 밟음이 옳았다고 말씀하시지만 경(竟)[22] 속마음 흔들리지 않고 처음부터 분명히 하시며 그 뜻을 어웅(魚熊)[23]에 사취(舍取)[24]하여 서산(西山)[25]에서 굶주리시며 동해(東海)[26]를 따르면서 만고(萬古)[27]를 운소(雲霄)[28]하며 일규(一揆)[29]

---

15) 제(提) : 끌어 일으키다
16) 불인(不忍) : 차마 하지 못함
17) 초야(草野): 시골의 궁벽한 땅
18) 초혼(招魂) : 죽은 사람의 혼을 불러 들어오게 함
19) 천(川) : 들판
20) 회적(晦迹) : 종적을 감춤, 跡과 같이 쓰임.
21) 백인(白刃) : 시퍼런 칼날
22) 경(竟) : 그러나
23) 어웅(魚熊) : 물고기와 곰 발바닥, 맛있는 음식의 형용
24) 사취(舍取) : 그침과 나아감
25) 서산(西山) : 조용한 산
26) 동해(東海) : 주인의 뜻
27) 만고(萬古) : 한없는 세월
28) 운소(雲霄) : 높은 지위를 비유
29) 일규(一揆) : 한결같은 법칙

로 처음부터 마지막까지 행하셨다.

저 노향(魯鄕)[30]에서 내(迺)[31] 할아버님의 혼령을 모신 집에 손자를 할아버님과 배향하는 것이 예에 없는 것이 아니기에 공(公)도 사림 모두에게 청해 논의하여 이루어졌으니 천만 년을 바르게 보답하여 바르게 제사를 지내십시오.

시종 이 종 태[32] 삼가 짓다.

30) 노향(魯鄕) : 논산 고을

31) 내(迺) : 처음으로

32) 이종태(李鍾泰) : 조선 고종 때의 문신, 서예가 자는 공래(公來) 호는 소농(篠農) 본관은 경주. 글씨에 뛰어나 대한문(大漢門)의 현판을 썼다.

春秋享祀 祝文
춘추 향사 축문

菊萎松凋, 丹心未移, 東風灑淚, 彼美之思
국 위 송 주 단심 미 이 동풍 쇄 루 피 미 지 사

梅山居士 洪直弼 謹撰
매산 거사 홍 직 필 근찬

춘추 향사 축문

국위송주(菊萎松凋) : 국화는 시들고 소나무가 말라도
단심미이(丹心未移) : 정성 어린 마음 변하지 않고
동풍쇄루(東風灑淚) : 주인의 분부(吩咐 : 아랫사람에게 내린 명령)에 눈물 흘리며
피미지사(彼美之思) : 그분을 기리며 생각하셨다.

매산거사 홍 직필 삼가 짓다.

跋
발

朱先生謂士, 大夫出處進退. 實, 關世道之, 汚隆風俗
주 선생 위 사 대부 출처 진퇴 실 관 세도 지 오륭 풍속

之, 盛美. 此言何謂也. 蓋, 明敎二字, 天之經, 地之義,
지 성미 차 언 하 위 야 개 명교 이자 천 지 경 지 지 의

而民之秉彝也, 自生民以來, 迄至于. 今世無治亂人, 無
이 민 지 병 이 야 자 생민 이 래 흘 지 우 금세 무 치란 인 무

馴暴而卒改易, 此不得, 殄滅此不得. 天地有時而壞, 而
순 폭 이 졸 개 역 차 부 득 진멸 차 부 득 천지 유 시 이 괴 이

此道不壞. 日月有時而晦, 而此義不晦. 此乃, 大舜所謂
차 도 불 괴 일월 유 시 이 회 이 차 의 불 회 차 내 대순 소위

五品, 皐陶所謂五典, 武王所謂天顯, 孔子所謂因 孟子
오품 고 도 소위 오전 무왕 소위 천현 공자 소위 인 맹자

所謂倫, 其事甚重, 而其任甚難矣.
소위 윤 기 사 심 중 이 기 임 심난 의

我東雖僻處, 天下之一隅而肇, 自殷師出來以其祖, 舜
아동 수 벽처 천하 지 일우 이 조 자 은사 출래 이 기 조 순

司徒之敎, 敎而治之, 則九疇之範. 八條之法, 擩染服習,
사도 지 교 교 이 치 지 즉 구주 지 범 팔조 지 법 유 염 복 습

忠孝節義朋. 興輩作而無愧, 爲周禮之在魯矣.
충효 절의 붕 흥 배작 이 무괴 위 주례 지 재 노 의

粤! 在莊陵之末國家多事. 三相六臣後, 先致命. 餘, 在
월 재장릉지말 국가 다사 삼상 육신 후 선 치명 여 재

散班因義自發者. 蓋, 不可數計周知時則有若節度使楊公
산반 인 의 자발 자 개 불가 수 계 주지 시 즉 유약 절도사 양공

以肺腑之親. 見義, 長往滅影於萬山之中, 而之死無悔者.
이 폐부 지 친 견 의 장 왕 멸 영 어 만산 지 중 이 지 사 무 회 자

雖, 其事蹟, 有微著文獻, 有斷續, 所以樹風聲, 勵
수 기 사적 유 미 저 문헌 유 단속 소이 수 풍성 여

廉恥, 而爲一時狐鼠輩所愧赧, 欲死者. 苟, 非公私於
염치 이 위 일시 호서배 소 괴난 욕 사 자 구 비 공사 어

胸中而能, 然, 大小之別瞭然乎. 宜其幷列於生死六臣之
흉중 이 능 연 대소 지 별 료 연 호 의 기 병 렬 어 생사 육신 지

列, 而無間. 然, 顧後承單寒加, 贈節惠, 漠然無聞者. 爲
열 이 무간 연 고 후승 단한 가 증 절 혜 막연 무 문 자 위

可恨後孫, 永植, 以其實紀之將入梓也. 徵跋於余, 余於
가 한 후손 영 식 이 기 실 기 지 장 입 재 야 징 발 어 여 여 어

楊氏, 爲彌甥 且, 有鄕井舊契義, 不敢辭遂書, 此以尾
양씨 위 미 생 차 유 향정 구 결 의 불감 사 수 서 차 이 미

之焉
지 언

嘉善大夫戶曹參判同知義禁府事兼經筵特進官
가선대부 호조참판 동지 의금부 사 겸 경연특진관

月城 崔益鉉 勤識
월성 최익현 근지

발문

주(朱)[1] 선생께서 선비에 대하여 설명하기를 대부(大夫)[2]는 출처(出處)[3]에서 진퇴(進退)[4]를 진실로 세도(世道)[5]와 오륭(汚隆)[6]의 풍속이 성미(盛美)[7]하여야 한다. 이 말을 어찌 설명하겠는가? 개(蓋)[8] 명교(名敎)[9]두 글자이니 하늘(天)은 경(經)[10]이요, 땅(地)은 의(義)[11]로서 백성들은 병이(秉彝)[12]이니 생민(生民)[13]에서부터 와야 흘(迄)[14] 이루어지는 것이다.

---

1) 주(朱) : 주자
2) 대부(大夫) : 벼슬자리에 있는 사람
3) 출처(出處) : 나아가 벼슬자리에 있음
4) 진퇴(進退) : 나아가고 물러남
5) 세도(世道) : 세상을 올바르게 다스리는 도리
6) 오륭(汚隆) : 성하는 일과 쇠하는 일
7) 성미(盛美) : 아주 아름다움
8) 개(蓋) : 오히려
9) 명교(名敎) : 인륜 도덕에 가르침
10) 경(經) : 다스리는 것
11) 의(義) : 임금에게 충성하는 일
12) 병이(秉彝) : 인간의 떳떳한 도리를 굳게 지킴
13) 생민(生民) : 백성을 가르치고 기름
14) 흘(迄) : 마침내

그때에는 난인(亂人)[15]을 다스림도 없고 폭(暴)[16]을 훈(馴)[17]함도 없이 개역(改易)[18]을 졸(卒)[19]함으로서 이도 얻지 못하고, 진멸(殄滅)[20] 이것도 얻지 못하였다. 천지(天地)[21]는 유시(有時)[22]에 무너져도 이 도(道)는 무너지지 않고, 일월(日月)은 혹 가다가 어두워지나 이 의(義)는 어두워지지 않는다. 이로 인해 대(大)[23]하신 순(舜)임금께서는 이른바 오품(五品)[24]이고 고도(皐陶)[25]께서는 이른바 오전(五典)[26]이요 무왕께서는 이른바 천현(天顯)[27]이고 공자님께서는 이른바 인(因)[28]이요 맹자 님께서는 이른바 윤(倫)[29]이니 그 일들은 심(甚)히 무거움으로 그 책임도 심히 어렵다.

우리나라가 비록 후미진 곳에 천하의 한 모퉁이에서 조(

---

15) 난인(亂人) : 난을 일으키는 사람
16) 폭(暴) : 행동이 거칠어 도리에 어긋남
17) 훈(馴) : 가르치다.
18) 개역(改易) : 바꿈
19) 졸(卒) : 일을 마치다.
20) 진멸(殄滅) : 무찔러 모조리 없애 버림
21) 천지(天地) : 天之經, 地之義
22) 유시(有時) : 혹 가다가
23) 대(大) : 훌륭하다.
24) 오품(五品) : 오전(五典), 오륜(五倫), 오상(五常)의 통칭
25) 고도(皐陶) : 순임금의 신하
26) 오전(五典) : 사람이 지켜야 할 다섯 가지 인륜 父는 義, 母는 慈, 兄은 友, 弟는 恭, 子는 孝. 또는 오륜 父子는 親愛, 君臣은 義理, 夫婦는 分別, 長幼는 次序, 朋友는 信義.
27) 천현(天顯) : 하늘의 밝은 도리, 존비상하(尊卑上下)의 분수를 이름
28) 인(因) : 원인을 이루는 근본
29) 윤(倫) : 인륜, 도리

肇)[30]하지만 은(殷)나라의 스승으로부터 출래(出來)[31]한 것으로 그의 조상은 순임금의 사도(司徒)[32]를 가르쳤고 가르침으로 다스린 것이 곧 구주(九疇)[33]의 규범이다. 이 팔조(八條)[34]의 법에 젖어 물들여져 익숙하게 실천에 옮기는 충효절의(忠孝節義)의 붕(朋)[35]으로 무리를 만들어 일어난즉 부끄럽지 않게 주(周)나라의 예(禮)로서 노(魯, 단종)를 재(在)[36]하게 된 것이다.

에……, 장릉(莊陵, 단종) 말(末)에 나라의 많은 일들을 살펴보면 삼상(三相)과 육신(六臣)들 후에는 먼저 치명(致命)[37]함이 여(餘)[38] 산반(散班)[39]에 있음으로 인하여 의(義)[40]를 자발(自發)적으로 한 것도 있다. 이 모든 것을 수계(數計)[41]하기는 불가했다. 수지(周知)[42]할 때에는 절도사 양공(楊公)은 폐부(肺腑)[43]의 친척으로 같이 있어 만산지중(萬山之中)[44]에 멀

30) 조(肇) : 비롯하다.
31) 출래(出來) : 사건이 일어남, 안에서부터 밖으로 나옴
32) 사도(司徒) : 중국의 관직 이름
33) 구주(九疇) : 천하를 다스리는 아홉 가지 대법
34) 팔조(八條) : 여덟 가지의 금법(禁法)
35) 붕(朋) : 동료
36) 재(在) : 살피다.
37) 치명(致命) : 신명을 받침
38) 여(餘) : 결국
39) 산반(散班) : 혹은 산관(散官) 정해 놓은 일이 없는 벼슬
40) 의(義) : 사람이 행해야 할 덕
41) 수계(數計) : 計數, 수효를 헤아림
42) 주지(周知) : 많은 사람이 두루 앎
43) 폐부(肺腑) : 왕실 사람

리 떠나서 사라져가는 모습에 의(義)를 견(見)[45]하며 후회 없이 돌아가신 것이다.

수(雖)[46] 그 사적(事蹟)의 문헌(文獻)이 조금 있고 단속(斷續)[47]한 까닭에 풍성(風聲)[48]을 세우고, 염치(廉恥)[49]에만 힘을 씀으로서 한때는 호서배(狐鼠輩)[50]라 괴난(愧赧)[51]하며 죽으려고 하는 것은 구(苟)[52]한 공사(公私)[53]가 아니되니 대소(大小)를 구별하여 밝힘이 그러하구나!

마땅히 그 생사 육신들에 반열로서 함께 해야 하는 것은 물을 것도 없다. 그러하나 돌아보면 후(後)에도 단한(單寒)[54]한만 더 이어져서 절의(節義)의 은혜를 증(贈)[55]했다고 막연(漠然)하게라도 들은 바가 없었다.

가히 한(恨)[56]의 후손 영식(永植) 씨가 그 실기(實紀)[57]가

---

44) 만산지중(萬山之中) : 깊은 산속
45) 견(見) : 생각해 보다, 돌이켜 보다.
46) 수(雖) : 그러나
47) 단속(斷續) : 끊겼다 이어졌다 함
48) 풍성(風聲) : 풍격(風格)과 명성(名聲)
49) 염치(廉恥) : 조촐하고 깨끗하여 부끄러움을 아는 마음
50) 호서배(狐鼠輩) : 간사스럽기가 짝이 없어 아주 못된 무리
51) 괴난(愧赧) : 창피를 당하여 얼굴을 붉힘
52) 구(苟) : 진실로
53) 공사(公私) : 공적인 일과 사적인 일
54) 단한(單寒) : 친척 친족이 적어서 고독하고 가난함
55) 증(贈) : 관위(官位)를 추사(追賜)하다.
56) 한(恨 : 억울하거나 원통하거나 원망스럽게 생각하여 뉘우치거나 맺힌 마음)
57) 실기(實紀) : 實記 사실의 근본

막 관속으로 들어가려 할 때 나에게 발(跋)[58]을 요구하였다. 나는 양(楊) 씨의 미생(彌甥)[59]이 되고 또 향정(鄕井)[60]이라 옛날의 의로운 인연을 감히 말하고 글로 쓸 수가 없어 이로써 끝을 맺는다.

가선대부 호조참판 동지의금부사 겸 경연특진관

월성 최익현[61] 삼가 쓰다.

---

58) 발(跋) : 跋文. 책 끝에 본문(本文)의 내용을 대강 또는 그에 관한 사항을 간략하게 적은 글

59) 미생(彌甥) : 외손자

60) 향정(鄕井) : 고향

61) 최익현(崔益鉉) : 조선 말기 및 대한제국 때의 유학자 의병장 아명은 기남(奇男) 자는 찬겸(贊謙) 호는 면암(勉菴) 본관은 경주 포천 출신, 포천시 신북면 채산사(茝山祠)에 배향

愍貞嬪 楊氏傳
민 정 빈 양씨 전

楊氏者, 淸州人. 縣監景之女. 贊成事之壽, 其曾祖也.
양씨 자 청주 인 현감 경 지 여 찬성사 지 수 기 증조 야
世宗朝選入後宮封惠嬪. 擧三子漢南君𤣰, 壽春君玹,
세종조 선입 후궁 봉 혜빈 거 삼자 한남군 어 수춘 군 현
永豐君瑔. 辛酉顯德王后, 誕端宗于東宮, 九日而薨.
영풍군 천 신유 현덕 왕후 탄 단종 우 동궁 구 일 이 홍
世宗擇嬪御中賢者, 命楊氏保養 元孫楊氏戮力調護致謹
세종 택 빈 어 중 현자 명 양씨 보양 원손 양씨 육력 조호 치 근
其飮食起居.元孫生有聖德而楊氏養正之功多焉. 時, 世宗,
기 음식 기거 원손 생 유 성덕 이 양씨 양정 지 공 다 언 시 세종
文宗, 相繼昇遐, 宗英布列, 國勢危疑而惠嬪, 隋機應變,
문종 상 계 승하 종영 포 렬 국세 위의 이 혜빈 수기 응변
衛安聖躬者, 靡極不至至.
위 안 성궁 자 미 극 부 지 지

乙亥世祖受禪納傳國璽 惠嬪據理諭之曰 玉璽國之重
을해 세조 수선 납 전 국새 혜빈 거 리 유 지 왈 옥새 국 지 중
寶. 先王有訓非世子世孫不傳 吾雖死, 璽不可出, 卽日
보 선왕 유 훈 비 세자 세손 부 전 오 수 사 새 불가 출 즉 일

被刑後 命永豐君以雲劍入侍, 同時就死 漢南君適咸陽.
피 형 후 명 영풍군 이 운검 입시 동시 취 사 한남군 적 함양
丁丑與錦城大君謨復上王事泄被禍. 肅宗癸巳, 命封惠嬪
정축 여 금성대군 모 부 상왕 사 설 피화 숙종 계사 명 봉 혜빈
墓而失其處. 正宗辛亥,賜惠嬪諡曰, 愍貞, 御製侑文曰,
묘 이 실 기처 정종 신해 사 혜빈 시 왈 민 정 어제 유 문 왈
嗟! 惟楊氏, 昔年阿保譽著, 周嬪功邁漢姆. 歲丁柔兆禍
차 유 양씨 석년 아보 예 저 주 빈 공 매 한 모 세 정 유 조 화
延椒闈 二子幷逝. 六臣同歸異代, 滂母女中. 毅仁鵑啼,
연 초 위 이자 병 서 육신 동귀 이 대 방 모 여중 의 인 견 제
古樓春返, 新壇義起, 千秋禮腏, 諸賢尊帷, 六宮祀豈,
고 루 춘 반 신 단 의기 천추 예 철 제현 존 유 육궁 사 기
一體往事, 敢言愴懷, 采製禮擧, 易名惟愍及貞侑曰 錫
일체 왕 사 감 언 창 회 미 체 예 거 역명 유 민 급 정 유 왈 석
以中心非(匪)由人常, 爰, 命造板俾延 其祀事若待今恩
이 중심 비 비 유 태상 원 명 조 판 비 연 기 사사 약 대 금 은
實 曠古伻官, 致祭庶歆, 斯侑 又諡漢南曰貞悼 永豊曰
실 광고 팽 관 치제 서 흠 사 유 우 시 한남 왈 정도 영 풍 왈
貞愍, 配食于.
정민 배식 우

莊陵忠臣壇梅山居士曰 嬪處英陵貫魚之列用敎. 九御
장 릉 충신단 매산 거사 왈 빈 처 영릉 관어 지 열 용 교 구어
盡內宰之職受 阿保之任輔養. 元孫形神俱竭而不弛 其
진 내 재 지 직 수 아보 지 임 보양 원손 형신 구 갈 이 불 이 기
勞終能秉義 守經於桑海貿遷之際 嗚乎 烈哉 婦人性柔,
노 종 능 병 의 수 경 어 상해 무천 지 제 오 호 렬 재 부인 성 유
疚牀於禍福, 牽制於子姓, 不自主張者多矣. 如嬪者遭遇
구 상 어 화복 견제 어 자성 불 자 주장 자 다 의 여 빈 자 조우
光廟, 而亦可以安富存榮, 而祇知有端廟, 不知有己子,
광묘 이 역 가 이 안부 존 영 이 지 지 유 단묘 부지 유 기 자

子母同日幷命而不悔是所云 天地變化我得其正者歟 孤忠
자모 동일 병 명 이 불 회 시 소 운 천지 변화 아 득 기 정 자 여 고충
炳朗 與日月爭光是 可以歸拜 英陵而無愧也. 英陵內治
병 랑 여 일월 쟁광 시 가 이 귀 배 영릉 이 무괴 야 영릉 내치
之盛, 則哲之明於是焉,可見矣逮. 健陵之世, 顯忠遂良,
지 성 즉 철 지 명 어 시 언 가 견 의 체 건릉 지 세 현충 수 양
發潛闡幽. 賜謚致侑, 又配食嬪二子于. 莊陵屈伸顯晦自
발 잠 천유 사 시 치유 우 배식 빈 이자 우 장 릉 굴신 현회 자
有. 其時是可驗, 天道報施也. 然 苟非嬪, 滿腔熱血,
유 기 시 시 가 험 천도 보시 야 연 구 비 빈 만강 열혈
不朽於化碧 亦,何以致此哉.
불후 어 화 벽 역 하 이 치 차 재

梅山居士 洪直弼 撰
매산 거사 홍 직 필 찬

민정(愍貞) 빈 양씨 전

양(楊) 씨께서는 청주인이요 현감 경(景)의 따님이시며 찬성사 지수(之壽)께서 그의 증조이시다. 세종 조에 후궁으로 뽑히시어 혜빈에 봉하시고 세 아들 한남군 어(玹) 수춘군 현(玹) 영풍군 천(瑔)을 두셨다.

신유년(1441년)에 현덕(顯德)왕후께서 단종(端宗) 왕세자를 낳으시고 9일 만에 돌아가시니 세종(世宗)께서 후궁들 가운데 어진 사람을 택(擇)하여 양 씨에게 보양(保養)[1]하도록 명하셨다. 원손(元孫)을 양씨께서는 육력(戮力)[2]하고 조호(調護)[3]하며 공경함에 힘쓰시고 그와 먹고 마시며 기거(起居)하셨다. 원손께서 성덕(聖德)[4]이 있게 생활하심은 양씨께서 바르게 기르신 공이 많았다. 그때 세종(世宗) 문종(文宗)께서 서로 연이어 승하(昇遐)하시니 종영(宗英)[5]들이 진을 치고 다스려서 나라

---

1) 보양(保養) : 몸을 건전하게 길음
2) 육력(戮力) : 서로 힘을 합함
3) 조호(調護) : 매만져서 보호함
4) 성덕(聖德) : 임금의 덕
5) 종영(宗英) : 일족(一族) 중에서 뛰어난 인물

의 세력이 위의(危疑)[6]함으로 혜빈께서는 수기응변(隨機應變)[7]하며 성궁(聖躬)[8]을 편안하게 지키는 것에 미(靡)[9]하며 정성을 다하였으나 지지(至至)[10] 할 수가 없었다

을해(乙亥 : 1455년)년에 세조(世祖)께서 수선(受禪)[11]함에 국새(國璽)를 전해 받아야 하는데 혜빈께서 도리에 근거하여 명확하게 말씀하시기를 옥새(玉璽)는 나라의 중요한 보물이므로 선왕께서 세자가 아닌 세손에게는 전하지 말라는 훈계함이 있으셨으니 내가 비록 죽어도 옥새를 내주는 것은 불가(不可)하다 하니 바로 그날로 형(刑)을 당한 후에, 명하여 영풍군(永豊君)과 운검입시(雲劒入侍)[12]를 동시에 죽임을 취(就)하고 한남군(漢南君)은 함양(咸陽)으로 귀양을 보냈다. 정축(丁丑 : 1457년)년에 금성대군(錦城大君)과 더불어 상왕(上王)을 원상대로 돌리려는 모(謀)하다가 설(泄)[13] 하여 화(禍)를 당하셨다.

숙종(肅宗) 계사(癸巳 : 1713년)년에 혜빈의 묘(墓)를 봉할 것을 명했으나 그곳을 잃어버렸다. 정종(正宗) 신해(辛亥 : 1791년)년에는 혜빈의 시호(諡號)를 내렸는데 민정(愍貞)이다.

---

6) 위의(危疑) : 위태롭게 생각하고 의심함
7) 수기응변(隨機應變) : 기회를 따라 일을 적당히 처리함
8) 성궁(聖躬) : 임금의 몸
9) 미(靡) : 순응하다
10) 지지(至至) : 지극한 경지에 도달함
11) 수선(受禪) : 임금의 자리를 물려받음
12) 운검입시(雲劒入侍) : 칼로서 임금을 모시는 사람
13) 설(泄) : 비밀에 속한 사물이 몰래 외부에 알려짐

어제(御製)[14]의 유문(侑文)[15]에 말씀하시기를 아! 양 씨를 생각하면 옛날에 아보(阿保)[16]의 명예가 분명한 주(周)[17] 빈(嬪)으로서 공(功)이 넘치는 한(漢)[18] 무(姆)[19]이셨는데. 세정(歲丁)[20]인 유조(柔兆)[21]에 위(闈)[22]에서 초(椒)[23]인 두 아들과 더불어 죽는 화(禍)가 미치게 되니. 육신(六臣)들과는 동귀(同歸)[24]하나 대(代)[25]가 다른 것이다. 눈물 흘리는 어미로 여인 마음이 두견새의 울음 되어 인(仁)[26]이 굳세니 옛 누각에 봄이 돌아오듯 새로운 단(壇)으로 의(義)를 일으켜 세워 천추(千秋)[27]에 예(禮)로서 철(醊)[28]을 올려 제현(諸賢)[29]들이 높이 생각하는 육궁(六宮)[30]의 제사로 지내라. 이미 모든 것은 지난 일이니 감히 아픈 마음을 품고 말하노라. 더욱더 체

14) 어제(御製) : 임금께서 지으신 글
15) 유문(侑文) : 권하는 글
16) 아보(阿保) : 잘 보살펴 키움, 또는 그 사람
17) 주(周) : 더할 나위 없다.
18) 한(漢) : 사나이를 기리어 이르는 말
19) 무(姆) : 어미, 여자
20) 세정(歲丁) : 씩씩한 나이, 젊은 나이
21) 유조(柔兆) : 古 甲子의 十干의 셋째, 天干에 丙이 든 해 丙子(1456년)
22) 위(闈) : 왕후가 거처하는 궁의 안채
23) 초(椒) : 서자(庶子)
24) 동귀(同歸) : 귀착점은 같다.
25) 대(代) : 혈통, 가름
26) 인(仁) : 자애 사랑
27) 천추(千秋) : 가을이 천 번 지나는 오랜 세월
28) 철(醊) : 강신(降神) 잔
29) 제현(諸賢) : 여러분들의 높임말
30) 육궁(六宮) : 후궁의 여섯 궁전

(掣)[31]하는 예(禮)를 행하여 이름을 바꾸어 민(愍)으로 하고 정(貞)급으로 보답한다며 태상(太常 : 큰 도리)의 유(由)[32]를 비(非, 匪)[33]의 마음속으로 사(錫)한다고 말씀하시며 이에 명령하시길 판(板)[34]을 만들어 이끌게 하고 그 제사를 지내라, 지금의 고마운 행적을 대접하는 것처럼 광고(曠古)[35]로 관(官)에서 하게 하여 여러 사람이 제사를 지내 흠(歆)[36]하도록 이에 유(侑)[37]하라 하시고 또 시호를 한남(漢南)은 정도(貞悼) 영풍(永豊)은 정민(貞愍)이라 하여 배식(配食)[38]하라 하셨다.

장릉(莊陵, 단종)의 충신 단(壇)에 매산거사(梅山居士)가 말한다. 빈의 삶은 영릉(英陵, 세종)께서 관어(貫魚)[39]로 가지런하게 가르치는데 쓰고, 구어(九御[40]))로 정성을 다해 안 재상의 직분을 받들어 아보(阿保)[41]하는 책무로 보양(輔養)[42]하였기 원손이 몸과 정신을 함께 힘을 다해 이(弛)[43]하지 않게 하

---

31) 체(掣) : 칭찬하다.
32) 유(由) : 사정, 사유
33) 비(非) : 폐백을 담는 상자로 추정, 원문은 非로 되어 있으나 匪로 추정된다.
34) 판(板) : 조서(詔書 : 왕이 국민에게 알리고자 적은 문서
35) 광고(曠古) : 전례가 없음
36) 흠(歆) : 신이나 조상의 혼령이 제사음식을 기쁘게 받다.
37) 유(侑) : 보답하다.
38) 배식(配食) : 배향(配享)
39) 관어(貫魚) : 여관(女官)의 차서(次序)를 바로 잡음
40) 구어(九御) : 天子를 받들어 모시는 女官
41) 아보(阿保) : 잘 보살펴 키움
42) 보양(輔養) : 원자, 원손을 보좌(輔佐) 교도(敎導)를 맡아봄
43) 이(弛) : 느슨하게 하다, 방탕하다.

는 그런 노력 끝에 능히 의(義)를 잡고, 상해(桑海)[44]에서 경(經)[45]를 지키려고 바뀌어 옮겨가는 사이였다. 오호라! 강하고 굳구나. 부인께서 성품이 부드러워 화복(禍福)[46]에 침상에서 구(疚)[47]하며 자성(子姓)[48]을 견제(牽制)[49]하는데 자기주장(主張)이 많지 않았으면 빈도 같이 조우(遭遇)[50]하여 종묘(宗廟)에서 영광되고 또 가히 편안하고 넉넉한 영화가 있음에도 지(祗)[51] 단묘(端廟, 단종)가 있는 것은 알고 자기 자식이 있는 것은 알지 못해 아들과 어머니가 같은 날 명(命)을 같이 함에도 후회하지 않았으니 옳은 바라 말 할 수 있다. 천지가 변해도 나만 얻으면 그것이 바른 사람이냐? 고충(孤忠)[52]의 밝고 맑음과 더불어 일월(日月)[53]로서 쟁광(爭光)[54]함이 맞으니 귀(歸)[55]하심에 감사를 뜻을 표합니다. 영릉(英陵. 세종)에게도 부끄러워할 것이 없습니다. 영릉(세종)께서 내치(內治)[56]를 성(盛)[57]하게 하신즉 철(哲)[58]을 바르게 밝히고 옳

---

44) 상해(桑海) : 상전벽해(桑田碧海) 세상일이 덧없이 변천하여 사물이 온통 바뀌어 버림
45) 경(經) : 법도
46) 화복(禍福) : 재앙과 복록
47) 구(疚) : 양심의 가책을 느끼다, 마음이 괴롭다.
48) 자성(子姓) : 후손
49) 견제(牽制) : 붙들어 놓고 자유를 속박하다.
50) 조우(遭遇) : 왕의 신임을 받음
51) 지(祗) : 이에
52) 고충(孤忠) : 외롭게 혼자 받치는 충성
53) 일월(日月) : 군후(君后)
54) 쟁광(爭光) : 훌륭함을 일컬음
55) 귀(歸) : 본디 있던 곳에 돌아오다.

게 보기에 이른 것입니다.

건릉(健陵, 정조) 때에 현충(顯忠)[59]이 잘 고루 미치게 한 것을 잠겨 있는 것은 펴내고 천유(闡幽)[60]하여 시호(謚號)를 내려 보답하고 또 빈과 두 아들을 배향(配享)하라 분부하시며, 장릉(단종) 때 굴신(屈伸)[61]을 감춰진 것을 드러내는데 자(自)[62]가 있었으니 그때 옳고 바른 험(驗)[63]이 천도(天道)[64]로 보시(報施)[65]가 되었다.

그러나 구(苟)[66]는 빈도 아니셨으니 만강(滿腔)[67]한 열혈(熱血)[68]이 짙푸른 빛이 되어 썩지 않았으니 또한 무엇으로서 이를 전송해 보내겠습니까?

매산 거사 홍 직 필 씀

---

56) 내치(內治) : 나라 안 정치
57) 성(盛) : 엄정(嚴正)하게 하다
58) 철(哲) : 도리나 사리에 밝은 사람
59) 현충(顯忠) : 두드러진 충절
60) 천유(闡幽) : 숨은 것은 드러내 밝힘
61) 굴신(屈伸) : 몸의 굽힘과 폄
62) 자(自) : 스스로, 몸소
63) 험(驗) : 증험, 사실을 경험함
64) 천도(天道) : 천지자연의 도리
65) 보시(報施) : 은혜를 갚아서 베풂
66) 구(苟) : 한때
67) 만강(滿腔) : 가슴속에 가득 참
68) 열혈(熱血) : 뜨거운 피

愍貞嬪 事蹟
민정빈 사적

世宗, 惠嬪楊氏, 卽, 上黨伯曾孫縣監景女也. 當, 端宗
세종 혜빈 양씨 즉 상당 백 증손 현감 경 여 야 당 단종

遜位之時, 與其二子漢南君𤥽 寧豐君瑔, 同殉于 六臣之
손위 지 시 여 기 이자 한남군 어 영풍군 천 동 순 우 육신 지

禍. 正宗辛亥 特軫恤冤之典. 賜諡愍貞立 其主 命, 李
화 정종 신해 특 진휼 원 지 전 사 시 민정 립 기 주 명 이

儀亨奉其祀 而親製文遣, 近侍致祭焉
의 형 봉 기 사 이 친 제 문 견 근 시 치제 언

민정(愍貞) 빈(嬪) 사적

세종 혜빈 양 씨는 곧 상당백의 증손인 현감 경(景)의 따님이시다. 당시 단종께서 손위(遜位)[1]하실 때 그의 두 아들 한남군(漢南君) 어(玹) 영풍군(永豊君) 천(瑔)과 더불어 육신(六臣)의 화(禍)에 같이 목숨을 바치셨다.

정종(正宗) 신해(辛亥 : 1791년)년에 특별히 진휼(軫恤)[2]로 원(寃)[3]함을 전(典)[4]하여 시호를 민정(愍貞)으로 정하라 분부하시고 그의 주인으로 이의형(李儀亨)에게 받들 것을 명(命)하시며 그 제사에 친히 지으신 글을 보내서 가까이서 제사를 맡아서 모시도록 하였다.

---

1) 손위(遜位) : 임금의 자리를 물려줌
2) 진휼(軫恤) : 가엾이 여기어 베풀어줌
3) 원(寃) : 억울한 죄를 받다.
4) 전(典) : 법도에 맞다.

御製祭文
어제 제문

辛亥十月二十六日, 遣掌令,鄭弼祚致祭.
신해 십월 이십 육일 견 장 령 정 필 조 치제

嗟!惟楊氏 昔年,阿保譽箸,周嬪功邁, 漢母歲丁, 柔兆禍延
차 유 양씨 석년 아보 예 저 주 빈 공 매 한 모 세 정 유 조 화 연

椒闈, 二子幷逝 六臣同歸異代 滂母女中, 毅仁鵑啼, 古樓春
초 위 이자 병 서 육신 동귀 이 대 방 모 여중 의 인 견 제 고 루 춘

返, 新壇義起, 千秋禮腏, 諸賢尊惟, 六宮祀. 豈, 一體往事,
반 신 단 의기 천추 예 철 제현 존 유 육궁 사 기 일체 왕 사

敢言愴懷, 釆摯禮擧, 易名惟愍及貞 錫以中心匪由太常 爰
감 언 창 회 미 체 예 거 역명 유 민 급 정 석 이 중 심 비 유 태상 원

命, 造板俾延, 其祀事, 若待今恩實, 曠古伻官, 致祭庶歆,
명 조 판 비 연 기 사사 약 대 금 은 실 광고 팽 관 치제 서 흠

斯侑
사 유

임금께서 지으신 제문

신해(辛亥, 1791년)년 10월 26일에 주관할 것을 명하니 정필조(鄭弼祚)는 지극하게 제사를 지내라

아! 양(楊) 씨를 생각하면 옛날에 아보(阿保)[1]의 명예가 분명한 주(周)[2] 빈(嬪)으로서 공(功)이 넘치는 한(漢)[3] 모(姆)[4]이셨는데. 세정(歲丁)[5]인 유조(柔兆)[6]에 위(闈)[7]에서 초(椒)[8]인 두 아들과 더불어 죽는 화(禍)가 미치게 되니. 육신(六臣)들과 동귀(同歸)[9]하나 대(代)[10]가 다른 것이다. 눈물 흘리는 어미로 여인 마음이 두견새의 울음 되어 인(仁)이 굳세니 옛

1) 아보(阿保) : 잘 보살펴 키움, 또는 키워준 그 사람
2) 주(周) : 더할 나위 없다
3) 한(漢) : 사나이를 기리어 이르는 말
4) 모(姆) : 어미, 여자
5) 세정(歲丁) : 씩씩한 나이, 젊은 나이
6) 유조(柔兆) : 古甲子의 十干의 셋째, 天干에 丙이 든 해 丙子(1456년)
7) 위(闈) : 왕후가 거처하는 궁의 안채
8) 초(椒) : 서자(庶子)
9) 동귀(同歸) : 귀착점은 같다.
10) 대(代) : 혈통, 가름

누각에 봄이 돌아오듯 새로운 단(壇)으로 의(義)를 일으켜 세워 천추(千秋)에 예(禮)로서 강신(降神) 잔을 올려 제현(諸賢들이 높이 생각하는 육궁(六宮)의 제사로 지내라. 이미 모든 것은 지난 일이니 감히 아픈 마음을 품고 말하노라. 더욱더 칭찬하는 예(禮)를 행하여 이름을 민(愍) 으로 하여 정(貞)급으로 바꾸고 큰 도리의 사유를 비(匪)[11]의 마음으로써 사(錫)한다. 이에 명(命)하니 판(板)[12]을 만들어 이끌게 하고 그 제사를 지내라, 지금의 고마운 행적을 대접하는 것처럼 광고(曠古)[13]로 관(官)에서 하게 하여 여러 사람이 제사를 지내 흠(歆)[14]하도록 모두에게 권하라.

11) 비(匪) : 폐백을 담는 상자
12) 판(板) : 조서(詔書), 왕이 국민에게 알리고자 적은 문서
13) 광고(曠古) : 전례가 없음
14) 흠(歆) : 신이나 조상의 혼령이 제사음식을 기쁘게 받다.

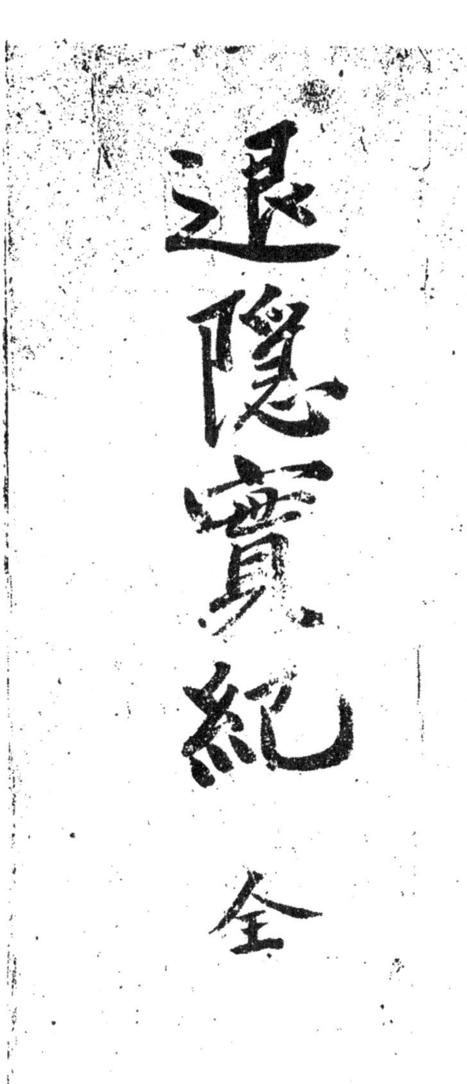

退隱實紀 全

退隱實紀序

在 魯陵癸酉丙子守義諸臣或死或不死蓋無不愍褒有加心事益著皜皜乎光明於天下後世其盛矣夫今觀退隱楊公稿公所著只詩八首幷裔雲所輯實蹟洪徵士直弼所撰傳壇祀享祝文爲一卷噫小矣然誦其詩公亦癸之三相丙之六臣者之心耳其可以文小而小之哉公始以勇略拔身韎韋弱冠從金節齋拓六鎭遂制黃戚兩閫及癸難作卽棄官歸抱之山中 上王南狩越惠嬪楊氏公從女以大寶不傳幷二子漢南永豐死公夜收屍瘞常東望

淚血淸冷風雨月朔公服向越拜哭詩歌以見志今其詩百不存一存者皆李忠簡車上所吟禹鼎重時生亦大鴻毛輕處死猶榮之義也嗚乎自古忠義之人自廢以沒世者不肯衒人耳目寧之死無聲是以其節愈晦其心愈苦以公而縱不得與癸三丙六同其哀榮幷其心事而晻昧不白何哉如使後之尚論者按績而起感其必有擊節而痛恨者矣公之十二世孫源基奉稿本見示俾余寘一言卷首余謂公自盡分耳豈待人之發揮哉雖然吾欲採入於
魯陵誌中竊庶幾附錄於三六之下而以明其心事

之百世不泯而已遂書此以歸而悲之

大匡輔國崇祿大夫議政府右議政兼領 經筵事監春秋館事豐山柳厚祚序

五

退隱實紀目錄

卷之一

詩

七

退隱實紀目錄

卷之二

附錄

跋 二首

附 愍貞擯楊氏傳

愍貞擯事蹟

御製祭文

九

退隱實紀目錄

退隱實紀卷之一

詩

退居機塘村舍

菊萎霜降日松落歲寒時物色猶多變吾心斷不移

又

世事茫然已白頭千年遺恨子規樓功名武勇今何用但願歸從六鬼啾

贈梅月堂金說卿 時習

憤俗傷時氣抑鬱雪岑梅月邈煙塵西山高節商家老栗里清風晉氏臣踪跡強依法界釋文章乃是生

十一

知人佯狂此世將何去其志願爲懷葛民

望清泠浦慨吟

聖主胡爲寓客舍西江落日影悠悠丹楓自落蒼茫

岸綠水空長鳴咽洲都事悲歌吟暮渚戶長孤忠泣

秋郎烈風霜雨當時變空使男兒憤涕流

聞從姪女惠嬪及其二子漢南君玹永豐君瑔

俱被極刑因甚有感

大義堂堂母子幷生非爲重死爲輕不傳王璽眞忠

烈欲試雲鉛寔毅英節凜秋霜扶正紀魂啾夜月訴

寃聲不封不誌機塘阜雲氣慘憺秋日明

十二

誡子校理順達愼勿出仕

貞忠惟世德淸白乃家風嗟哉萬事已利避碧山中

隱居抱川山中作歌以示己志

聞鵑樓下水無情空流去

露梁江上楓含悲自落來

此身願爲山中芝谷中蘭莫使世人聞其香嗅其臭

退隱實紀卷之一

退隱實紀卷之二

附錄

行狀

余讀國史方金節齋開拓六鎭帳下赳赳之士無非周之干城又讀六臣傳生死自靖之臣莫非殷之三仁想像歎咤如見其人日楊生泰燁持其先祖退隱公實蹟請余狀余蹶然曰偉乎壯哉一人而兼蒐勳奇節世復有其人哉洪祭酒之傳信而有徵遂按而狀之曰公諱治字致淳漢關西夫子震之後也曾祖忠憲公諱起當勝國時陪元公主仍居焉賜貫清州

嘗奏革四大貢之弊以功封上黨伯祖諱之壽贊成
襲封西平君考諱天震戶曹典書嘗以奏請使永削
東貢王籍封安岳君諡景安三世俱選清白吏妣寶
城宣氏密直副使天柱女以 建文二年庚辰生公
公生有異質武勇絶人又嘗服習詩禮克遵家訓年
十八從金公宗瑞討野人斬獲甚多宗瑞白于
朝曰禦侮之勇死難之節楊治有之翼成公黃喜亦
盛稱其績以郡守特陞爲黃咸兩道節度使及
端廟初服見皇甫金鄭三相臣被禍即棄官歸隱于
抱川山中 上王狩越有惠嬪楊氏即公從姪女也

以國寶不傳幷二子俱被極刑敢收屍者族公乘夜
潛收葬於山谷中泯其處而平之仍屛居村舍佯狂
自廢居常東望血泣如不欲生每月朔朝具公服向
魯陵焚香四拜旣而仰天長吁曰吾不與六臣同死
何顔立於天下乎遂以罪人自稱而杜門謝世餘四
十年嘗作詩以見志曰菊萎霜降日松落歲寒時物
色猶多變吾心斷不移又曰世事茫然已白頭千年
遺恨子規樓功名武勇今何用但願歸從六鬼啾又
作歌曰聞鵑樓下水無情空流去露梁江上楓含悲
自落來此身願爲山中芝谷中蘭莫使世人聞其香

嗅其臭仍自號退隱名其里曰杜門誡其子校理順達曰清白忠貞自吾忠憲公以來世守家法自今以後汝亦勿以仕進爲意也 成化乙巳終享年八十六墓在東郡機塘谷負寅原配淑夫人平壤趙氏漢城判尹琨女葬機池向乾原嗚乎公之先世已大有功於東土而及公之生也胚胎鍾毓傑然爲萬夫之特文足以經綸國家武足以讋服邊圉探虎穴而定天山氈裘毳幕盡歸版圖公之勇也色鴻擧而貞介石麻衣草屨棄官如屣公之志也蜀魄啼血矢不變於終身螻蟻類我誡不仕於漣世公之忠也之三者

皆人人之所難而公能兼之以是推類則公之卓行
偉績必多可傳於後而惜乎雲仍淪替文獻未備至
今數百年之間尚未得闡揚而發輝之也耿愈忠穆
應乎卽六臣之一而與公生而同鄉而居歿而同壇
而祀此可以驗公議之不泯也更何以耄言有無爲
哉秉筆君子想有以裁擇焉

資憲大夫漢城府判尹兼知春秋館義禁府事五
衛都總府都總管星山李源祚謹狀

墓碑文

節度使楊公諱治淸州人其先關西夫子震屢轉而

十九

至上黨伯諱起寔公之曾祖也陪魯國公主東來封
上黨伯祖諱之壽都僉議贊成事父諱天震戶曹典
書開國功臣謚景安公三世俱選淸白吏妣寶城宣
氏密直副使天柱之女 建文庚辰七月九日生公
天姿英邁學業夙成世以文章期之妹兄領議政黃
喜當稱許之領相金宗瑞初築九城公以武勇將薦
拜咸吉黃海兩道兵馬節度使時年十八節齋常稱
曰禦侮之勇死難之節其惟君乎選隸帳下屢討野
人開拓六鎭而力辭錄勳歷黃海兵使又行靈光郡
守 端廟初服見皇甫金鄭三相被禍即棄官遯于

抱川山中及　端廟遜位每月朔朝著公服東向越中涙下如雨及　端廟昇遐歔欷煩寃如不欲生不出山以終身有詩云世事茫然已白頭千年遺恨子規樓功名武勇今何用但願歸從六鬼啾又云菊萎霜降日松落歲寒時物色猶多變吾心斷不移又歌曰聞鵑樓下水無情空流去露梁江上楓含悲自落來此身願爲山中芝谷中蘭莫使世人聞其香嗅其臭仍號退隱此其所以志也壽八十六乙巳卒于正寢葬于抱川內北烽臺山負寅原配平壤趙氏判尹琨之女墓在機塘卯坐原俞忠穆應孚曾居抱川縣

二十一

漢洞一鄉髦士卽遺墟設壇祭之以楊公追配祝曰菊萎松猗丹心未移東風灑淚彼美之思此是鄉先生沒而祭之之義也梅山洪祭酒作序贊之曰 莊光之世抗義自靖遯世長往至沒世而無悶苟非豪傑之士信道篤而取義深者何以與此成朴六臣判能魚之取捨死非得已金南六臣與鹿豕而爲羣生非所欲慷慨從容之間所行不同而皆出於至誠惻怛如楊公者卽生六臣之流而無愧爲楊墳之從叔且處忠穆之鄉而配侑於忠穆所以殷之三仁各得其本心而同歸於仁者歟此爲儒賢之正論也公有

五男一女長曰順達校理次曰孝達進士次曰悌達掌隷院司正次曰允達僉正次曰信達通德郞女適陽川許瑾世代寖遠子孫繁多不能盡記後孫彌周持家牒而徵文於余余不嫺修文爵位且卑固不足與論於甚遺文字吾徐爲上黨伯外裔壇享追配寔出士論余於是義不敢辭不避僭踰考諸邑誌與國史記其概略至於發幽闡微以俟立言之君子

通政大夫司諫院大司諫達城徐贋淳謹記

實蹟

公諱治字致淳號退隱其先中華人故唐叔虞之後

二十三

伯僑自晉歸周周封楊侯食采於楊因以楊爲姓歷
漢至唐世以勳業名焉詳載於黃尾村所著忠憲公
行錄忠憲公諱起以中朝金紫光祿大夫位在上台
而盛德大業爲皐夔伊周之佐躋天下於太平矣及
其魯長公主下嫁之日 帝特命公陪來東土卽高
麗忠宣王時也 洪武末回還 天朝具陳東藩歲
貢之弊特蠲四大貢童女五千人駿馬三萬匹綾絹
三萬同苧布六萬疋而歸東方於是乎爲太平無事
之國 詔封壁上三韓昌國功臣淸白吏上黨伯號
曰巖谷 賜貫淸州以淸州海州松禾爲食邑以明

邦家匹休之意於公爲曾祖祖諱之壽都僉議贊成
事封西平君考諱天震戶曹典書以奏請使入上國
留仕數紀永削東貢王籍及還封安岳君 諡景安
妣寶城宣氏密直副使天柱女以 建文二年庚辰
九月生公公生有異質常服習於詩禮家謨而義勇
武略屹然爲萬夫之特金節齋宗瑞初築九城聞公
名選隷帳下多所籌策年十八討野人賊開拓六鎮
虜獲甚衆 朝家聞而壯之卽拜爲靈光郡守又陞
資爲黃海咸吉兩道兵馬節度使及至 端廟初服
見皇甫仁金宗瑞鄭苯三相臣被禍卽棄官歸隱于

抱川山中建夫 上王狩越之時有惠嬪楊氏即公
之從姪女也以 國寶不傳幷其二子漢南君玹永
豐君瑔同時被禍而有 詔敢收屍者族公愕然慟
泣曰此何變也吾生不能死於君又見此不忍言之
慘禍生亦何爲遂乘夜親自收其棄體不棺不誌潛
葬於抱川機塘谷中而畏約無窮泯其處而平之因
居抱川村舍佯狂自恣居常東望越中血淚如雨至
聞淸冷浦烈風雷雨之變則煩冤嗚泣如不欲生而
每月朔朝具公服向 魯陵焚香四拜旣而仰天長
吁曰吾不與六臣同死何顏立於天下乎遂以罪人

自稱而杜門隱約四十餘年作詩以見志曰菊萎霜降日松落歲寒時物色猶多變吾心斷不移又曰世事茫然已白頭千年遺恨子規樓功名武勇今何用但願歸從六鬼啾又作歌曰聞鵑樓下水無情空流去露梁江上楓含悲自落來此身願爲山中芝谷中蘭莫使世人聞其香嗅其臭仍自號退隱名其里曰杜門又戒其子校理順達曰清白忠貞自吾忠憲公以來世守家法也自今以後汝勿以仕進爲意也至成化乙巳竟以天年終享年八十六墓在抱川機塘谷背寅原配淑夫人平壤趙氏漢城府尹現女直學

息謙孫也葬于機池向乾原嗚乎公稟剛毅之質抱經濟之志已自齠齔儼然若老成人所習者忠憲公忠孝之行所聞者景安公淸白之訓也經綸學術實爲當世之望而其奮不顧身以殉國家之急乃素所蓄積以故年未弱冠能討强寇立奇功垂名簡冊而及見羣彦剝牀災害將及則炳幾高蹈以自拔於崑岡烈炎之中此大雅所謂旣明且哲以保其身者至若 上王狩越离明改照則所以蹈仁踐義灼有定見旣不與成朴諸臣俱在侍從之列而超然遠引已是荒野退散之蹤則又豈可故犯鈇鉞同死於雷霆

之下哉只得抗義自靖沒身以無悔焉已矣成朴六臣殺身成仁金南六臣隱身守節或死或生所行不同而其貞忠炳烈之義則皆出於至誠惻怛公之慷慨忠節亦豈非生六臣之同流乎惜哉自經惱亂舅孫殘裔散在八域斷爛遺蹟越未收拾寥寥百年之間亦未得揄揚此豈非痛恨者乎禮曰先祖無美而稱之誣也有美而不彰亦慢也略叙家乘與國史之所載者以俟夫後之秉筆君子云爾

五世孫弘禮謹識

傳

楊公諱治淸州人其先出關西夫子震曾祖起陪魯
國公主東來封上黨伯祖之壽贊成事父天震戶曹
典書三世俱選淸白吏公時年十八別薦拜兵馬節
度使 端廟初服見皇甫金鄭三相臣被禍卽棄官
遯于抱川山中及 端廟遜位每月朔朝著公服東
向越中淚下如雨及 端廟昇遐噓唏煩寃如不欲
生不出山門以終身有詩云世事茫然已白頭千年
遺恨子規樓功名武勇今何用但願歸從六鬼啾又
云菊萎霜降日松落歲寒時物色猶多變吾心斷不
移又作歌曰聞鵑樓下水無情空流去露梁江上楓

含悲自落來此身願爲山中芝谷中蘭莫使世人聞其香嗅其臭仍號退隱此其所以志也兪忠穆公應孚曾居抱川縣南之漠洞一鄕髦士卽遺墟設壇祭之以楊公追配祝曰菊萎松凋丹心未移東風灑淚彼美之思是爲紀實云

梅山居士洪直弼曰 莊光之世抗義自靖遯世長往至沒世而無憫者苟非豪傑之士信道篤而取義濬者亦何以與此哉成朴六臣判熊魚之取舍死非得已金南六臣與麋豕而爲羣生非所欲慷慨從容之間所行不同而皆出於至誠惻怛如楊公者卽生

六臣之流而無愧爲楊嬪之從叔且處兪忠穆之鄉而配侑於忠穆所以殷之三仁各得其本心而同歸於仁者歟

唐城洪直弼謹撰

家乘後記

記者記其實也蓋記其人之姓號官啣與其行蹟事業無不備焉此記之所以作也清州之楊有兩路兵馬節度使諱治字致淳其先中華人漢關西夫子楊震爲其鼻祖以清白儉德官至上卿其後四十三世有諱日起於公爲曾祖天資粹美素性清儉藹然有

四知之遺風而以盛德大業爲稷离伊呂之佐躋天下於堯舜仁壽之域特命拜金紫光祿大夫及其魯長公主下嫁于東藩也　帝特命陪來而輔理東土遂按察其歲貢之弊四大物事童女五千人駿馬三萬匹綾絹三萬同苧布六萬疋曰叢爾小國此何等貢弊也　洪武末復還　中朝具陳貢獻之弊永蠲四貢之大者而來東土賴是而爲太平無事之國民安而國富國富而風風熙公之德化恩澤可謂與東海而同其深矣　詔封壁上三韓昌國功臣淸白吏上黨伯號曰巖谷　賜貫淸州以淸州海州松禾三郡

爲食邑以明匹休邦家之意也公之前後事蹟詳悉
於翼成公黃尾村所著公之行狀中尾村公卽公之
孫安岳君之女壻也尾老之文章勳業爲秉公千載
證案之直筆則豈可阿所好而能言之哉公之子曰
之壽以國舅封西平君孫曰天震以戶曹典書請入
中國永創東貢王籍而還 特褒其淸白而 封安
岳君謚曰景安有七男三女女則黃尾村翼成公喜
文主簿追崔司正有良也曾孫曰治郞退隱公也公
之稟賦英邁氣質雄勇允爲邦家之良幹而私家之
肖孫則記公之行之顚末而先觀世業之善述然後

可知其善繼也陸機詞賦先陳世德柳公碑陰記其
先友此莫非彰世業之明顯而睎先世之親賢也然
則節度使之行蹟知其有所自來矣豈不稱先業之
有如此如此而以明其有是祖而有是孫耶噫公之
言行固未可一一枚舉而其孝悌敦睦奮勇威武貞
可謂由天之行特地之雄也早抱弧桑之志而擅無
雙之命譽學得穿楊之技而抱不二之雄資勇可以
奪三軍之衆才可以為百夫之長常奮不顧身以殉
國家之急其素所蓄積也年纔十八以武勇徵選節
齋金相國宗瑞見而奇之命討野人賊而開拓六鎭

朝廷聞而壯之卽拜爲靈光郡守是所謂不世之英才惜乎邦運不幸 文考昇遐 君上居危疑之位臣下處畏忌之地公知國事之郎當而先見其幾不俟終日棄官歸田以觀其動靜矣屬當 端廟禪位之日公之從姪女爲 世宗惠嬪而將移王璽之際惠嬪據理諭之曰 先王傳敎國家重寶非元孫則不傳窂執不與少無回撓之意噫嬪有三子一曰漢南君玹二曰壽春君玹三曰永豐君瑔與其二子同時被禍而有 詔敢收屍者族公愕然惆泣曰此何變也吾生不能死於君又見此不忍言之慘禍生亦

何爲遂乘夜親自收其棄體不棺不誌潛葬於抱川
機塘谷中而畏約無竆泯其處而平之因居抱川村
舍佯狂自恣或歌或笑自怨自哀每當春花染紅秋
月揚明杜宇巴山啼血蜀王之寃恨落鴈湘江不勝
帝妃之淸怨則慨然瞻望越中掩抑垂泣自不覺悲
憤之鬱於中而發於外矣中夜撫枕私自痛心曰愚
雖愚蒙不類非不知天命人心自有所屬而以吾身
不似無比之踪荷 先王稀世殊遇之寵無絲毫萬
一之報又不得保 幼主於顚沛危亡之地而何面
目立於天地之間哉杜門蟄伏一未嘗與人對坐有

時或送人於金東峰李耕隱所以肉札潛相通信以敍其抑鬱之意不使隣里傍人有所聞知也當時有一聯詩傳播人口者特地貞忠節全天骨肉恩之句而不知作之者誰某則此必有意慷慨之士爲公所作而或疑金東峰贈公詩云然而世代浸遠文獻無徵尤可惜矣世或以公之不死爲疑然以公之堂堂忠義炳炳高節非不知一死非難而公於是時棄職家居者久矣無其職而徒死亦無其義故公所以不死者此也殷之夷齊叩諫而不得故隱居首陽採薇矣死而扶綱常於萬古則此無損於不臣周之忠義

也晉之淵明非其君不事故葩跡柴桑誦荊睎意而保靖節於三逕則是無傷於爲晉室之名教也爲君盡忠之道豈可曰死之之爲忠不死之爲非節乎惟在義理之存不存如何耳公以一介赳赳之士斷斷兮無他技而淸白遺風可以廉頑而立懦高尚志節亦可以扶綱而振紀則其丹忠炳節素操特行罔俾生死六臣專美於我東而只恨屢經兵燹文蹟莫考孱孫流撒家乘未保王混於石而精光莫辨蘭萎於草而遠香難分機塘谷裡空添野老之寃淚抱川村前徒增烈士之悲憤者今至幾百年數也然而大節

忠烈固不可終没没而無稱則其或者待時而褒揚耶何幸 聖德昭明無隱不顯 正廟辛亥陽月念六日賜諡楊惠嬪爲懿貞親祭侑祭之後其二子俱蒙 恩澤封陵而致祭己未八月二十一日 褒奬公之功勳澤及後裔至有受 敎焉 純廟庚寅抱川章甫特爲退隱先生齊會發文曰俞忠穆楊退隱兩先生之丹心素節俱是 端廟之忠臣也儉德美行實爲儒林之宗師也矧玆本鄉卽我兩先生同時杖屨之所乎本鄉士林曾爲俞先生刱設祠宇已行俎豆之禮而惟我楊先生之清德高節尚闕縟儀則

百世崇慕之地豈非慨然者乎越四載癸巳冬果爲
追配於抱川祝石嶺下蘇屹面幕洞里忠穆公祠廟
嗚呼自公之先世以來世有豐功盛烈屢蒙 朝家
之褒奬至今數入於大臣褒啓中而公繼其祖武無
忝世業早年英銳荷寵蒙恩入則爲仲山甫補袞之
責出則爲寇萊公鎖鑰之任揚聲北關顯名當世及
夫晩年遭變之後家食而不在其位故未嘗効忠殉
節而牢守不叓二之心不改夫靡他之志建忠義於
冲君之地激斗膽於惠嬪之冤慷慨悲歌忠憤鬱而
干子胥歔唏歎息氣意激而薄于溪則公之平生素

執惟以忠孝二字爲人道之第一義而辨重輕於秦
毛辨取舍於熊魚一事一行無不符義而合理也是
以聞公之風者莫不擊節歎賞而忠愛之心亦豈不
油然而興起也哉余實老癃淺蔑先賢美蹟不敢贅
贊而竊有感於節度公之忠義略擧其實錄可傳於
世者及其先世之美行美蹟撮其一二者記焉

達城判官達山徐有喬謹記

士林呈訴巡相文

義城幼學申祖憲玄風幼學金熙洛大邱幼
學朴時鉉等謹齋沐上書于

巡相閤下伏以顯揚偉烈 朝家之常典褒崇特
節士林之公議也苟有曠百代貞忠卓行歷屢世
湮沒不彰則庸詎非欠常典而鬱公議者乎生等
竊嘗恨故節度使楊公諱治以
世宗祖寃勳
端廟時貞節至今無崇終節惠之盛典也生等敢請
略陳其始終蓋楊公本中華舊閥而至麗朝有忠
憲公楊公諱起卽節度公之曾祖也忠憲公以中
朝金紫光祿大夫旣已濟天下於太平矣及魯長
公主下嫁于東國也以 皇命陪公主以來 洪

武末奏革東藩四大貢之弊 詔封壁上三韓昌
國功臣上黨伯其盛德大業著在史乘有子諱之
壽贊成事封西平君有孫諱天震以奏請使入上
國永削東貢王籍封安岳君謚景安公三世俱選
淸白吏節度公之父以上也公以 建文二年庚
辰生生有異質武勇絶人
世宗大王命故相臣金公宗瑞討野人公時年十八
以幕下從征開拓六鎭斬獲甚多金相公白于
朝曰禦侮之勇死難之節楊治有之翼成公黃喜
亦盛稱其年少績多遂特陞資爲黃海道

兵馬節度使斯已偉矣越在我
端廟初服見皇甫忠定公仁金忠翼公宗瑞鄭忠莊
公苯三相公被禍卽棄官歸隱于抱川山中及至
端廟遜位之時有惠嬪楊氏者卽公之從姪女也以
國寶不傳幷其二子漢南君諱玹永豐君諱瑔同
日被禍而有　傳敢收屍者族公愕然涕泣曰吾
生不能死於君又見此不忍之慘禍生亦何爲遂
收其棄體隱瘞於機塘之谷而不封不誌因與世
長辭佯狂自恣居常東望越中血淚如雨至聞清
冷浦烈風雷雨之變則煩冤嗚泣如不欲生而每

月朔朝具公服向
魯陵焚香四拜旣而仰天長吁曰吾不與六臣同死
其將何顏立於世乎遂以罪人自稱而杜門隱約
四十餘年作詩以見志曰菊萎霜降日松落歲寒
時物色猶多變吾心斷不移又曰世事茫然已白
頭千年遺恨子規樓功名武勇今何用但願歸從
六鬼啾又作歌曰聞鵑樓下水無情空流去露梁
江上颯含悲自落來此身願爲山中芝谷中蘭莫
使世人聞其香嗅其臭仍自號曰退隱名其里曰
杜門至 成化乙巳以天年終嗚乎此公之生平

大略也公素以淸白家聲世篤忠貞其生長見聞
涵毓濡染固有以異乎人者而其奮不顧身以殉
國家之急乃素所蓄積也以故年未弱冠能討強
寇立奇功垂名簡冊而及見羣彥剸林禍害將及
則見幾高蹈以自拔於崑岡烈炎之中此大雅所
謂旣明且哲以保其身者而至若
上王狩越离明改照則所以蹈仁踐義灼有定見其
不與成朴諸公俱在侍從之列而超然遠引已爲
退遯之踪則又豈可故犯鈇鉞同死雷霆之下哉
只得抗義自靖以沒其身而無悔焉已矣愈忠穆

公應孚曾居抱川縣南後之人卽遺墟設壇祭之
以楊公配食可見公議之不泯也故祭酒洪公直
弼製其祝曰菊萎松凋丹心未移東風灑淚被美
之忠又爲之立傳序之曰成朴六臣判熊魚之取
舍死非得已金南六臣與鹿豕而爲羣生非所欲
慷慨從容之間所行不同而皆出於至誠惻怛如
楊公者卽六臣之流而無愧爲楊嬪之從叔苟非
豪傑之士信道篤而取義決者亦何以與此噫乎
其盡之矣生等何敢更贅多少而竊伏念
英陵

莊陵之世苟有一節可記一行可表者自
列聖朝以來莫不獎勵褒異俱蒙　贈謚以施夫隱
卒易名之典而至如楊公樹之旣如彼平生秉執
又若此而尚今湮晦無稱是誠盛世之欠典而多
士之齎恨也　生等居鄕邦不勝湮鬱玆將前後文
務齎誠仰訴于
棠陰之下伏願詳考實績　啓達
天聽俾蒙　貤贈之典千萬祈懇之至
巡相閤下　處分
甲戌十月　日

安東幼學金正洛　星州進士鄭忠容
權宗夏　幼學李宗岳
尚州幼學黃蘭善　裵錫仁
金憲奎　漆谷幼學李海秀
仁同幼學張義杓　李以淳
李奎祥　姜會永
善山幼學金漢氣　鄭壽祺
陜川幼學河潤九　李麒運
進士尹厚達　知禮幼學李寅熙
星州進士李觀熙　李義洙

知禮幼學金容鎭　大邱進士李華祥
義城幼學金洛絢　義興幼學朴顯國
大邱幼學崔命憙　洪祺命
徐　枝　慶州幼學崔晩述
都鎭岳　李能夏
李秀輔　晋州幼學姜致禾
全錫一　河運一
具祥春　鄭在旭
李錫奎　永川幼學曺瑞翼
進士徐鼎坤　鄭致龍

河陽幼學許 碣　清道幼學朴龍德

金文東　李秉永

開寧幼學崔希昌　居昌幼學尹鳳朝

李 寬　進士金基漢

禮安幼學李彙輔　密陽幼學金浩奎

金騏一　孫鍾華

安義幼學林秀馨　玄風幼學金熙華

鄭化翼　郭南紀

龍宮幼學李鍾泰　金永濟

進士柳遠和　裴道永

高靈幼學朴浩善　聞慶進士權錫琪

朴龍浩　慈仁幼學朴命德

金理德　崔昇煒

金山幼學李基一　進士李嘉祜

呂錫璉　醴泉幼學權九容

朴在夏　朴周鼎

草溪幼學安炳坤　慶山幼學徐顚基

鄭大錫　朴景煥

咸安幼學安孝植　等

聞慶幼學蔡尚穗

五十三

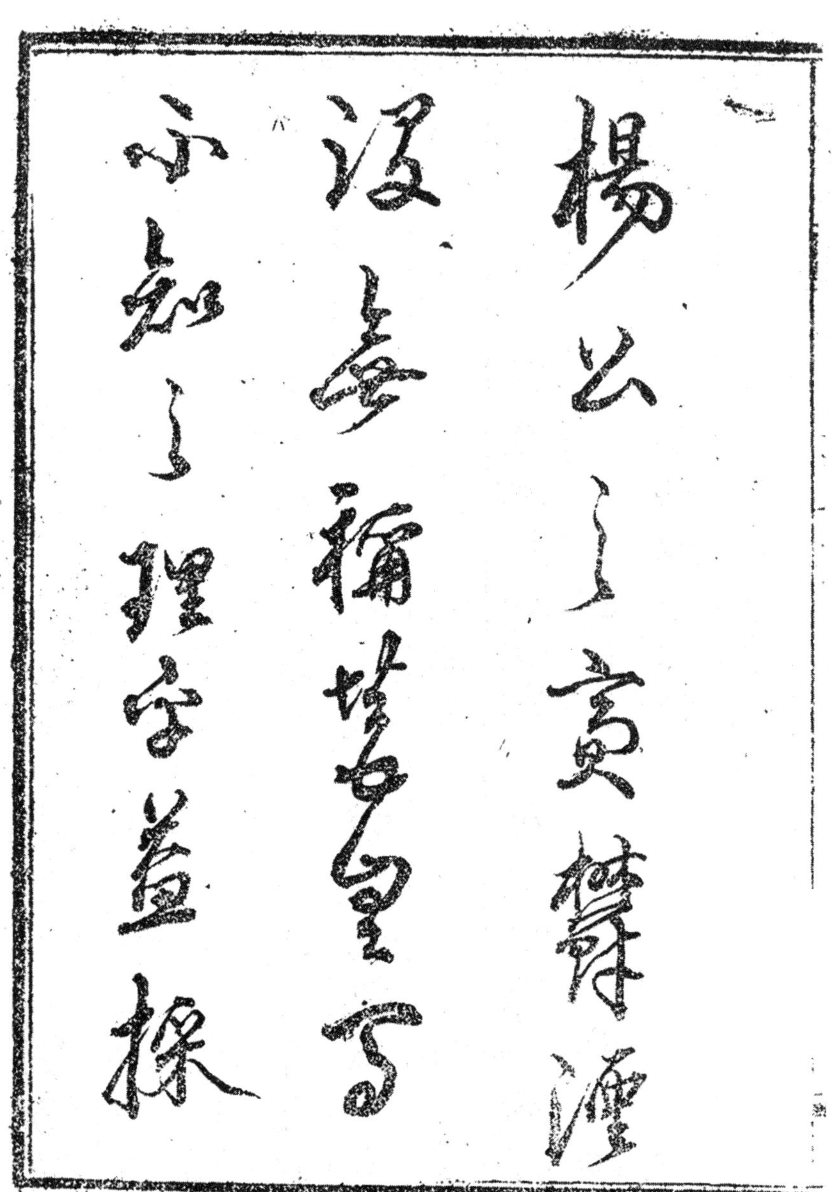

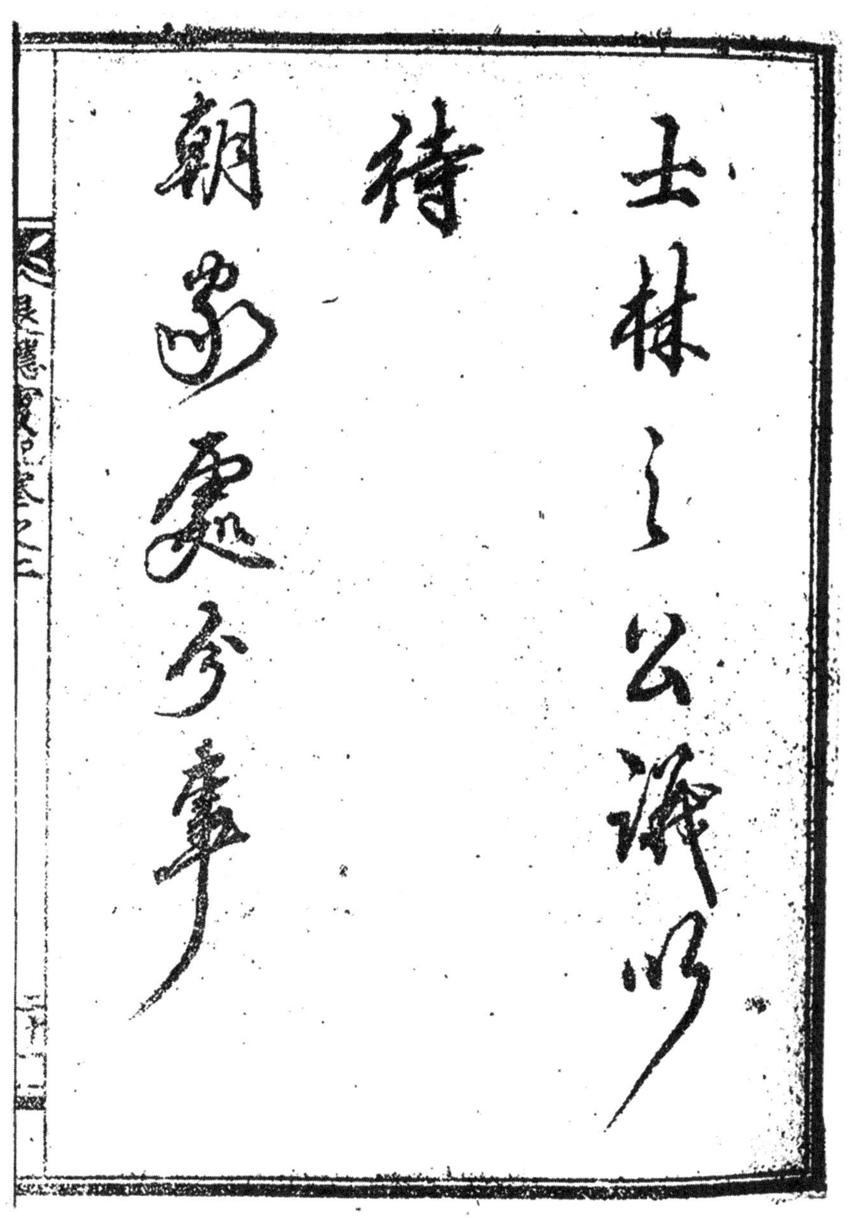
士林之公議所
待
朝家處分事

五十五

魯城忠憲祠奉安文

穹壤之間日有正氣公乃所受烈烈其志早遇風雲名聞九城歷敭銓憲治績有聲粤惟 端廟睿質孔仁其奈運否嗚乎不辰白馬無影寃禽空啼噫噫魯陵可不忍提有臣草野聞變而狂聲聲招魂吾君難忘公曰吾家忠孝世傳況又惠嬪同堂至親我何生爲自川晦跡成朴諸賢贊同聲烈可蹈白刃竟不搖衰旣辦其義舍取魚熊西山之餓東海之蹈萬古雲霄一揆前後于彼魯鄉迺祖靈宮以孫配祖禮無不公士林合辭論議完成於千萬歲是侑是享

侍從李鍾泰謹撰

春秋享祀祝文

菊萎松凋丹心未移東風灑淚彼美之思

梅山居士洪直弼謹撰

退隱實紀卷之二 終

跋

朱先生謂士大夫出處進退實關世道之汚隆風俗之盛衰此言何謂也蓋名敎二字天之經地之義而民之秉彝也自生民以來迄至于今世無治亂人無馴暴而卒改易此不得殄滅此不得天地有時而壞而此道不壞日月有時而晦而此義不晦此乃大舜所謂五品皐陶所謂五典武王所謂天顯孔子所謂因孟子所謂倫其事甚重而其任甚難矣我東雖僻處天下之一隅而肇自殷師出來以其祖舜司徒之設敎而治之則九疇之範八條之法濡染服習忠孝

五十九

節義明與輩作而無愧爲周禮之在魯矣粤在
莊陵之末國家多事三相六臣後先致命餘在散班
因義自廢者蓋不可數計周知時則有若節度使楊
公以肺腑之親見義長往滅影於萬山之中而之死
無悔者雖其事蹟有微著文獻有斷續所以樹風聲
勵廉恥而爲一時狐鼠輩所愧赧欲死者苟非公私
大小之別瞭然乎宜其并列於生死六臣之列而無
間然顧後承單寒加贈節惠漠然無聞者爲可恨
後孫永植以其實紀之將入梓也徵跋於余余於楊
氏爲彌甥且有鄉井舊契義不敢辭遂書此以尾之

焉

嘉善大夫戶曹參判同知義禁府事兼 經筵特

進官月城崔益鉉謹識

六十一

附 懿貞嬪楊氏傳

楊氏者清州人縣監景之女贊成事之壽其曾祖也
世宗朝選入後宮封惠嬪擧三子漢南君𤥽壽春君
玹永豐君瑔辛酉 顯德王后誕 端宗于東宮九
日而薨 世宗擇嬪御中賢者 命楊氏保養 元
孫楊氏戮力調護致謹其飮食起居 元孫生有
聖德而楊氏養正之功多焉時 世宗 文宗相繼
昇遐宗英布列國勢危疑而惠嬪隨機應變衛安
聖躬者靡極不至至乙亥 世祖受禪納傳國璽惠
嬪撤理諭之曰王璽 國之重寶 先王有訓非世

子世孫不傳吾雖死璽不可出即日被刑後命永豐君以雲劒八侍同時就死漢南君譎咸陽丁丑與錦城大君謀復　上王事泄被禍　肅宗癸巳命封惠嬪墓而失其處　正宗辛亥　賜惠嬪謚曰愍貞

御製侑文曰嗟惟楊氏昔年阿保譽著周嬪功邁漢姆歲丁桒兆禍延椒闈二子并逝六臣同歸異代滂母女中毅仁鵠啼古樓春返新壇義起千秋禮腏諸賢尊惟六宮祀豈一體往事敢言愴懷罙摯禮舉易名惟愍及貞侑曰錫以中心非由太常爰命造板俾延其祀事若待今恩實曠古俾官致祭庭歆斯侑又

謚漢南曰貞悼永豐曰貞愍配食于 莊陵忠臣壇梅山居士曰嬪處 英陵置魚之列用教九御盡內宰之職受阿保之任輔養 元孫形神俱竭而不弛其勞終能秉義守經於桑海貿遷之際嗚乎烈哉婦人性柔疚牀於禍福牽制於子姓不自主張者多矣如嬪者遭遇 光廟而亦可以安富存榮而祇知有端廟不知有己子子母同日幷命而不悔是所云天地變化我得其正者歟孤忠炳朗與日月爭光是可以歸拜 英陵而無愧也 英陵內治之盛則哲之明於是焉可見矣逮 健陵之世顯忠遂良發潛闡

六十五

幽 賜謚致侑又配食嬪二子于 莊陵屈伸顯晦自有其時是可驗天道報施也然苟非憤滿腔熱血不朽於化碧亦何以致此哉

梅山居士洪直弼撰

愍貞嬪事蹟

世宗惠嬪楊氏卽上黨伯曾孫縣監景女也當端宗遜位之時與其二子漢南君 玹 永豐君 瑔 同殉于六臣之禍 正宗辛亥特軫恤寃之典 賜謚愍貞立其主 命李儀亨奉其祀而親製文遣近侍致祭焉

御製祭文

辛亥十月二十六日遣掌令鄭弼祚致祭

嗟惟楊氏昔年阿保譽著周嬪功邁漢姆歲丁柔兆禍延椒闈二子并逝六臣同歸異代滂母女中毅仁鵑啼古樓春返新壇義起千秋禮綴諸賢尊惟六宮祀豈一體往事敢言愴懷罙摯禮舉易名惟懋及貞錫以中心匪由太常爰命造板俾延其祀事若待今恩實曠古伻官致祭庶歆斯侑

제2장
충목단 배향 사실
忠穆壇 配享 事實

■ 충목단 합사에 관한 내용 ■

忠穆壇 設享記
충 목 단 설 향 기

蓋當我, 莊,光,之傳受, 碧梁, 忠穆公, 兪先生以託孫, 寄
개 당 아 장 광 지 전 수 벽 량 충 목 공 유 선생 이 탁 손 기

命之才, 不勝. 氣數之屈伸, 舍生. 殺身大節, 磊磊軒天地.
명 지 재 불승 기수 지 굴신 사 생 살 신 대절 뇌뢰 헌 천지

曾子而在, 豈, 不曰君子人也歟. 其事實 昭在國乘野史 而
증자 이 재 기 불 왈 군자 인 야 여 기 사실 소 재 국승 야사 이

光廟萬世忠臣之褒人無間然矣 數百年來 公私之崇報 靡極不
광묘 만세 충신 지 포 인 무 간연 의 수 백년 래 공사 지 숭보 미 극 부

至而此衡門之址. 亦, 設壇而祀之歟, 胡, 方將滔天而其兆
지 이 차 형문 지 지 역 설 단 이 사 지 구 호 방 장 도천 이 기 조

先見庠序俎豆之地, 一朝鞠, 爲茂草而壇享及焉. 則正周子
선견 상서 조두 지 지 일조 국 위 무 초 이 단향 급 언 즉 정 주자

所謂流俗所輕發墜無日者而禮義之先亡, 伊川之爲戒. 又,不
소위 유속 소 경 발 추 무 일 자 이 예의 지 선 망 이천 지 위 계 우 불

待百年之久也. 其間日月, 幾何天道微有來復之幾. 士民之
대 백년 지 구 야 기간 일월 기하 천도 미 유 래 부 지 기 사민 지

乘時逞欲者 以次得罪而壇之一草一木 還復舊樣 先生後裔
승시 령 욕 자 이 차 득죄 이 단 지 일 초 일 목 환 부 구 양 선생 후예

瑞九 與 故漢南君貞悼公李先生之後, 故咸吉道兵馬節度使
서 구 여 고 한 남 군 정 도 공 이 선생 지 후 고 함 길 도 병마절도사

楊先生之後及 縣之章甫若而人相議 每歲薦一籩一豆 旣又
양 선생 지 후 급 현 지 장보 약 이 인 상의 매세 천 일 변 일 두 기 우

朋友講習以爲回陽之漸, 言下皆欣然而諾之相 與周旋 瑞九
붕우 강습 이 위 회 양 지 점 언 하 개 흔연 이 낙 지 상 여 주 여 서 구

又從龍溪柳聖在 入雲 中道其事因請 爲文以記之.
우 종 용 계 류 성 재 입 운 중도 기 사 인 청 위 문 이 기 지

噫 此人心所 同然而不可已者也 堯,舜之祀尙矣 楚王之
희 차 인심 소 동연 이 불가 이 자 야 요 순 지 사 상 의 초왕 지

一間茅屋 昭烈之錦城閟宮以至. 士大夫之私設自古何限 凡
일간 모옥 소 렬 지 금성 비궁 이 지 사대부 지 사설 자고 하 한 범

有功有德 當入祀典者 先王之所不禁也, 況私具一籩一豆不
유공 유덕 당 입 사 전 자 선왕 지 소 불금 야 황 사 구 일 변 일 두 불

貽害 公家而澗藻行潦也. 伸誠有其擧之 無其廢之 禮意之所
이해 공가 이 간 조 행료 야 신 성 유 기 거 지 무 기 폐 지 예의 지 소

當然也 又 況禮義盡亡之 餘似此之類 有如日食之鼓幣其爲
당연 야 우 황 예의 진 망 지 여 사 차 지 류 유 여 일 식 지 고 폐 기 위

貴 不但如尺璧而已乎 瑞九,生老湖中 湖先正講道之所也 於
귀 부 단 여 척벽 이 이 호 서 구 생 로 호 중 호 선정 강도 지 소 야 어

此 宣聞之熟矣. 一有訿議 直是 無四端之心而非人也 是爲
차 선 문 지 숙 의 일 유 자 의 직 시 무 사단 지 심 이 비인 야 시 위

之言, 壇本爲先生設李公楊公以道同 故 追爲之腏享者也. 瑞
지 언 단 본 위 선생 설 이공 양공 이 도동 고 추 위 지 철향 자 야 서

九名鳳在.
구 명 봉 재

永曆五辛卯 仲呂 月 日 縣人 金平默 記
영력 오 신묘 중려 월 일 현인 김 평 묵 기

충목단 설향기

마땅히 나는 개(蓋)[1]하겠다. 장(莊, 단종임금)이 광(光, 세조임금)에 전수(傳受)[2]할 때 벽량(碧梁) 충목공(忠穆公) 유(兪) 선생께서는 자손을 부탁받음으로써 기명(寄命)[3]한 재(才)[4]로서 불승(不勝)[5]하여 기수(氣數)[6]를 사생(舍生)[7]으로 하시니 살신(殺身)[8] 대절(大節)[9]의 뇌뢰(磊磊)[10]가 천지(天地)에 헌(軒)[11]하였다. 증자(曾子)께 재(在)[12]하여도 어찌 군자인(君子人)[13]이라 말하지 않겠는가? 그 사실(事實)이 국승(國乘)[14]과

1) 개(蓋) : 의심나는 것은 궐하고 내가 모르는 것은 말하지 아니함
2) 전수(傳受) : 전하여 받음
3) 기명(寄命) : 국정을 맡김
4) 재(才) : 인재, 재능이 있는 사람
5) 불승(不勝) : 견딜 수가 없다.
6) 기수(氣數) : 운수(運數), 길흉화복(吉凶禍福)의 굴신(屈伸) 몸을 굽힘과 폄)
7) 사생(舍生) : 목숨을 버리다.
8) 살신(殺身) : 목숨을 버림
9) 대절(大節) : 죽기를 각오하고 지키는 절개
10) 뇌뢰(磊磊) : 도량이 넓어 작은 일에 구애하지 않는 모양
11) 헌(軒) : 높이 올라가다.
12) 재(在) : 묻다, 존문(存問)하다.

야사(野史)[15]에도 소(昭)[16]있음으로 광묘(光廟, 세조임금)께서도 만세(萬世)에 충신이라 포(褒)[17]하셨으니 사람들은 간연(間然)[18]할 수 없다. 수백 년이 와서 공사(公私)에 종보(宗報)[19]에 극(極)[20]이 미(靡)[21]해서 이루지 못하고 이 형문(衡門)[22]의 터에다 또한 단(壇)을 설치하고 제사를 지냈으나 구(歐)[23]의 호(胡)[24]가 이제 곧 도천(滔天)[25]하는 그 조짐이 상서(庠序)[26]에서 나타나니 조두(俎豆)[27]의 처지가 하루아침에 국(鞠)[28]하고 풀이 무성해 짐이 단 제사에도 미치게 되었다. 주자(周子)의 정(正)[29]을 본받는다면 소위(所謂) 유속(流俗)[30]의 경우 경솔하게 펴고 붕괴하면 며칠 아니 되어서 예

---

13) 군자인(君子人) : 군자 같은 사람
14) 국승(國乘) : 그 나라의 역사를 기록한 책
15) 야사(野史) : 민간에서 사사로이 지은 역사
16) 소(昭) : 현저히 나타나다.
17) 포(褒) : 칭찬하다.
18) 간연(間然) : 결점을 지적하여 비난함
19) 종보(宗報) : 은혜를 갚음
20) 극(極) : 모든 힘을 다하다.
21) 미(靡) : 없다, 부정하는 말
22) 형문(衡門) : 은자(隱者)가 주거하던 곳 두 개의 기둥에 한 개의 횡목(橫木)을 가로 질어 만든 허술한 대문
23) 구(歐) : 서양, 구라파
24) 호(胡) : 오랑캐, 옛날에는 흉노(匈奴)를 일컬었으나 뒤에는 색외(塞外) 즉 변방 민족의 범칭(凡稱)이 되었다.
25) 도천(滔天) : 큰 죄악, 큰물이 하늘까지 뒤덮음
26) 상서(庠序) : 서원, 사, 단.
27) 조두(俎豆) : 제사 지냄
28) 국(鞠) : 그치다, 막히다.
29) 정(正) : 도(道), 사람의 바른길

의(禮義)가 먼저 망(亡)하니 이(伊) 천(川)[31]을 계(戒)[32]하여야 했는데 또 백 년의 오랜 세월을 대(待)하지 못했다. 그러는 세월 동안에 기하(幾何)[33] 천도(天道)[34]가 미(微)[35]하다. 기(幾)[36]가 다시 오고 있으니 사민(士民)이 승시(乘時)[37]하였다고 령(逞)[38]하게 하고자 한 것이다. 이차(以次)에는 죄(罪)를 득(得)[39]하고 단에 풀 한 포기, 나무 한 그루도 옛 모습으로 다시 돌리자며 선생의 후예(後裔)인 서구(瑞九)와 더불어 고(故) 한남군(漢南君) 정도공(貞悼公) 이(李) 선생의 후손, 고(故) 함길도(咸吉道) 병마절도사(兵馬節度使) 양(楊) 선생의 후손급(及)과 현(縣)의 장보(章甫)[40], 그와 같은 사람들이 상의(相議)하여 매년 천(薦)[41]인 일변일두(一籩一豆)[42]에 또 붕우(朋友)들이 강습(講習)[43]하여 회양(回陽)[44]이 점점 된다고 하

---

30) 유속(流俗) : 일반 풍속
31) 천(川) : 수류(水流)의 총칭, 물결
32) 계(戒) : 막아 지키다.
33) 기하(幾何) : 얼마간
34) 천도(天道) : 천지, 자연의 도리
35) 미(微) : 은밀히, 적다
36) 기(幾) : 때, 기회
37) 승시(乘時) : 기회를 얻음
38) 령(逞) : 굳세게 하다
39) 득(得) : 알다, 깨닫다.
40) 장보(章甫) : 유림(儒林)
41) 천(薦) : 제사 이름, 희생을 올리지 않는 제사
42) 일변일두(一籩一豆) : 제사에 쓰이는 변과 두, 변은 과실과 포를 담는 대로 만든 제기, 두는 김치 식혜 등을 담는 목기(木器)
43) 강습(講習) : 여럿이 모여서 학문이나 기예 등을 배우고 익힘
44) 회양(回陽) : 망양증(亡陽症)을 돌려서 양기(陽氣) 즉 따뜻한 기운

니 언하(言下)[45] 모두가 흔연(欣然)[46]하며 서로가 허락했다고 주위에 여(旅)[47] 서구(瑞九)와 여(與)[48]하고 또 용계(龍溪) 류성재(柳聖在)도 따라 운(雲)[49] 에서 와서 중도(中道)[50]에서 이 일에 대해 청(請)하기에 글을 쓰게 되었다.

희(噫)[51]! 차(此)[52] 사람의 마음인 바, 동연(同然)[53]으로 이(已)[54]함은 불가(不可)한 것이다. 요순(堯舜)[55]의 제사도 상(尙)[56]함이라 했고 초왕(楚王)께서도 한 칸의 모옥(茅屋)[57]에서 소렬(昭烈)[58]의 금성(錦城)[59], 비궁(閟宮)[60]까지도 힘을 다하여 모셨는데 사대부(士大夫)의 사설(私設)[61]이야 자고(自古)로 어찌 한(限)이 있겠는가? 무릇 공이 있고 덕이 있으면

을 회복함

45) 언하(言下) : 말이 떨어지자마자
46) 흔연(欣然) : 매우 기뻐하는 모양
47) 여(旅) : 여럿이
48) 여(與) : 더불어
49) 운(雲) : 거리가 멂에 비유
50) 중도(中道) : 길 한복판
51) 희(噫) : 탄식하다, 아!
52) 차(此) : 이는
53) 동연(同然) : 서로 마찬가지임
54) 이(已) : 그만두다, 버려두다.
55) 요순(堯舜) : 요임금, 순임금
56) 상(尙) : 흠모하다, 사모하다.
57) 모옥(茅屋) : 조그만 집, 띳집
58) 소렬(昭烈) : 소렬제(昭烈帝)
59) 금성(錦城) : 금관성(錦官城)
60) 비궁(閟宮) : 혼령을 모신 사당
61) 사설(私設) : 개인이 설립함, 또는 그 시설

당연히 사전(祀典)[62]으로 섬기는 것이다. 선왕(先王)께서도 금(禁)하지 않았는데 황(況)[63] 사구(私具)[64] 일변일두(一籩一豆)는 공가(公家)[65]에도 해를 끼치지 않으므로 간조행료(澗藻行潦)[66]로 정성을 펴는 그런 거(擧)[67]가 있으면 그를 폐(廢)하지 않음이 예의(禮意)[68]인 바 당연(當然)하고 또 황(況)[69]에 예의(禮義)[70]가 없어어진다 하여 망(亡)한다 해도 결국 이는 류(類)[71]같고 일식(日食)[72]에 고폐(鼓幣)[73]하는 그런 귀(貴)함도 유여(有如)[74]하다. 부단(不但)[75]히 척벽(尺璧)[76] 같을 뿐이로다!

---

62) 사전(祀典) : 제사의 의식 제전(祭典)
63) 황(況) : 하물며
64) 사구(私具) : 사적으로 갖춘
65) 공가(公家) : 조정(朝廷) 또는 왕실(王室)
66) 간조행료(澗藻行潦 : 시경(詩經) 소남(召南) 채빈(采蘋) 에 나오는 말로 마른 풀 뜯으러 저 길가 개울로 가네 에서 인용된 것이다, 이 시는 법도에 따라 제사음식을 정렬하게 마련하려는 주부의 아름다운 행실을 기록한 것이다.
67) 거(擧) : 받들다, 존경하다.
68) (禮意) : 예로써 나타내는 경의
69) 황(況) : 이에
70) 예의(禮義) : 사람이 행하여야 할 올바른 예와도
71) 류(類) : 제사 이름 : 일월성신(日月星辰)을 사교(四郊) 즉 사방에 지내는 정제(正祭), 천재(天災) 때 임시로 지내는 제사
72) 일식(日食) : 달이 태양을 가리는 현상
73) 고폐(鼓幣) : 북을 치며 상사(喪事)에 보내어 조의(弔意)를 표하는 물건
74) 유여(有如) : 같이 있다.
75) 부단(不但) : 그렇지 않더라도
76) 척벽(尺璧) : 귀중한 구슬

서구(瑞九)는 호중(湖中)[77]에서 생로(生老)[78]하였다. 호(湖)[79]는 선정(先正)[80]들이 강도(講道)[81]하는 지역이라 어차(於此)를 들어서 익힌 것을 베푸는 것이구나!

자의(訿議)[82]가 한 번 있었다. 직(直)[83] 이는 사단(四端)[84]의 마음이 없는 것으로 비인(非人)[85]이니 시위(是爲)[86]하였다고 말할 수 있다.

단(壇)은 본래 선생을 위하여 설치되었고 이공(李公)과 양공(楊公)도 도(道)가 같은 고(故)로 추모하며 철향(腏享)[87]하는 것이다. 서구(瑞九)의 이름은 봉재(鳳在)다.

영력오신묘(永曆五辛卯, 1891년) 중여(仲呂 : 음력 4월)월 일
현인(縣)[88] 김평묵(金平默)이 쓰다.

---

77) 호중(湖中) : 충청도
78) 생로(生老) : 낳고 늙음
79) 호(湖) : 충청도
80) 선정(先正) : 선대의 현인(賢人)
81) 강도(講道) : 도를 강의함, 또는 도를 연구함
82) 자의(訿議) : 헐뜯는 논의; 함길 병마사 양선생의 배향(配享) 문제의 논의로 추정됨
83) 직(直) : 그러나
84) 사단(四端) : 사람의 본성에서 우러나오는 네 가지 마음씨, 곧 인(仁)에서 나오는 측은지심(惻隱之心), 의(義)에서 우러나는 수오지심(羞惡之心), 예(禮)에서 나오는 사양지심(辭讓之心), 지(智)에서 나오는 시비지심(是非之心)
85) 비인(非人) : 사람답지 못한 사람
86) 시위(是爲) : 옳게 되었다.
87) 철향(腏享) : 강신(降神) 잔을 올리는 제사
88) 현인(縣人) : 고을 사람

煥埋祠板 告由祝文
환 매 사 판 고유 축문

今以吉辰 敢奉 兪忠穆公 李貞悼公 楊兵使公 三位祠板
금 이 길 신 감 봉 유 충 목 공 이 정 도 공 양 병사 공 삼위 사 판

返安故壇 伏惟 尊靈舍新從舊 勿震勿驚
반 안 고 단 복유 존령 사 신 종 구 물 진 물 경

維 崇禎二百六十二年 歲次 己丑 十一月 癸酉朔二十二日
유 숭정 이 백 육 십 이 년 세차 기축 십 일 월 계유 삭 이 십 이 일

甲子 忠穆公 兪先生 後孫 鳳在 敢昭告于
갑자 충 목 공 유 선생 후손 봉 재 감 소 고 우

顯 九代祖考 行 嘉善大夫五衛都摠府副摠管 贈 崇政大夫
현 구 대 조 고 행 가선 대부 오위 도총부 부총관 증 숭정 대부

兵曹判書 忠穆公府君 漢南君貞悼公李先生 兵馬節度使楊
병조판서 충 목 공 부 군 한 남 군 정도 공 이 선생 병마절도사 양

先生 尊靈之下曰
선생 존령 지 하 왈

嗚呼 惟我祖考 暨二先生 義重山嶽 忠貫日星 爲臣盡節
오호 유 아 조 고 기 이 선생 의 중 산악 충 관 일성 위 신 진 절

一心奉公 杖屨故趾 設壇報功 俎豆百世 矜式四方 一自毁院
일심 봉 공 장 구 고 지 설 단 보 공 조두 백세 긍식 사방 일 자 훼 원

神人悽愴 澗水嗚咽 山月滄茫 尋常行路 指點栢賞 綱弛倫斁
신인 처 창 간 수 오 열 산월 창망 심상 행로 지점 백 상 강 이 륜 두

無變不有 肆然犯葬 于壇左右 蠢玆孫虜 內或承奉 已埋祠板
무변 불 유 사연 범장 우 단 좌우 준 자 손 로 내 혹 승봉 이 매 사 판

任意遷動 秉彝罔墮 士林齋聲 廟堂有奏 回天聰明 王怒斯赫
임의 천동 병이 망 타 사림 재 성 묘당 유 주 회천 총명 왕 노 사 혁

乾斷咸仰 掃掘穢汚 宛復前樣 誰意縉紳 有如秀彦 咫尺王命
건단 함 앙 소 굴 예오 완 부 전 양 수 의 진신 유 여 수 언 지척 왕명

亦不將順 已掘之壙 敢復葬親 是可忍也 無天無倫 上告下
역 불 장순 이 굴 지 광 감 부 장 친 시 가 인 야 무 천 무 륜 상 고 하

討 義在敢死 一息尙存 不容但已 揆以情禮 事有先後 敢奉
토 의 재 감 사 일식 상존 불용 단 이 규 이 정례 사 유 선후 감 봉

祠板 敬返舊壇 三位一體 品字埋安 山高水長 赫臨如新 在
사 판 경 반 구 단 삼위일체 품자 매안 산 고 수 장 혁 림 여 신 재

人猶感 况我後孫 無從之酸 流出肺肝 涙與詞續 文不盡言
인 유 감 황 아 후손 무 종 지 산 유출 폐간 누 여 사 속 문 불 진언

敢以酒脯 虔告寸忱 不昧尊靈 庶幾來欽 尙饗
감 이 주 포 건 고 촌 침 불 매 존령 서기 래 흠 상향

1889年 11月 22日 兪鳳在
유 봉 재

是日 自朝大雪 當埋牌時 雲捲雪霽 天復晴明
시일 자 조 대설 당 매 패 시 운 권 설제 천 부 청명

환매사판[1] 고유축문

길진(吉辰)[2]인 오늘 감히 유충목공(兪忠穆公) 이정도공(李貞悼公) 양병사공(楊兵使公) 삼위(三位)의 사판(祠板)[3]인 안(安)[4]에 옛 단을 반(返)하여 받들고자 합니다. 복유(伏惟)[5] 존령(尊靈)[6])께서 머무는 곳을 옛날 그대로 새로이 하고자 하오니 두려워 마시고 놀라지 마십시오,

유(維) 숭정(崇禎) 262년 세차 기축 11월 계유 삭 22일 갑자, 충목공 유선생 후손 봉재(鳳在)가 삼가 고(告)하옵니다.

현 9대 할아버님 행(行) 가선대부 오위도청부 부총관, 증(贈) 승정대부 병조판서 충목공 부군. 한남군 정도공 이 선생. 병마절도사 양 선생. 존령께 말하옵니다.

아아 나의 할아버님과 두 선생께서는 의(義)[7]는 산악(山

---

1) 사판(祠板) : 신주(神主) 덮어 숨긴 것을 복귀시키며 고유(告由 : 사당이나, 신명(神明)에 고하는 일)한 축문

2) 길진(吉辰) : 좋은 날

3) 사판(祠板) : 신위

4) 안(安) : 이곳에

5) 복유(伏惟) : 삼가 엎드려 생각하옵건대

6) 존령(尊靈) : 영혼, 망령(亡靈)의 존칭어

嶽)[8]같이 무겁고 충성은 해와 별같이 관(貫[9])하시어, 신하로서 절의(節義)을 다하시며 한마음으로 봉공(奉公)[10]하셨기 옛터에다 장구(杖屨)[11]로써 단을 세워 공(功)에 보답하여 오래도록 제사를 받들며 사방(四方)에서 긍식(矜式)[12]하였으나 한번 훼원(毁院)[13]으로 말미암아 신과 사람들은 처창(悽愴)[14]해하고 간수(澗水)[15]도 오(嗚)[16]하여 인(咽)[17]하니 산과 달은 창망(滄茫)[18]하고 심상(尋常)[19]하게 행로(行路)[20]도 잣나무[柏][21]를 숭상하며 지점(指點)[22]하였는데, 강(綱)[23]을 돌보지 아니하고 인륜을 깨는 변함이 없고 있지도 않을 사연(肆然)[24]하게도 단(壇) 좌우(左右)에다가 범장(犯葬)[25]한 준(蠢)[26]

---

7) 의(義) : 예의 행위가 사리에 맞다
8) 산악(山嶽) : 영구불변을 형용함, 큼을 형용
9) 관(貫) : 변하지 아니하다
10) 봉공(奉公) : 공사(公事)를 위하여 힘씀
11) 장구(杖屨) : 어른에 대한 높임말
12) 긍식(矜式) : 존경하여 모범으로 삼음
13) 훼원(毁院) : 서원의 철폐
14) 처창(悽愴) : 마음이 몹시 구슬픈 모양
15) 간수(澗水) : 산골짜기에서 흐르는 물
16) 오(嗚) : 탄식
17) 인(咽) : 목이 메어 말을 못 한다.
18) 창망(滄茫) : 물이 푸르고 넓고 아득한 모양
19) 심상(尋常) : 대스럽지 않음, 보통, 평범
20) 행로(行路) : 세상을 살아가는 길
21) 잣나무[柏] : 여기서는 사철 푸른 상록수를 말함
22) 지점(指點) : 손가락으로 가르쳐 보임
23) 강(綱) : 사물에 가장 주가 되는 것, 근본
24) 사연(肆然) : 방자한 모양, 제 멋대로인 모양
25) 범장(犯葬) : 남의 산소의 지경을 범하여 장사를 지냄

자(玆)[27] 손(孫)가 노(虜)[28]이 몰래 비밀히 어떤 사람의 승봉(承奉)[29]하여 이미 사판(祠主)을 땅에 묻고 임의(任意)로 천동(遷動)[30]하였으니 병이(秉彝)[31]의 망(罔)[32]이 타(墮)[33]해서 사림(士林)들이 일제히 소리를 지르며 조정(朝廷)에 상소하니 총명(聰明)하게 회천(回天)[34]하며 임금님이 노하시어 이를 꾸짖으시고 건단(乾斷)[35]하시니, 모두 다 우러러보며 예오(穢汚)[36]는 소굴(掃掘)[37]하여 완연히 전(前)에 모양으로 복원한 것이 어떤 사람의 진신(縉紳)[38]의 생각이었겠습니까? 훌륭한 선비들과 지척(咫尺)에 왕명(王命)도 있었건만 또 오히려 도리를 따르지 않고 이미 파내 광에다 감히 다시 아버지를 장사 지냈으니 이것을 가히 인(忍)이라 할 수가 있겠습니까? 하늘도 없고 윤리도 없으니 윗사람에게 고하여 아랫사람을 다스려 의(義)로서 감히 죽음이 있어야 하는데 일식(一息)[39]하며 아

26) 준(蠢) : 어리석다, 무지하여 사리를 분별하지 못하다.
27) 자(玆) : 이
28) 노(虜) : 화외(化外), 즉 교화가 미치지 못한 곳의 사람
29) 승봉(承奉) : 윗사람의 명령을 받들어 지킴
30) 천동(遷動) : 움직여 옮김
31) 병이(秉彝) : 상도(常道)를 굳게 지킴
32) 망(罔) : 죄인을 잡는 그물
33) 타(墮) : 떨어지다 무너지다.
34) 회천(回天) : 천하(天下)의 정세를 바꾸어 놓음
35) 건단(乾斷) : 임금이 손수 정사(政事)를 재결(裁決)함
36) 예오(穢汚) : 오예(汚穢), 즉 지저분하고 더러운 곳
37) 소굴(掃掘) : 파내고 제거하다.
38) 진신(縉紳) : 지위가 높고 행동이 점잖은 사람
39) 일식(一息) : 한 호흡

직 그대로 이니 불용(不容)[40]이 부질없을 뿐입니다. 정례(情禮)[41]로서 헤아리는 섬김에는 선후(先後)가 있어 감히 신주를 받들어 공손히 옛 단(壇)을 반(返)하여 세 분을 한 몸으로 품자(品字)처럼 매안(埋安)[42]하여 산고수장(山高水長)[43]한 혁(赫)[44]으로 새롭게 임(臨)하니 그 위에 더 감동하는 사람도 있는데 하물며 후손인 나는 뒤를 밟아 슬퍼함이 없어 폐와 간이 흘러나오니. 사속(詞續)[45]들과 더불어 눈물이 흘러 글으로는 진언(盡言)[46]할 수 없습니다. 삼가 주포(酒脯)로써 작은 침(忱)[47]으로 건(虔)[48]하며 고(告)하오니 매(昧)[49]하지 않으신 존령(尊靈)께서는 서기(庶幾)[50]하건대 오시어 흠(歆)[51]하시고 음향 하시옵소서.

1889년 11월 22일 유봉재

* 오늘 아침부터 큰 눈이 내렸는데 패(牌)를 안장할 때는 구름도 걷히고 눈도 그쳐서 하늘이 다시 맑게 개었다.

---

40) 불용(不容) : 용서할 수 없음
41) 정례(情禮) : 정리(情理)와 예의
42) 매안(埋安) : 신주를 무덤 앞에 묻음
43) 산고수장(山高水長) : 인자(仁者)나 군자(君子)의 덕이 뛰어남을 비유한 말
44) 혁(赫) : 덕이 밝은 모양
45) 사속(詞續) : 대(代)를 이음
46) 진언(盡言) : 생각하였던 바를 다 쏟아 놓은 말
47) 침(忱) : 정성, 참마음
48) 건(虔) : 공경하다
49) 매(昧) : 어리석다, 사리에 밝지 아니하다.
50) 서기(庶幾) : 바라건대
51) 흠(歆) : 신(神)이나 조상의 혼령이 제사음식을 기쁘게 받다.

병사공의 출향과 합사[1]

이 축문은 서원 철폐령으로 1871년에 훼손된 충목단을 18년 만에 복구하여 사판(祠板, 祠版) 즉 신주(神主)를 다시 충목단의 원래 자리로 제사를 지내며 쓴 것이다. 그런데 여기에는 충목공뿐만 아니라 이정도공(李貞悼公)과 양병사공(楊兵使公) 등 두 분의 사판도 함께 봉환(封還)[2]함을 고하고 있다. 이로써 우리는 충목단이 훼손되기 이전에도 이미 두 분은 충목공과 함께 배향, 합사(合祀)되어 왔다는 사실을 알 수 있다.

여기서 말하는 이정도공과 양병사공은 각각 한남군(漢南君 : 李𤣰 ?-1457년) 와 양치(楊治 : 1400-1485)를 가리킨다. 이 두 분은 모두 포천과 관계가 있고 또 서로 인척 관계일 뿐만 아니라, 무엇보다도 단종 복위를 도모하는데, 가담하게나 동조하여 세상과 등졌다는 공통점이 있었기 때문에 충목단에 합사된 것이다. (중간 생략)

---

1) 퇴은공 가승 후기에는 계사(癸巳, 1833)년 겨울에 처음 배향된 것으로 나와 있음

2) 봉환(封還) : 사표(辭表), 곧 직책을 사퇴할 때 그 뜻을 적어내는 문서 같은 것을 받지 아니하고 봉한 채 그대로 돌려보냄.

그렇다면 한남군이 충목단의 제향에 함께 모셔진 것은 과연 언제부터였을까? 이에 대한 명확한 기록이 없어 알 수는 없지만, 대략 1825년(순조25) 이후의 일로 짐작된다. 왜냐하면, 유흠 등이 올린 단초(單草)나 서광보가 1825년에 쓴 "충목단서"에 한남군의 추가 배향과 관련된 내용이 전혀 언급되지 않았기 때문이다. 그런데 바로 아래에서 인용할 김평묵의 1847년(헌종13) 글에 의하면 성근수(成近壽)가 포천 현령으로 재직했던 1838년(헌종 4) 이전에 이미 한남군과 병사공이 충목단에 추가 배향되어 있었음을 알 수 있다, 따라서 한남군은 1825년-1837년 사이에 충목단에 배향되었다고 추정할 수 있다. 한남군은 장릉배식단 정단 32인에 편성됨으로써 지역 유림의 여론상 충목단 합사에 별다른 이의가 없었을 것으로 보인다

이에 반하여 병사공 양치는 한남군과는 경우가 달랐는데, 그 이유는 단종 복위 운동 당시 그의 행적과 관련된 국가 기록이 전혀 없었기 때문이다. 따라서 그는 정조 이전과 이후의 단종 충신들에 대한 방대한 복권과 포상 대상에 포함될 수 없었다. 그렇기는 하지만, 같은 포천 출신으로 단종의 충신이라는 지역 여론이 있었기 때문에 한남군과 마찬가지로 충목단에 합사될 수 있었다. 다만 그 시기 또한 한남군과 마찬가지로 정확히 언제부터였는지는 알 수 없다. 당초 세 분이 합사되었는지, 혹은 충목공 및 한남군 뒤에 이어 나중에 합사 되었는

지도 역시 상세히 알 수 없다. 그런데 이와 관련하여 중암 김평묵의 문집에 실린 "민정빈 양병사 이전발(愍貞嬪 楊兵使 二傳跋)"이란 글이 있어 몇 가지 의문을 풀 수 있다.

민정빈과 양병사 두 개 전(傳)의 발문이 두 개의 전기는 성균관 좨주(祭酒) 매산 홍 선생이 지은 것이다.

포천의 치소(治所)[3]에서 서남쪽으로 30리 떨어진 곳에 유충목공의 옛터가 있어 포천현 사람들이 제사를 지내고 있다. 충목공은 단종 세조 시기의 사육신 중 한 분이다, 또한 한남군과 양병사 두 분의 의로움은 사육신 및 생육신과 위아래를 견주어도 부끄러울 바가, 없다고 하여 추가 배향하였으니, 진실로 세 분은 차이가 없는 것이다, 다만 양공은 삼상(三相)[4]이 화를 입던 날에 일이 발생하기에 앞서 물러나 자취를 감추었던 까닭에, 적막하게도 몇 마디의 말만이 겨우 가전(家傳)과 읍지(邑誌)로 드러날 뿐 국승(國乘)[5]이나 야사(野史)에는 조금도 관련 기사가 보이지 않는다.

정조께서 장릉배식단을 꾸밀 적에 향인(鄕人)들은 양공 관련 사실이 읍지에 있음을 알지 못하고 단지 가전으로만 전해진다는 것만 믿었다. 때문에, 이론(異論)이 있는 자들은 이것을 집요하게 말하며 마침내 양공을 출향(黜享)[6]하기에 이르렀다. 그 후 성근수(成近壽) 공이 현령이 되어 읍지에 실려 있는

3) 치소(治所) : 政廳이 있는 곳
4) 삼상(三相) : 김종서, 황인보, 정분
5) 국승(國乘) : 국사(國史)
6) 출향(黜享) : 배향을 거두어 치움

것을 살피고 공이 현인(縣人)[7]들에게 그것을 읊어주어 다시 제향토록 하였다. 이에 분분하던 여론은 비록 수그러들었지만, 그럼에도 불구하고 집요한 사람들은 왕왕 몰래 이러니저러니 하였으니, 아 슬프도다. 공의 울적하고 답답한 심정은 당시에도 펼칠 수가 없었는데, 마침내 어둠 속에 갇혀 후세에도 밝혀지지 않는 것인가!

이에 내가 읍지를 소매에 넣고 홍 선생에게 찾아가 중대한 한마디를 청하니 선생은 기꺼이 그것을 들어 주었다. 또한, 추가로 가전을 얻어 보고 민정빈(愍貞嬪)[8]의 사실을 접하고는 마침내 그것들을 바로잡아 두 개의 전(傳)을 지었다. 대개 민정빈의 충렬은 국사에 이미 이전부터 그 사실을 싣고 있었으므로 선왕께서 또한 나중에 받들어 보답했던, 것이다. 그런데 양공의 경우 만약 홍 선생을 만나지 못했더라면 고지식한 자들 때문에 그 행적이 가려지는 것을 면치 못했을 것이다.

아아! 공은 이미 앞서서는 행적이 비슷했음에도 사육신과 더불어 그 화를 함께하지 못하였으니 후에는 행적이 민멸(泯滅)[9]되어 생육신과 더불어 그 전에 함께 수록되지 못한즉, 세상에서 공을 알지 못하는 것은 곧 공이 고결하신 분이기 때문이다. 이로써 의심컨대 이는 곧 약초를 캐다 죽은 태백(泰伯)과 고사리를 캐다 죽은 백이(伯夷)와 같은 반열에 속할 수 없

7) 현인(縣人) : 고을 사람)
8) 민정빈(愍貞嬪) : 양혜빈을 이름
9) 민멸(泯滅) : 자취나 흔적이 아주, 없어지다

다는 것이니, 어찌 그것이 옳다고 하겠는가?

1847년(헌종13) 9월 그믐 전날 현인 김평묵
- 중암집 권 44 「민정빈양병사이전발」

이 글의 앞부분을 보면 한남군과 더불어 양병사 또한 이미 충목단에 배향되어 있었음을 알 수 있다. 그런데 양병사와 관련된 기록이 국사 기록은 물론 포천의 읍지에도 보이지 않고 단지 가전으로만 남아 있다는 사실 때문에 충목단 합사에 이의를 제기하는 선비들이 있었다. 그리하여 마침내 양병사는 충목단에서 출향(黜享) 되는 수모를 겪었다. 그런데 성근수가 포천 현감으로 와 있을 때 읍지에 양병사와 관련된 기록이 있는 것을 찾아서 포천 사람들에게 알려주고는 다시 양병사를 충목단에 배향하도록 하였다. 그럼에도 불구하고 편벽(偏僻)[10]되고 고루한 몇몇 유생들은 양병사의 행적에 대한 의구심을 가지고 뒷말이 많았던 것 같다. 이런 사실을 안타까워했던 중암 김평묵은 성균관 좨주(祭酒)를 지낸 당시의 대학자 홍직필을 찾아가 글을 부탁하였다. 이에 홍직필은 양병사는 물론, 그 집안 인물인 민정빈에 대해서도 각각 전(傳)을 써주었던, 것이다.

성근수가 포천 현령으로 재직했던 시기는 1838년 전후로,

---

10) 편벽(偏僻) : 한쪽으로만 치우침

이는 중암 김평묵의 연보에 "1839년 9월, 포천 현감 성근수의 독려 하의 현학(縣學)에서 주자서(朱子書)를 회강(會講)하다"라는 대목에서 알 수 있다. 성근수는 음직(蔭職)[11]으로 현령을 지냈는데 1838년은 그가 56세 때이며, 이때 김평묵은 약관 20세의 청년이었다. 김평묵은 성근수 덕분에 양병사공에 대해 제대로 인식하였을 것이며, 때문에, 성근수가 현령에서 물러난 이후 다시 지역 여론이 분분해질 기미가 보이자 28세이던 1846년에 홍직필을 찾아가 글을 부탁했던, 것이다.

홍직필은 오희상(吳熙常, 1763-1833)과 함께 주리(主理)[12] 계열의 낙론(洛論)[13]을 대표하는 학자였는데, 1846년은 그의 나이 71세로, 성균관 좨주로 재직할 때였다. 좨주는 정3품직으로 성균관 최고직인 대사성과 품직이 같았어도 그 위상은 대사성을 능가하였을 뿐만 아니라 영의정도 함부로 할 수 없는 국왕의 최고 자문역을 담당하는 지위였다. 전국 모든 유림의 추앙을 받는 이 독특한 지위를 지닌 홍직필이 양병사공의 전(傳)을 써주었다는 것은 곧 양치의 행적에 대한 어떠한 의문이나 이의(異意) 제기도 있을 수 없다는 공식 표명이었다고도 할 수 있다. 홍직필이 볼 때 김평묵은 비록 포천의 어린 유생에 불과했겠지만, 또한 패기 넘치는 젊은 유학자의 기개

11) 음직(蔭職) : 과거에 의하지 않고 부조(父祖)의 공으로 하는 벼슬
12) 주리(主理) : 주리론(主理論) 또는 오성론(悟性論)이라 하며 모든 진리의 인식은 오성의 선천적 작용으로 이루어진다는 이론이다.
13) 낙론(洛論) : 조선 후기 성리학파(性理學派) 가운데 기호학파(畿湖學派)의 한 파

를 보고 흔쾌히 전을 써주었으며 민정빈까지 전을 추가해주었던, 것이다. 이에 김평묵은 이듬해인 1847년 가을에 이 두 전(傳) 발문을 써서 양병사공을 기리고, 또한 이를 써준 홍직필 선생에게 감사의 표시를 한 것이다.

이상 한남군과 양병사공의 충목단 합사 문제를 정리하면 다음과 같다. 두 분은 서로 인척 관계를 맺고 있고, 또 단종에 대한 의리를 지킨 충신이다. 이 후손들은 포천에 뿌리를 내리고 수백 년을 살아왔다. 한남군은 1791년(정조 15)에 "장릉배식단"이 편성되면서 그 정단 32인에 들었고 정도(貞悼)라는 시호를 받았다. 이후 양병사공과 더불어 두 분은 1825년(순조 25-1838년, 헌종 4) 사이에 충목단에 추가 배양되었다. 한편 양병사공의 경우 1838년을 기준으로 그 몇 해 전부터 행적에 대한 논란이 일어 한때 출향되었다가 1838년 현감 성근수의 노력으로 다시 합사되었다. 그럼에도 불구하고 몇몇 고지식한 선비들의 의심이 가라앉지 않자, 포천의 젊고 촉망받는 학자 김평묵이 당시 성균관 좨수로 전국적 명망이 있던 홍직필을 찾아가 양병사공의 전을 받아 옴으로써 더 이상의 논란을 불식(拂拭)14)시켰다

이렇듯 충목단의 제향은 양병사공이 잠시 출향된 기간을 제외하면 1825년 이후 줄곧 세 분을 함께 받들어 모셨다. 그런데 이는 포천이라는 지역사회에서 충목단이 유지되는데 매우

---

14) 불식(拂拭) : 털고 훔친 것처럼 아주, 치워 없앰

중요한 요소이기도 하였다. 왜냐하면, 충목단의 주인공이 충목공 유응부임에도 불구하고 합사된 다른 두 분의 후손들과 달리 충목공의 후손들은 충목단의 설립과 유지에 그다지 기여, 한 바가 없었기 때문이다. 따라서 충목단이 온전히 유지될 수 있었던 것은 비단 뜻있는 포천 선비들의 노력뿐만 아니라 음으로 양으로 실제 수고스러움을 감당해 왔던 한남군과 양병사공의 후손들이었다고 판단된다.

1871년의 서원 철폐령으로 충목단은 훼철되었지만, 이후 1890년부터 충목공의 방손 유봉재의 지극한 원염(怨念)으로 다시 제사를 받들게 되었다. 『충목단사적』에는 유봉재가 충목단을 복원하는 과정에서 쓴 글들이 여러 편 등장하는데, 이를 자세히 살펴보면 한남군과 양병사공의 후손들은 외지에 사는 유봉재의 불리한 입장을 여러 측면에서 보완하며 도움을 주었던 것 같다. 또한, 이 두 분의 후손들은 오늘날까지도 충목단이 포천 지역사회에서 정신적 유산의 상징으로 자리매김하는데 매우 커다란 영향력을 지니고 있다고 할 수 있다.

* 『충목공 유응부 선생 사적』誌에서 옮김

충목단 연보

연대	왕대	내 용
1745	영조 21	성효기(成孝基)의 주관으로 포천 유생들이 충목공 유허에 빗돌 건립
1746	영조 22	4월에 서명부(徐命孚)의 요청으로 이재(李縡)가 비문을 짓고, 유척기(兪拓基)가 글씨를 씀
1779	정조 3	경기 관찰사 정일상(鄭一祥)이 유허비에 비각(碑閣)을 세워 줌
1785	정조 9	포천 유생 이명훈(李命勳)이 처음으로 충목단(忠穆壇) 설치를 발의
1790	정조 14	2월에 서유린(徐有隣)의 주청으로 충목공의 위전(位田)을 돌려주고 유허를 수호하도록 함
1795	정조 19	류흠(柳欽)의 주관으로 충목단을 설치하고 처음으로 제향을 받듦
1799	정조 23	류흠(柳欽), 서광보(徐光輔) 등의 노력으로 재실과 부속 건물을 갖춤. 포천 현감 권준(權竣)이 재실 지붕을 얹어 줌
1825	순조 25	서광보(徐光輔)가 충목단서(忠穆壇序)를 써서 충목단의 연혁을 밝힘
1825 1837	순조25 -헌종3	한남군(漢南君)과 양병사공(楊兵使公) 두 분의 위(位)를 합사, 얼마 후 국가 기록이 부족하다는 이유로 양병사공을 출향(黜享)
1838	헌종 4	포천 현감 성근수(成近壽)가 읍지(邑誌)에서 양병사공의 관련 기록을 찾아내어 다시 합사할 것을 주장, 이에 유생들이 병사공을 다시 배향
1846	헌종 13	홍직필(洪直弼)이 양병사공전(楊兵使公傳), 민정빈양씨전(愍貞嬪楊氏傳),을 지음. 이듬해 봄에 김평묵(金平默)이 민정빈양병사이전발(愍貞嬪楊兵使二傳跋)을 씀

연대	왕대	내　　용
1871	고종 8	대원군의 서원 철폐령으로 충목단도 훼철되어 빈터가 됨 이에 손형수(孫瑩銖)라는 자가 충목단 터에 자기 부모의 묘를 범장(犯葬)
1873	고종 10	포천 유생 이병규(李炳珪) 등이 상소를 올려 손형수의 만행을 호소하고 처벌요구, 이에 손형수가 유배되고 포천 현감이 파출(罷黜) 됨
1889	고종 26	4월에 현감을 지낸 이수원(李秀元:李秀彦)이 충목단 터에 부모 묘를 범장(犯葬), 10월에 이에 유봉재(兪鳳在)를 필두로 포천 및 회덕의 유생들이 단자(單子)를 올리며 호소 11월에 충목단에 사판(祠版)을 다시 묻고 고유제(告由祭)를 올림, 한남군과 양병사공 두 분의 사판도 제단에 복원 유봉재 등이 충목단 비각의 중수를 요청하는 단자를 포천 현감에게 올림
1890	고종 27	2월에 유진삼(兪鎭三)이 선조(宣祖)를 위해 송원(訟寃) 상소를 올림
1890	고종 27	3월에 유봉재 등이 비각 중수 완료, 이에 김평묵, 최익현(崔益鉉) 등의 명사들이 기문(記文)을 써줌 이후 유봉재가 이수원을 꾸짖어 범장한 묘를 파내도록 함
1891	고종 28	3월에 충목단 비각과 제단의 정화가 완료됨에 따라 이를 고유(告由)하는 향사를 올림 이때 역시 포천 명사들이 기문을 써줌 4월에 화산서원은 3월 초에 충목단은 9월 초에 각각 제향을 올리기로 합의 9월에 추향제가 거행되기 시작하여 오늘에 이름

함길 황해 양도 병마절도사 퇴은 양공 신도비명
(咸吉 黃海 兩道 兵馬節度使 退隱 楊公 神道碑銘)

유유(悠悠)히 흘러흘러 풍요(豊饒)로 통하는 한내천(漢內川)을 한 가슴에 품어 안고 반월산(半月山) 왕방산(王方山)을 내다보며 봉수(烽燧) 명산(名山)이 뻗어 내린 서기지릉(瑞氣之陵)[1] 인좌원(寅坐原)[2]이 병마절도사(兵馬節度使) 휘(諱) 치(治)의 가성(佳城)[3]이다.

공(公)의 탄생(誕生)이 1400년 9월이시니 어언 육백성상(六百星霜)[4]을 헤아리니 무한유수(無限有數)[5]의 광음(光陰)[6]속에 그 풍천지사추모(風泉之思追慕)[7]는 일신(日新)[8]으로 유장(悠長)[9]

---

1) 서기지릉(瑞氣之陵) : 상서로운 기운의 언덕
2) 인좌원(寅坐原) : 동북동(東北東) 방향으로 자리한 언덕
3) 가성(佳城) : 무덤, 분묘
4) 육백성상(六百星霜) : 육백, 여년의 세월
5) 무한유수(無限有數) : 한(限)이 없이 몇몇 중에 들 만큼 두드러짐
6) 광음(光陰) : 세월
7) 풍천지사추모(風泉之思追慕) : 바람과 샘의 마음으로 죽은 사람을 그리워 생각함
8) 일신(日新) : 날로 새롭게 함
9) 유장(悠長) : 멀고 오래도록

하여라.

천광지세(天光之勢)[10]는 의구(依舊)[11]하되 인간사(人間事) 무상(無常)[12]이라 했던가! 1455년 단종(端宗)의 선위(禪位)[13]에 얽힌 슬픈 역사(歷史)는 공(公)의 종질녀(從姪女)[14] 인 혜빈(惠嬪)의 수난(受難)[15]에 머물지 않고, 전청주양문(全淸州楊門)에 휘몰아쳐 씨족일가(氏族一家)는 산산(散散)이 팔도(八道)에 이산(離散)하고야 말았다. 격동기 역사(歷史)의 굴절된 흐름 속에 양문일족(楊門一族)은 저마다 시련과 고난을 겪으며 나름대로 삶의 터전을 마련하여 갈고 닦아 여러 모양으로 오늘을 살고, 있는 것이다.

근안(謹按)[16]하건대 청주양문(淸州楊門)은 우국충간(憂國衷懇)[17]에 의한 사대세공(四大歲貢)[18] 삭감(削減)이라는 절대공훈(絶大功勳)[19]을 세운 시조(始祖) 충헌공(忠憲公)을 비롯하여 이세(二世) 서평군(西平君), 삼세(三世) 경안공(景安公) 등 삼세(三世)에 걸쳐 청백리(淸白吏)를 배출(輩出)하니 이 나라

10) 천광지세(天光之勢) : 맑게 갠 하늘빛의 세력
11) 의구(依舊) : 옛 모양과 변함이 없음
12) 무상(無常) : 모든 것이 덧없음
13) 선위(禪位) : 왕위를 다른 임금에게 물려줌
14) 종질녀(從姪女) : 사촌 형제의 딸
15) 수난(受難) : 견디기 힘든 어려운 일을 당함
16) 근안(謹按) : 삼가 헤아리다.
17) 우국충간(憂國衷懇) : 나랏일을 근심하고 걱정하여 충심으로 간청함
18) 사대세공(四大歲貢) : 고려에서 원나라에 해마다 바치던 공물
19) 절대 공훈(絶大功勳) : 나라를 위해 세운 공이 아주 월등하게 큼

에 청백리라는 낱말을 존재시킨 만천하(滿天下) 함송(咸頌)[20]의 명문세가(名門世家)이다.

청주양문(清州楊門)의 소원(溯源)[21]은 기원전(紀元前) 2704년 출생하신 중국(中國) 황제(黃帝)[22]로 전하며 그 41세 손(孫)인 주(周)의 백교(伯僑)가 양씨(楊氏)의 태시조(太始祖)이고 60세 손인 후한(後漢)의 태위(太尉)이며 사지공(四知公)으로 유명한 백기(伯起) 진(震)의 43세 손인 기(起)가 고려(高麗) 충정왕(忠定王) 3년에 공민왕(恭愍王)과 노국대장공주(魯國大長公主)가 원(元)에서 귀국할 때 노빈도령 금자광록대부 체찰사 노국삼명사신(魯嬪都令 金紫光祿大夫 體察使 魯國三命使臣)으로 고려(高麗)에 나오시어 청주양씨(清州楊氏)의 시조(始祖)가 되었다.

공(公)은 고려말(高麗末) 중신(重臣)[23]으로서 과중한 세공(歲貢)의 폐단을 통감(痛感)하고 원(元)에 들어가 원(元) 순제(順帝)에게 고려재정(高麗財政)의 어려움을 간곡(懇曲)히 알리어 동녀 오천인(童女五千人), 준마 삼만필(駿馬 三萬匹), 비단 삼만동(緋緞 三萬同), 저포 육만소(苧布 六萬疋)의 세공삭감(歲貢削減)을 확약(確約)받고 돌아오니 조정(朝廷)에서는 삼중대광 보국숭록대부 상당백(三重大匡 輔國崇祿大夫 上黨伯)을

20) 함송(咸頌) : 모두 칭송하다.
21) 소원(溯源) : 사물의 근원을 따져 밝힘
22) 중국(中國) 황제(黃帝) : 중국의 전설상의 제왕, 즉 복희씨, 신농씨와 더불어 삼황(三皇)이라고 일컬음.
23) 중신(重臣) : 중요한 관직에 있던 신하

봉(封)하고 본관(本貫)을 청주(淸州)로 하사(下賜)하고 청주(淸州), 해주(海州), 송화(松禾)를 식읍(食邑)[24]으로 내림에도 한사코 사양하시니 청백리(淸白吏)와 벽상삼한창국공신(壁上三韓昌國功臣)을 봉(封)하였다. 천수(天壽)를 누리시고 1394년 향년(享年) 92세로 서거(逝去)하시니 시호(諡號)[25]는 충헌(忠憲)이다.

서평군(西平君) 지수(之壽)는 충헌공(忠憲公)의 사남(四男)으로서 공(公)의 조부(祖父)이시니 광정대부도첨의찬성사(匡靖大夫都僉議贊成事)이며 청백리(淸白吏)에, 봉임(奉任) 되었다.

경안공(景安公) 천진(天震)은 서평군의 사남(四男)으로 보국대부 행 호조전서(輔國大夫 行 戶曹典書)인데 주청사(奏請使)[26]로 명(明)에 들어가 수년간(數年間) 머물면서 고려(高麗)의 사정을 상주(上奏)[27]하시어 육부판적(六府版籍)[28]에 들어 있는 고려(高麗)에 대한 세공조항(歲貢條項)을 완전히 삭제(削除)하고 돌아오니 나라에서는 청백리(淸白吏)와 안악군(安岳君)에 봉(奉)하였다. 슬하(膝下)에 칠남삼녀(七男三女)를 두셨는데 병

---

24) 식읍(食邑) : 국가에서 공신에게 내리어 조세를 개인이 받아 쓰게 하던 고을

25) 시호(諡號) : 죽은 뒤에 그 공덕을 칭송하여 임금이 추증(追贈)하던 이름

26) 주청사(奏請使) : 중국에 보내는 사절(使節)

27) 상주(上奏) : 임금에게 말씀을 아뢺

28) 육부판적(六府版籍) : 중국 고대의 토목기구 등을 관장한 여섯 관직 곧 사토(司土), 사목(司木), 사수(司水), 사기(司器), 사화(司貨)와 호구(戶口)를 적은 책

사공(兵使公) 치(治)는 오남(五男)이시고 장녀(長女)는 명재상 영의정 황희(名宰相 領議政 黃喜)에게 출가(出嫁)하였다.

병사공(兵使公)은 슬하(膝下)에 오남일녀(五男一女)를 두셨으니 장남(長男) 순달(順達)은 홍문관교리 행 덕천군수(弘文館校理 行 德川郡守)이고 차남(次男) 효달(孝達)은 생원(生員)이며 삼남(三男) 제달(悌達)은 통훈대부 행 장예원사정(通訓大夫 行 掌隷院司正)이고 사남(四男) 윤달(允達)은 첨정(僉正)이며 오남(五男) 신달(信達)은 통덕랑(通德郎)이고 장녀(長女)는 허근(許謹)에게 출가(出嫁)하였다.

또한 조선전기(朝鮮前期) 사대명필(四大名筆)이며 시문(詩文)의 대가(大家)로서 중국의 미산(眉山) 삼소(三蘇)[29]에 견주는 봉래(蓬萊) 사언(士彦)은 통정대부 행 안변대도호부사(通政大夫 行 安邊大都護府使)로서 공(公)의 증손(曾孫)이다.

공(公)은 처음 용맹(勇猛)과 지략(智略)으로 발탁되어 김종서(金宗瑞)를 도와 육진 개척(六鎭 開拓) 초(初)에 큰 공을 세워 세종 19년 영광군수(靈光郡守)를 거쳐 함길 황해 양도 병마절도사(咸吉 黃海 兩道 兵馬節度使)에, 오르니 육진(六塵)을 비롯한 북방방위(北方防衛)에 전념(專念)하시어 오늘의 중국과의 국경(國境)을 획정(劃定)하는데 공헌하신 바 크다.

그러던 중 1453년 계유정난(癸酉靖難)의 회오리가 몰아치자

29) 미산(眉山) 삼소(三蘇) : 중국 송(宋)나라 때의 미산에서 활동하던 문장가인 소순(蘇洵), 소식(蘇軾), 소철(蘇轍)의 삼부자(三父子)을 일컬음

관직을 버리고 포천(抱川) 산중(山中)으로 은거(隱居)하여 세상과 연(緣)을 끊으시니 이른바 두문동(杜門洞)으로 드심이었다. 이래로 집성촌(集成村)을 이루니 양촌(楊村)이 아닌가! 두문동으로 드시어 살필재[30]를 닫은 문 삼아 은사(隱士[31])의 삶을 사시면서 시작(詩作)에 전념(專念)하여 40여 년을 밖에 나가지 않으셨으니 호(號)를 퇴은(退隱)이라 하신 데에는 물러나 은둔(隱遁)하는 사람이란 뜻이 담겨 있으며, 이 길은 아무나 가는 길이 결코 아니니 충절(忠節)과 의리(義理)를 중(重)히 여기고 행동(行動)으로 실천(實踐)하는 현인(賢人)의 모습이시었다.

종질녀(從姪女)인 혜빈(惠嬪)이 옥새 사건(玉璽 事件)으로 아들 한남군(漢南君)과 함께 화(禍)를 당하여 돌보는 이 없으매 공(公)이 밤중에 시신(屍身)을 수습하여 불봉불지(不封不誌)[32]로 암장(暗葬)[33]하시니 두문동(杜門洞) 드는 입구(入口)에 능내(陵內)라는 지명(地名)이 전해지는 것도 이 사실(史實)과 무관(無關)하지 않은 것이다.

혈육(血肉)을 사랑하고 곡진(曲盡)[34]함이 하늘에 닿아 죽음을 홍모(鴻毛)[35]처럼 여기는 의연한 모습이시었다.

---

30) 살필재 : 지금의 살피재 고개
31) 은사(隱士) : 벼슬을 하지 않고 숨어 살던 선비
32) 불봉불지(不封不誌) : 분봉도 없고 표석도 없이
33) 암장(暗葬) : 몰래 장사지냄
34) 곡진(曲盡) : 마음과 정성을 다함
35) 홍모(鴻毛 : 기러기의 털이라는 뜻으로, 극히 가벼운 사물을 비유한 말

이후로 불의(不義)에 대한 분노와 단종(端宗)에 대한 흠모(欽慕)와 충정(忠情)을 가눌 길 없어 매월 초하루 새벽이면 영월 청령포(寧越 淸泠浦)를 향하여 관복(冠服)을 입고 곡배(哭拜)[36]하였다 하니 비록 계유삼공(癸酉三公), 병자육신(丙子六臣)과 생사(生死)를 같이하지는 않았다 하여도 충절(忠節)의 간절함은 한 치의 다름이 없으니 충절(忠節)의 고장 포천(抱川)이 충의(忠義)의 현인(賢人), 애민(愛民)의 거인(巨人)을 배출(輩出)하였도다. 포천유림(抱川儒林)에서도 공(公)의 충절(忠節)을 기리어 사육신(死六臣) 유응부(兪應孚)를 모신 충목단(忠穆壇)에 한남군(漢南君)과 함께 삼위(三位)를 향사(享祀)[37]한다.

1485년 4월 향년(享年) 86세로 서거(逝去)하시어 생전(生前)에 솔바람 흐르는 물소리 벗 삼고 자규(子規)[38]의 절규(絶叫)를 공명(共鳴)[39]하시던 두문동(杜門洞) 드는 길목을 내려보고 양촌(楊村)을 들고나는 만인(萬人)을 살필 수 있는 봉수산(烽燧山) 언덕에 예장(禮葬)[40]하니 만년(萬年) 유택(幽宅)에 드셨도다.

이제 삼가 여기 공(公)의 충렬(忠烈)과 절의(節義) 그리고 애민정신(愛民精神)을 찬양(讚揚)하고 후손(後孫)들의 정성(精

36) 곡배(哭拜) : 곡을 하며 하는 절
37) 향사(享祀) : 제사 지냄
38) 자규(子規) : 자규루(子規樓)로 영월 단종의 누각을 이르는 말
39) 공명(共鳴) : 남이 하는 일에 동감(同感)하는 일
40) 예장(禮葬) : 예식을 갖추어 치르는 장사

誠) 어린 숭모(崇慕)의 뜻을 담아 이 비(碑)를 세우고자 포천의 사문(斯文)41) 최종규(崔宗圭) 전교(典校)와 예손(裔孫)42) 재창(載昌) 유도회장(儒道會長), 윤택(潤宅) 종회총무(宗會總務) 등(等)이 간성(懇誠)43)과 자료(資料)를 재래(齎來)44)하고 청문(請文)45)하거늘 그 뜻을 길이 만인(萬人)이 우러러 칭송(稱頌)하며 천만억년(千萬億年) 불륵(不泐)46)하리라. 불녕(不佞)47)이 마침 외첨수선지지(猥添首善之地)48)의 미침(微忱)49)을 여기 명(銘)50)하노니 왈(曰)

"용지겸비(勇智兼備)51)에 외양북방(外攘北方)52)이요 양도병마(兩道兵馬)53)에 내수육진(內修六鎭)54)이라. 삼공육신(三公六臣)55)에 생사수수(生死雖殊)56)나 위도위국(衛道衛國)57)에

41) 사문(斯文) : 유학자의 경칭
42) 예손(裔孫) : 대(代) 수가 먼 자손
43) 간성(懇誠) : 간절하고 정성스러움
44) 재래(齎來) : 어떠한 결과를 가져옴
45) 청문(請文) : 죽은 이의 영혼을 부르는 일
46) 불륵(不泐) : 글씨 새긴 돌이 갈라지지 않는다.
47) 불녕(不佞) : 자기를 낮추어 부르는 말, 재주가 없다.
48) 외첨수선지지(猥添首善之地) : 수선지지(首善之地), 성균관에서 보태 통합하여
49) 미침(微忱) : 자기 성의를 겸손하게 이르는 말
50) 명(銘) : 비석에 공적을 새긴 문구로 4자를 한 구(句)로 운을 닮
51) 용지겸비(勇智兼備) : 용맹과 지혜를 겸해 갖추어
52) 외양북방(外攘北方) : 북방에서 적을 바깥으로 물리치는
53) 양도병마(兩道兵馬) : 양도 즉 함길, 황해 병마절도사
54) 내수육진(內修六鎭) : 육진의 안을 다듬어 정리하다.
55) 삼공육신(三公六臣) : 삼공 즉 김종서, 황보 인, 정분과 생사 육신
56) 생사수수(生死雖殊) : 삶과 죽음이 비록 같지 아니하다.

오도일관(吾道一貫)[58]이라. 현조청백(賢祖淸白)[59]이요, 초예문명(肖裔文名)[60]이니, 이효사충(移孝思忠)[61]에 삼통유비(三統有斐)[62]어라!

단기(檀紀) 4333년 경진(庚辰) 모추(暮秋 : 늦가을)

성균관장(成均館長) 월성(月城) 최창규(崔昌圭) 근찬(謹撰)

---

57) 위도위국(衛道衛國) : 도를 지키고 나라를 지키는
58) 오도일관(吾道一貫) : 나의 도는 처음부터 끝까지 같이 한다.
59) 현조청백(賢祖淸白) : 어진 조상의 청백함
60) 초예문명(肖裔文名) : 닮은 후손에 드러나는 명성
61) 이효사충(移孝思忠) : 효를 떠나고 충을 생각하다.
62) 삼통유비(三統有斐) : 삼통(三統) 즉 하(夏), 은(殷), 주(周)의 삼대(三代)에 걸친 아름다움이 있다.

제3장 충헌사지 忠憲祠誌

魯城 酒谷 忠憲祠 創建 事實
노성 주곡 충헌사 창건 사실

忠憲公巖谷楊先生, 本中華弘農人 早登魁科位極三台而
충헌공암곡양 선생 본 중화 홍농 인 조 등 괴과 위 극 삼태 이
清儉之德冠于. 四海以天朝金紫光祿大夫都僉議政丞, 陪魯國
청검 지 덕 관 우 사해 이 천조 금자광록대부 도첨의 정승 배 노국
大長公主, 偕歸輔理東國. 公受命東來, 王荷帝重眷喜, 公之
대장공주 해 귀 보 리 동국 공 수명 동래 왕 하 제 중 권 희 공 지
來謂公曰, 天朝貴臣己托於我, 德澤不輕何幸. 天錫仁賢使
내 위 공 왈 천조 귀신 기 탁 어 아 덕택 불경 하 행 천석 인현 사
我國人務式, 敢不敬乎. 洪武末, 回還天朝, 極陳東國, 四大
아국 인 무 식 감 불경 호 홍무 말 회환 천조 극 진 동국 사대
貢之弊. 特, 蠲東國各膳, 童女五千人, 駿馬三萬匹, 綾絹
공 지 폐 특 견 동국 각 선 동녀 오 천 인 준마 삼만 필 능 견
三萬同, 苧布六萬疋歲貢. 由是, 國富民樂, 竟得太平, 功德
삼만 동 저포 육 만 소 세공 유 시 국부 민 락 경 득 태평 공덕
益重, 故拜公壁上三韓昌國功臣, 上黨伯. 賜貫清州以, 清州,
익 중 고 배 공 벽상 삼한 창국 공신 상당 백 사 관 청주 이 청주
海州, 松禾, 爲食邑 力辭不受, 則又封淸白吏, 謚忠憲, 號巖
해주 송화 위 식읍 역 사 불 수 즉 우 봉 청백리 시 충헌 호 암

谷, 眞像遺奉于, 松禾, 杖屨之所墨山下, 使本土章甫設春秋
곡 진상유봉우 송화 장구지소 묵산 하 사 본토 장보 설 춘추

俎豆之禮.
조두 지 예

崇禎紀元後丙寅 魯城儒林以追慕之誠以 爲雲仍世居之地,
숭정 기원 후 병인 노성 유림 이 추모 지 성 이 위 운잉 세거 지 지

不可無建祠設香之禮倡議呈訴. 終以朝令自松禾移摹影, 本
불가 무 건 사 설 향 지 예 창 의 정소 종 이 조령 자 송화 이 모 영 본

奉安于. 魯城酒谷以爲設香火也.
봉안 우 노성 주 곡 이 위 설 향화 야

向, 在戊辰, 毁掇八路院祠, 而本祠以麗朝三韓昌國功臣
향 재 무진 훼 철 팔로 원 사 이 본사 이 여조 삼한 창국 공신

幸,得免保守 豈, 非士林之幸而后孫之慶.
행 득면 보수 기 비 사림 지 행 이 후 손 지 경

耶歲甲申秋, 士論齊發, 本孫同應以, 公之名孫, 退隱, 大峰,
야 세 갑신 추 사론 제 발 본손 동 응 이 공 지 명 손 퇴은 대 봉

道谷, 漁村, 四先生, 追配於公之左右, 於是可見. 其卓節偉
도곡 어촌 사 선생 추배 어 공 지 좌우 어 시 가 견 기 탁절 위

行, 百世不泯而士林慕賢之誠, 愈久而愈新也. 祖孫一堂 眞可,
행 백세 불 민 이 사림 모 현 지 성 유 구 이 유 신 야 조손 일당 진가

有是祖, 有是孫則公之靈 安得不莞爾於冥冥之中.
유 시 조 유 시 손 즉 공 지 영 안 득 불 완이 어 명명 지 중

耶, 略記事實以爲觀聽之資, 云爾.
야 약기 사실 이 위 관 담 지 자 운 이

노성(魯城)[1] 주곡 충헌사(忠憲祠) 창건 사실

충헌공(忠憲公) 암곡(巖谷) 양(楊) 선생께서는 본래 중국 홍농(弘農) 사람이시다. 일찍이 괴과(魁科)에 등용되어 삼태(三台)[2]의 직위에 오르시어 청렴하고 검소한 덕이 여럿 중에서 뛰어나셨다. 사해(四海)[3]의 중국 조정에서 금자광록대부 도첨의정승(都僉議政丞)[4]으로 노국대장(魯國大長) 공주를 모시고 동국(東國)[5]의 다스림을 도우려 함께 들어오셨다.

공께서 명(命)을 받들어 고려(高麗)에 들어오시니 왕께서 자임(自任)하시어 황제께서 소중하게 돌보아 주시니 기쁘다 하시며 공께서 오신 것에 공을 일컬어 말씀하시기를 중국 조정에서 자기의 귀하신 신하를 나에게 맡겨 주신 덕택(德澤)이 가볍지 않으니 어찌 아니 행복한가! 하늘이 내려주신 어질고 슬기로운 관리로서 우리나라 사람의 방식으로 일을 하시니 감

---

1) 노성(魯城) : 논산
2) 삼태(三台) : 삼공(三公) 자리
3) 사해(四海) : 천하
4) 도첨의정승(都僉議政丞) : 의정(議政)에 대신(大臣)
5) 동국(東國) : 고려

히 공경하지 않을 수 있겠는가?

▲ 始祖 忠憲公 諱 起 影幀 (眞像)

홍무(洪武)[6]의 신하로 중국 조정에 다시 돌아가 고려의 극(極)[7]한 설명으로 4대 공물을 폐(弊)[8]하셨다. 특별히 동국의 각 선물인 동녀(童女) 오천인, 준마(駿馬) 삼만 필, 능견(綾絹) 삼만 동, 저포(苧布) 육만 소(疋)의 세공(歲貢)을 떨어 버리셨다. 이로써 나라가 넉넉해지고 백성이 즐거워져 태평함을 얻기에 이루니 공덕(功德)의 이득이 중(重)한 고로 공을 벽상삼한창국공신(壁上三韓昌國功臣) 상당백(上黨伯)에 사의(謝意)를 표하고 본관을 청주(淸州)로 청주, 해주, 송화를 식읍(食邑)으로 하사하였으나 애써 사양하고 받지를 않은즉 또 청백리(淸白吏)로 봉하셨다. 시호를 충헌(忠憲) 호를 암곡(巖谷)으로 하고 진상(眞像)[9]을 후

6) 홍무(洪武) : 홍무제(洪武帝) 주원장(朱元璋)의 연호(年號)로써 일컫는 제호(帝號)
7) 극(極) : 모든 일, 일을 위해 필요한 짓을 다 들이다.
8) 폐(弊) : 끊다 단절하다.
9) 진상(眞像) : 진짜 형상, 초상화

세에 전하여 받들도록 하시며, 송화(松禾)에 어른이신 바 묵산(墨山) 아래 본토(本土) 유생들이 준비하여 봄가을로 조두(俎豆)[10]의 예로 하라 하셨다.

숭정(崇禎) 기원후 병인년(1806년 순조 6년)에 논산 유림(儒林)들이 추모(追慕)의 정성으로 먼 후손들이 세거(世居)[11])하는 땅에 사당을 세워 향(香)[12]의 예(禮)가 없음은 옳지 않으니 의견을 모아서 정소(呈訴)[13]하게 되었다. 마침내 조정에서 명이 내려 송화(松禾)로부터 모영(摹影)[14]을 옮겨와 본래대로 봉안(奉安)하여 논산 주곡(酒谷)에서 향화(香火)[15]를 준비하게 되었다.

이전 무진년(1868년 고종 5년)에 팔도에 원사단(院祠壇)의 훼철(毁撤)이 있었는데 본사(本祠)는 고려 조정의 삼한창국공신(三韓昌國功臣) 이어서 다행히 면함을 얻어 보호하고 지킬 수 있었으니 어찌 유림의 행운이요 후손(後孫)들의 경사가 아니겠는가?

에! 갑신년(고종 21년 1884년) 가을 사림들의 토론으로 모두 다 발의하고 본 후손들이 같이 응하여 공의 훌륭한 손자인 퇴은(退隱), 대봉(大峰), 도곡(道谷), 어촌(漁村), 네 선생을 공

---

10) 조두(俎豆) : 제사 지낼 때 음식을 담는 그릇, 제사를 지냄
11) 세거(世居) : 한 고장에서 대대로 살고 있음
12) 향(香) : 향내를 풍기는 것
13) 정소(呈訴) : 소장(訴狀)을 냄
14) 모영(摹影) : 영정(影幀), 사람의 얼굴을 똑같이 그린 그림
15) 향화(香火) : 향불을 사름, 제사

의 좌우에 추배(追配)16)하였으니 이것이 옳다고 본다. 그 탁절(卓節)17)과 위행(偉行)18)이 백세토록 뒤섞이지 않아 유림들이 어진 사람을 공경하는 정성이 좀 더 오래가고 좀 더 새롭게 함이다.

할아버지와 손자를 한 당(堂)19)에 모시는 것은 정말로 옳다, 올바른 할아버지가 있고 올바른 손자가 있은즉 공의 혼령은 명명(冥冥)20)의 가운데서도 완이(莞爾)21)하지는 않아도 편안함은 얻을 것이다.

에! 사실을 대략 기록하였으나 담(聸)22)의 자(資)23)를 드러내려 하였다. 문장의 글을 맺는다.

---

16) 추배(追配 : 옛사람과 필적(匹敵) 즉 짝을 이룸
17) 탁절(卓節) : 높은 절조
18) 위행(偉行) : 훌륭한 행적
19) 당(堂) : 신을 모신 집
20) 명명(冥冥) : 저승
21) 완이(莞爾) : 빙그레 웃는 모양
22) 담(聸) : 담(儋) 자와 함께 쓰는 말로 메다. 짊어지다. 맡은 일
23) 자(資) : 자질, 바탕이 됨

忠憲公巖谷楊先生 忠憲祠奉安文
충헌공암곡양선생 충헌사봉안문

中朝首相, 東國佐理, 弊除四貢, 德垂百祀, 著四知淸, 食
중조수상 동국좌리 폐제사공 덕수백사 저사지청 식

三邑埰, 我朝褒賢, 西海像在, 士林追慕, 摹移東魯, 季秋尊
삼읍채 아조포현 서해상재 사림추모 모이동로 계추존

獻, 共得拜覩
헌 공득배도

通訓大夫 行魯城縣監 崔文顯 謹撰
통훈대부 행노성현감 최문현 근찬

충헌공(忠憲公) 암곡(巖谷) 양(楊)선생 충헌사 봉안문(奉安文)

중국 조정의 수상으로서 고려의 다스림을 도와주시며 4대 공물의 폐(弊)를 제거하신 공덕의 모든 것을 후세에 전하려 제사 지내면서 사지(四知)[1]의 청렴함을 착(箸)[2]하여 식생활하도록 우리 조정에서 현(賢)[3]을 기리게 한 삼읍(三邑)[4]의 채(埰)[5]인 저[西]쪽 해주에 있는 상(像)[6]을 이[東]쪽 논산으 본떠 옮겨와서 사림(士林)들이 추모(追慕)하며 가을철에 존경하는 제사를 지내면서 여럿이 지식을 얻고 절하며 자세히 보고자 합니다.

통훈대부 행(行) 노성(魯城)현감 최문현(崔文顯) 삼가 지음

---

1) 사지(四知) : 두 사람만의 사이 일지라도 하늘 땅 자기 상대편이 안다는 뜻으로 비밀은 숨겨두어도 언제나 반드시 드러난다는 말. 후한 때 동래(東萊)의 태수 양진(楊震)에게 추거(推擧)된 왕밀(王密)이 양진에게 금 열 근을 선사하려 할 때, 진(震)께서 이런 말을 하여 거절한 고사에서 나온 말
2) 착(箸) 즉 드러나게 하다.
3) 현(賢) : 재지(才智)와 덕행이 있다.
4) 삼읍(三邑) : 여기서는 청주, 해주, 송화
5) 채(埰) : 영지(領地), 봉토(封土)
6) 상(像) : 형상, 존영(尊影)

春秋享祀祝文
춘추 향사 축문

氣質淸粹 德器成就 勳名彛鼎 名垂宇宙 寧謐鯷岑 顯晦龍
기질 청 수 덕기 성취 훈명 이 정 명 수 우주 영 밀 제잠 현회 용

繇 風聲愈新 誦慕如舊
요 풍성 유 신 송 모 여 구

大匡輔國崇祿大夫議政府左議政 南在 謹製
대광보국 숭록대부 의정부 좌의정 남 재 근제

춘추(春秋) 향사(享祀) 축문(祝文)

기질청수(氣質淸粹)[1]하시어 덕기성취(德器成就)[2]하시고, 훈명이정(勳銘彛鼎)[3]하여 명수우주(名垂宇宙)[4]하시고 영밀제잠(寧謐鯷岑)[5]하신 현회용요(顯晦龍繇)[6]가 풍성유신(風聲愈新)[7]하니 송모여구(誦慕如舊)[8]합니다.

대광보국숭록대부 의정부 좌의정 남재(南在) 삼가 지음

---

1) 기질청수(氣質淸粹) : 기질(氣質) 인간의 성격을 특징지을 수 있는 감정의 경향이 맑고 순수함
2) 덕기성취(德器成就) : 덕기(德器) 즉 덕과 기량(氣量)를 목적한 대로 일을 이룸
3) 훈명이정(勳銘彛鼎) : 공훈을 이정(彛鼎) 즉 종묘에서 신주(神酒)를 따르는 세 발 솥, 옛날에 공로가 있는 신하의 공적을 여기에 새겼다.
4) 명수우주(名垂宇宙) : 우주(宇宙), 세상천지
5) 영밀제잠(寧謐鯷岑) : 영밀은 편안하고 조용하다는 뜻. 제잠(鯷岑), 우리나라의 딴 이름, 우리나라를 편안하고 조용하게 함.
6) 현회용요(顯晦龍繇) : 용(龍) 뛰어남의 요(繇), 역사가 희미했던 것이 명확하게 나타남.
7) 풍성유신(風聲愈新) : 풍성(風聲), 풍격(風格)과 명성(名聲)이 좀더 새로워짐.
8) 송모여구(誦慕如舊) : 옛날과 같이 칭송하며 사모하다.

上黨伯 忠憲公 巖谷 楊先生 行狀
상당 백 충헌공 암 곡 양 선생 행장

公諱起 字可尹 姓楊氏 中華人也. 其先 卽 唐叔虞之
공 휘 기 자 가 윤 성 양씨 중화 인 야 기 선 즉 당 숙 우 지
後伯僑 自晉歸周 周封楊侯 食采於楊 賜姓楊氏至于.
후 백 교 자 진 귀 주 주 봉 양 후 식 채 어 양 사 성 양씨 지 우
晉大夫叔向 又 食采於楊其地 則平陽楊氏縣是也. 叔向
진 대부 숙향 우 식 채 어 양 기 지 즉 평양 양씨 현 시 야 숙향
生伯石,號楊石. 其後 叔向子孫隱於華山仙谷 遂居華陰.
생 백 석 호 양 석 기후 숙향 자손 은 어 화산 선 곡 수 거 화음
有子楊章,爲韓襄王將守修武因居於河內.章子款苞,爲秦
유 자 양 장 위 한 양왕 장 수 수 무 인 거 어 하내 장 자 관 포 위 진
上卿 款苞子碩,碩字太初,從沛公征伐,爲太史. 碩子喜,喜
상경 관 포 자 석 석 자 태초 종 패공 정벌 위 태사 석 자 희 희
字幼羅, 高祖時有大功勳, 封赤泉嚴侯. 喜子敷,敷字伯
자 유 라 고조 시 유 대 공훈 봉 적 천 엄 후 희 자 부 부 자 백
宗,爲赤泉定侯. 敷子胤, 胤字無害, 爲太子師傳. 胤子
종 위 적 천 정 후 부 자 윤 윤 자 무 해 위 태자 사전 윤 자
敞, 敞字君平, 爲安平敬侯. 敞子忠, 忠字信仲, 爲安平
창 창 자 군 평 위 안평 경 후 창 자 충 충 자 신 중 위 안평

頃侯. 忠子譚, 譚字直之, 爲屬國安平侯. 譚子寶, 寶字
경 후 충 자 담 담 자 직 지 위 속국 안평 후 담 자 보 보 자

穉淵, 學歐陽尙書, 哀平時, 隱居敎授, 居攝二年, 與兩
치 연 학 구양 상서 애 평 시 은거 교수 거섭 이 년 여 양

龔俱徵, 遂隱不出仕, 不知所處, 光武高其節義以公車,
공 구 징 수 은 불 출사 부지 소 처 광무 고 기 절의 이 공차

特徵稱以老病不至. 寶子震, 震字伯起, 自少好學明經
특 징 칭 이 노병 부 지 보 자 진 진 자 백 기 자 소 호학 명경

博識冠于, 四海而號稱關西夫子, 拜太尉. 震子秉, 秉字
박식 관 우 사해 이 호 칭 관서 부자 배 태위 진 자 병 병 자

叔節,學傳箕裘,兼明京氏易,博通詩書,常隱居敎授,後徵拜
숙 절 학 전 기 구 겸 명 경 씨 역 박통 시서 상 은거 교수 후 징 배

太尉. 秉子賜, 賜字伯獻, 不墜家學, 謚文烈. 賜子彪,
태위 병 자 사 사 자 백 헌 불 추 가학 익 문 렬 사 자 표

彪字文先, 徵拜太尉. 彪子修, 修字德祖, 聰明俊才, 爲
표 자 문 선 징 배 태위 표 자 수 수 자 덕 조 총명 준재 위

公卿. 修孫準, 爲公卿. 準曾孫佺期, 爲侍中. 佺期後孫
공경 수 손 준 위 공경 준 증손 전 기 위 시중 전 기 후손

善才, 大德初, 爲金紫光祿大夫侍中. 善才子幹, 幹字汝
선 재 대덕 초 위 금 자 광 록 대부 시중 선 재 자 간 간 자 여

秀, 拜侍中. 幹子仁保, 仁保字義顯, 爲侍中. 仁保生公,
수 배 시중 간 자 인 보 인 보 자 의 현 위 시중 인 보 생 공

公天性仁恕, 自幼以淸白. 爲度而素抱大志, 不在溫飽
공 천성 인서 자 유 이 청백 위 도 이 소 포 대지 부재 온포

以濟世安民, 爲己任卓登魁科, 不喜紛華. 官至三重
이 제세 안민 위 기 임 탁 등 괴과 불 희 분화 관 지 삼중

大匡輔國 金紫光祿大夫都僉議政丞 因大體不拘小節位,
대광보국 금 자 광 록 대부 도첨의 정승 인 대 체 불구 소절 위

居鼎鼐地, 無樓臺居家. 有四知之遺風進朝 有一治之
거 정내 지 무 누대 거가 유 사지 지 유풍 진 조 유 일 치 지

宏規 退休江湖則憂. 其君進處廟堂則憂 其民論道經邦
굉규 퇴휴 강호 즉우 기군진처 묘당 즉우 기민론도경방

燮理陰陽輔國之誠濟世之策. 不下於稷, 卨, 伊呂, 之佐.
섭리 음양 보국 지 성 제세 지 책 불하 어 직 설 이 여 지 좌

天子嘉之 以元良股肱稱之 以霖雨舟楫託之 其天褒之
천자 가 지 이 원량 고굉 칭 지 이 임우 주즙 탁 지 기 천 포 지

重 如是而 爲相十年中國之民, 無不被其澤德, 流中華名
중 여시 이 위 상 십년 중국 지 민 무 불 피 기 택 덕 유 중화 명

振外國于. 時天子賜以淸白二字 公對曰 臣之淸白 非但
진 외국 우 시 천자 사 이 청백 이자 공 대 왈 신 지 청백 비 단

得之於心 是乃 傳家之風而謹守勿失 則臣之後世遺以
득 지 어 심 시 내 전 가 지 풍 이 근수 물 실 즉 신 지 후세 유 이

淸白,無累子孫, 是所願也. 矧 此君賜豈敢違乎 此臣之
청백 무 루 자손 시 소원 야 신 차 군 사 기 감 위 호 차 신 지

尤 爲銘感於心而服膺者也. 其於公退之暇 或 有宗族
우 위 명감 어 심 이 복응 자 야 기 어 공 퇴 지 가 혹 유 종족

故舊勸營財産者 整襟危坐曰 人臣之道 當廣濟生靈安事
고구 권 영 재산 자 정 금 위좌 왈 인신 지 도 당 광제 생령 안 사

一室遺之以安 則子孫久守家訓而可以爲後世法程 何 爲
일실 유 지 이 안 즉 자손 구 수 가훈 이 가 이 위 후세 법 정 하 위

無遺聞者悅服 其傳家之法. 爲一國之矜式勤於職事黼黻,
무 유문 자 열복 기 전 가 지 법 위 일국 지 긍식 근 어 직사 보불

皇猷贊襄治道施于. 中國洽于藩鄙, 庶幾周, 召, 之治矣.
황유 찬양 치도 시 우 중국 흡 우 번 비 서기 주 소 지 치 의

爲國柱石而天下晏如 一世之兆民躋之於春臺之上.
위 국 주석 이 천하 안여 일세 지 조민 제 지 어 춘대 지 상

三代之遺風復回於中華之治親君子 遠小人崇儒術 尙
삼대 지 유풍 부회 어 중화 지 치 친 군자 원 소인 숭 유술 상

禮樂簡拔賢才致之廊廟憂國之誠 眷眷於方寸之內 澤民
예악 간발 현재 치 지 낭묘 우국 지 성 권권 어 방촌 지 내 택민

之道 孜孜於範圍之間民到于 今受賜大矣,其於臨大節處
지 도 자자 어 범위 지 간 민 도 우 금 수 사 대 의 기 어 임 대절 처

大事則當時大臣莫能及之 天子視之股, 肱, 耳, 目, 化
대사 즉 당시 대신 막 능 급 지 천자 시 지 고 굉 이 목 화

流四海民有頌 位登三台主不疑 其輔理之道如是矣.
유 사해 민 유 송 위 등 삼태 주 불 의 기 보 리 지 도 여시 의

公素養性善 無一毫私欲於襟懷之間 讀書必以語孟 爲
공 소양 성선 무 일호 사 욕 어 금회 지 간 독서 필 이 어맹 위

本旨以伊訓說明 爲大經而凡於性理 無不潛究 常曰 爲
본지 이 이훈 설명 위 대경 이 범 어 성리 무 불 잠 구 상 왈 위

治之道當以元凱. 爲法安民之道當以皐夔. 爲則可矣以
치 지 도 당 이 원개 위 법 안민 지 도 당 이 고기 위 즉 가 의 이

經世濟民. 爲先務擧斯措, 彼燦然備具, 竟以致治于中國.
경세제민 위 선무 거 사 조 피 찬연 비 구 경 이 치치 우 중국

中國之人薰其德而善良者多矣. 其淸儉節行,在養心法聞
중국 지 인 훈 기 덕 이 선량 자 다 의 기 청검 절행 재 양심 법 문

于, 一世冠于. 四海學者號稱嚴谷先生. 帝謂公曰 公之
우 일세 관 우 사해 학자 호 칭 엄 곡 선생 제 위 공 왈 공 지

淸白節儉, 自先世以來遺之, 子孫而卿世襲其風 爲世所
청백 절검 자 선세 이 내 유 지 자손 이 경 세습 기 풍 위 세 소

稱重,朕甚嘉之欲使卿 爲伊周之任. 託六尺之孤以朕之
칭 중 짐 심 가 지 욕 사 경 위 이주 지 임 탁 육척지고 이 짐 지

子孫.取效淸儉禮節焉 卽 拜公首侍中 爲公主之付公主
자손 취 효 청검 예절 언 즉 배 공 수 시중 위 공주 지 부 공주

敬重. 亦 不怠而事之及. 其公主之長也 公主下嫁於高麗
경중 역 불 태 이 사 지 급 기 공주 지 장 야 공주 하가 어 고려

釐降于東國. 帝謂公曰高麗前有功於太祖許帝室通婚. 今
리 강 우 동국 제 위 공 왈 고려 전 유 공 어 태조 허 제실 통혼 금

公主歸東 卿旣 爲付託之任卿與公主偕歸,輔理東國, 無
공주 귀 동 경 기 위 부탁 지 임 경 여 공주 해 귀 보 리 동국 무

負朕意. 公受命東來則王荷帝之重眷喜, 公之來謂公之曰
부 짐 의 공 수명 동래 즉 왕 하 제 지 중 권 희 공 지 내 위 공 지 왈

天朝貴臣己託於我,德澤不輕何幸. 天, 賜仁賢使我國人
천조 귀신 기 탁 어 아 덕택 불경 하 행 천 사 인현 사 아국 인

矜式 敢不敬乎. 爰, 立作相置諸左右而圖治焉.
긍식 감 불경 호 원 입 작 상 치 제 좌우 이 도 치 언

公按察國中之弊多 常歎曰 海東一隅褊小之國 有此
공 안찰 국중 지 폐 다 상 탄 왈 해동 일우 편 소 지 국 유 차

許多之貢獻 則不久自盡必矣 國君將何以保其蒼生 蒼生
허다 지 공헌 즉 불구 자진 필 의 국군 장 하 이 보 기 창생 창생

亦何以事其國君乎. 念茲在茲 皇明洪武末, 回還天朝
역 하 이 사 기 국군 호 염 자 재 자 황명 홍무 말 회환 천조

天子親問東藩之弊. 公對曰 臣竊觀朝鮮之事勢延袤不過
천자 친문 동번 지 폐 공 대 왈 신 절 관 조선 지 사세 연무 불과

數千里 列邑亦不滿百六也 而其間人物之數鮮少選,其五
수 천리 열읍 역 불만 백 육 야 이 기간 인물 지 수 선 소 선 기 오

千之童女以貢, 萬里之外, 年年選入, 民間驛騷. 昔新羅
천 지 동녀 이 공 만 리 지 외 연년 선입 민간 역 소 석 신라

眞平王時, 遣使如唐獻二美人, 魏徵以爲不宜受太宗喜曰
진평왕 시 견 사 여 당 헌 이 미인 위징 이 위 불 의 수 태종 희 왈

彼林邑獻, 鸚鵡, 而猶言苦寒思歸. 況, 二童女遠別父母
피 임읍 헌 앵무 이 유 언 고한 사 귀 황 이 동녀 원별 부모

哉,付中使歸之惟,彼一雙之姬 尙,可不受. 今,此五千之
재 부 중사 귀 지 유 피 일 쌍 지 희 상 가 불 수 금 차 오 천 지

女厥數甚多以若, 有限之女 俾當無限之貢 則人有盡而
여 궐 수 심 다 이 약 유한 지 여 비 당 무한 지 공 즉 인 유 진 이

國之難保者一也. 且, 海東馬少於天下而 今夫歲貢之於
국 지 난 보 자 일 야 차 해동 마 소 어 천하 이 금 부 세공 지 어

三萬匹 則物有盡而國之貢無已. 此其東藩之所, 不能支
삼만 필 즉 물 유 진 이 국 지 공 무 이 차 기 동번 지 소 불능 지

者二也. 又, 觀禹貢之總名, 則玄纁織組, 檿絲織文, 皆,
자 이 야 우 관 우공 지 총명 즉 현훈 직 조 염 사 직문 개
是厥土之貢而鯷岑. 亦, 在十二州之外別, 無錦繡華麗之
시 궐 토 지 공 이 제잠 역 재 십이 주 지 외 별 무 금수 화려 지
物而特以三萬同之綾絹 爲厥篚之貢 非但國中財力之虛
물 이 특 이 삼만 동 지 능 견 위 궐 비 지 공 비단 국중 재력 지 허
耗,群黎之愁惱益甚, 徧邦之痼弊者三也. 痲枲纖縞, 皆,
모 군려 지 수 뇌 익심 편 방 지 고폐 자 삼 야 마시 섬 호 개
是靑, 徐, 之貢 至於東土則不是宜土而雖或耕種, 不合
시 청 서 지 공 지 어 동토 즉 불 시 의토 이 수 혹 경종 불합
於玄紞之服 又, 非所產之物也 旣, 無納錫之命而歲歲
어 현 담 지 복 우 비 소 산 지 물 야 기 무 납 석 지 명 이 세세
常貢其六萬匹之苧布 第, 無國中之貯 皆, 賦於四境之
상공 기 육 만 필 지 저포 제 무 국중 지 저 개 부 어 사경 지
民, 生靈安得不困乎 徭役之煩重者四也.
민 생령 안 득 불 곤 호 요역 지 번 중 자 사 야

陛下誠推, 厚往薄來之心 蠲此四大之貢則臣往東邦,
폐하 성 추 후 왕 박 래 지 심 견 차 사대 지 공 즉 신 왕 동방
庶可以輔國矣 不然則東藩褊小之國, 不可久支十年. 臣
서 가 이 보국 의 불연 즉 동번 편 소 지 국 불가 구 지 십년 신
之居於外國者 惟其爲輔理君臣之道也. 弊痼如此而不除
지 거 어 외국 자 유 기 위 보 리 군신 지 도 야 폐 고 여차 이 부 제
之則臣居相位, 徒費虛祿而已, 何益之有乎.
지 즉 신 거 상위 도비 허 록 이 이 하 익 지 유 호

天子卽聞此言, 深歎曰, 東國貢弊之難堪 今, 始覺之
천자 즉 문 차 언 심 탄 왈 동국 공폐 지 난감 금 시각 지
矣. 卿之爲國之誠, 保民之心自小稔知矣 復, 何有可否
의 경 지 위국 지 성 보민 지 심 자 소 임지 의 복 하 유 가부
之端乎於是. 始, 爲父母之國而特, 蠲各種四貢之大者
지 단 호 어 시 시 위 부모 지 국 이 특 견 각종 사 공 지 대 자

詔使. 公修削貢籍 公點檢簿書永削 東國獻, 童女五千
조 사 공 수 삭 공 적 공 점검 부서 영 삭 동국 헌 동녀 오 천

人, 駿馬三萬匹, 綾絹三萬同, 白紵布六萬匹, 而還來東國.
인 준마 삼만 필 능 견 삼만 동 백 저 포 육 만 필 이 환래 동국

始, 得太平國, 有餘力民, 有餘財風俗淳厚, 禮法備盛
시 득 태평 국 유 여력 민 유 여재 풍속 순후 예법 비 성

宛, 若熙皥之世而頌聲作王嘉, 其丕績始, 爲萬世之功.
완 약 희호 지 세 이 송성 작 왕 가 기 비적 시 위 만세 지 공

麗羅之許多功臣不能比肩而, 反, 在其下功蓋.
려 라 지 허다 공 신 불능 비견 이 반 재 기 하 공 개

于世德垂, 于民於是定元功賞爵邑, 封壁上三韓昌國
우 세 덕 수 우 민 어 시 정 원공 상 작읍 봉 벽상 삼한 창국

功臣, 淸白吏, 上黨伯 賜貫淸州以, 淸州, 海州, 松禾, 爲
공신 청백리 상당 백 사 관 청주 이 청주 해주 송화 위

食邑以爲匹休拜美於國家矣. 其治國規模一依中華之制度
식읍 이 위 필 휴 배 미 어 국가 의 기 치국 규모 일 의 중화 지 제도

禮樂文物, 復移三代之盛治. 宛, 有箕子之風而尤, 有光
예악 문물 부 이 삼대 지 성 치 완 유 기자 지 풍 이 우 유 광

於東土矣, 蓋, 朝鮮分道八域至, 于海表而莫不被, 其澤
어 동토 의 개 조선 분 도 팔역 지 우 해표 이 막 불 피 기 택

三韓遺民同歸於太平之化, 寅亮天地輔相燮調, 宰相之
삼한 유민 동귀 어 태평 지 화 인 량 천지 보 상 섭 조 재상 지

事業遂,爲開國之第一焉. 公入相中朝惠澤旁流於天下 出
사업 수 위 개국 지 제일 언 공 입상 중조 혜택 방 류 어 천하 출

相東藩功烈永賴於萬世輔國, 安民之道, 孰如斯耶. 位居
상 동번 공렬 영 뢰 어 만세 보국 안민 지 도 숙 여 사 야 위 거

崇品, 寵遇無倫, 公之嘉言善行輝煥, 當世而太史秉筆者,
숭품 총우 무 륜 공 지 가언 선행 휘 환 당세 이 태사 병필 자

大書特書, 作傳表出, 垂於竹帛銘, 于彛鼎昭昭傳世矣.
대서 특서 작 전 표출 수 어 죽백 명 우 이 정 소소 전세 의

公晩年致仕退休于 松禾縣墨山之下其進退也, 得處中央
공 만년 치사 퇴휴 우 송화 현 묵산 지 하 기 진퇴 야 득 처 중앙

而不失其正, 朝家遣使, 賜以凡杖禮遇老相. 若, 有國家
이 부 실 기 정 조가 견 사 사 이 범 장 예우 노상 약 유 국가

大事則必以星軺往問于墨山之下, 其剖決如流以副國家之
대사 즉 필 이 성초 왕 문 우 묵산 지 하 기 부결 여류 이 부 국가 지

望,朝廷歎曰, 眞,天下注意也.
망 조정 탄 왈 진 천하 주의 야

公自少至老, 名齊北斗而措國勢於泰山之安使吾東土
공 자 소 지 노 명 제 북두 이 조 국세 어 태산 지 안 사 오 동토

竟, 除四大貢之弊於中國而功德, 垂於萬世之下, 洽于
경 제 사대 공 지 폐 어 중국 이 공덕 수 어 만세 지 하 흡 우

左海之民烈烈其光. 焉, 朝家每遣使徵之則公辭以病
좌해 지 민 열렬 기 광 언 조가 매 견 사 징 지 즉 공 사 이 병

不能造朝, 朝家憫, 其老而不至歎, 其久而不見. 使畫工
불능 조 조 조가 민 기 노 이 부 지 탄 기 구 이 불견 사 화공

畵看, 其居如魏野之, 故, 事繪像便殿, 如唐介之, 故, 蹟
화 간 기 거 여 위야 지 고 사 회상 편전 여 당개 지 고 적

掛之朝堂壁上, 時日相對如見儀容. 焉, 其居家之行則修
괘 지 조당 벽상 시일 상대 여 견 의용 언 기 거 가 지 행 즉 수

諸身者整, 其衣冠齊, 其顔色攝儀厲, 行恭默端坐, 其閒居
제 신 자 정 기 의관 제 기 안색 섭 의 려 행 공묵 단좌 기 한 거

也.昧爽而興, 拜謁家廟. 退坐一室, 焚香閉閣, 究覽墳典,
야 매상 이 흥 배알 가묘 퇴 좌 일실 분향 폐 각 구 람 분전

留神於聖賢之域, 屛迹於群小之輩, 雖鄕黨鄰里之人,
유 신 어 성현 지 역 병적 어 군소 지 배 수 향당 인리 지 인

不敢私謁於其門, 几案之間則不置, 莊, 老, 之書, 常,
불감 사알 어 기 문 궤안 지 간 즉 불 치 장 노 지 서 상

誦大小之學以爲求心之要. 出入則不喜萃靡 只, 以一馬
송 대소 지 학 이 위 구심 지 요 출입 즉 불 희 췌 미 지 이 일 마

二僮行李蕭然道路觀者, 不知宰相之來往. 其威儀容止之
이 동 행리 소연 도로 관 자 부지 재상 지 내왕 기 위의 용지 지
間, 則自幼至老, 雖祁寒盛暑, 未嘗有違也. 奉先極其孝
간 즉 자 유 지 로 수 기한 성서 미 상 유 위 야 봉 선 극 기 효
撫, 下極其慈閨庭之間. 內外嚴和恩義之篤怡怡也. 其
무 하 극 기 자 규 정 지 간 내외 엄 화 은 의 지 독 이 이 야 기
祭祀也, 事無纖巨, 必誠必敬, 少不如意, 則終日不樂 己
제사 야 사 무 섬 거 필 성 필 경 소 불 여의 즉 종일 불락 기
祭無違禮則油然而泰. 死喪之間哀戚, 備至飮食, 器用各
제 무 위 예 즉 유연 이 태 사상 지 간 애척 비 지 음식 기용 각
稱,其情賓客之來, 無不延遇稱. 家有無常盡, 其歡於親
칭 기 정 빈객 지 래 무 불 연 우 칭 가 유 무상 진 기 환 어 친
故 雖疏遠必致, 其愛於鄕里, 雖微賤必待. 其謹吉凶
고 수 소원 필 치 기 애 어 향리 수 미천 필 대 기 근 길흉
慶弔禮無所遺, 賙卹問遺恩, 無所闕.
경조 례 무 소 유 주 술 문 유은 무 소 궐

其自奉則依取蔽體, 食取充腹, 居止足以障風雨, 人
기 자봉 즉 의 취 폐 체 식 취 충복 거 지 족 이 장 풍우 인
不能堪而處之裕如也. 其立於朝也, 鞠躬屛氣, 開陳善端
불능 감 이 처 지 유 여 야 기 립 어 조 야 국궁 병 기 개진 선단
以導. 其君而與同列君子, 論政事得失以補. 其袞職之闕憂.
이 도 기 군 이 여 동렬 군자 논 정사 득실 이 보 기 곤직 지 궐 우

麗季佛法之彌亂懼, 三代儒道之 不明 以明天理定人倫
려 계 불법 지 미 란 구 삼대 유도 지 불명 이 명 천리 정 인륜
爲務而前後奏疏, 不可盡書有謂年月, 不可盡錄先生之
위 무 이 전후 주 소 불가 진 서 유 위 년 월 불가 진 록 선생 지
事業.
사업

實, 闋世道之隆替而未得斥, 其異端崇, 其儒術有志,
실 결 세도 지 융체 이 미득 척 기 이단 숭 기 유술 유 지

未就退居墨山之下怡, 然, 自樂. 有若晉公之宅乾岡 有
미 취 퇴 거 묵산 지 하 이 연 자락 유약 진 공 지 택 건 강 유
似溫公之臥洛園. 其經綸規畫, 正大宏偉, 其豐功偉烈,
사 온 공 지 와 락 원 기 경륜 규 화 정대 굉 위 기 풍공 위열
昭晰呈露, 愈久愈新. 若夫可仕可止, 從心所欲者. 盖,
소 석 정로 유 구 유 신 약 부 가 사 가 지 종심 소욕 자 개
先生之素履也.
선생 지 소리 야

有子六人各修行檢 皆, 至大官而家庭之訓, 如石奮之
유 자 육 인 각 수 행검 개 지 대관 이 가정 지 훈 여 석분 지
門, 頤養之道, 如疏廣之居 晩年淸福中節以爲後人之楷
문 이양 지 도 여 소광 지 거 만년 청 복 중절 이 위 후인 지 해
式焉至. 于洪武甲戌七月, 患候沈重, 諸子小不離側, 但,
식 언 지 우 홍무 갑술 칠월 환후 침중 제 자 소 불 리 측 단
無一言家事, 戒以輔理國事 越七日恬然而逝, 享年九十
무 일언 가사 계 이 보 리 국사 월 칠일 염 연 이 서 향년 구십
有二. 訃音至于九重, 朝家歎曰 天何奪我賢相, 爲之
유 이 부음 지 우 구중 조가 탄 왈 천 하 탈 아 현상 위 지
流涕, 卽命, 饍夫三日進素饌以禮葬 于白川君, 南鶴巖
유체 즉 명 선 부 삼일 진 소찬 이 예 장 우 백 천 군 남 학암
山下院洞癸坐原. 賜諡忠憲, 又賜所畵生綃遺像, 于松禾
산하 원 동 계좌 원 사 시 충 헌 우 사 소 화 생초 유상 우 송화
縣杖屨之所, 使本土章甫, 建祠奉安一依, 白鹿洞規設,
현 장 구 지 소 사 본토 장보 건 사 봉안 일 의 백록 동 규 설
俎豆之禮於春秋兩丁, 虔誠行祀. 遺像凜然瞻者肅敬焉.
조두 지 예 어 춘추 양 정 건성 행사 유상 늠연 첨 자 숙경 언

配淸州韓氏, 同正文吉之女. 生六男一女 長曰成柱,
배 청주 한씨 동정 문 길 지 여 생 육 남 일녀 장 왈 성 주
官至右相, 封西原伯. 孫曰伯淵, 官至贊成以都指揮使,
관 지 우상 봉 서 원 백 손 왈 백 연 관 지 찬성 이 도지휘사

滅拔都賊於雲峯引月驛, 豎勝戰碑 歿後賜謚忠簡. 第
멸 발 도 적 어 운봉 인월 역 수 승전 비 몰후 사 시 충 간 제

二子曰天柱, 官之左相, 孫曰益貴, 官至右尹. 第三子曰
이자 왈 천 주 관 지 좌상 손 왈 익 귀 관 지 우윤 제 삼자 왈

萬春, 官至判書, 孫曰貞幹, 官至判書. 第四子曰之壽,
만 춘 관 지 판서 손 왈 정 간 관 지 판서 제 사자 왈 지 수

官至匡靖贊成事以淸白吏, 封西平君. 孫曰興立, 官之
관 지 광정 찬성사 이 청백리 봉 서평군 손 왈 흥 립 관 지

判書. 第二孫曰天震以奏請使入, 中朝留仕數紀, 永削
판서 제 이손 왈 천 진 이 주청사 입 중조 유 사 수 기 영 삭

東國許多貢獻玉籍畢修以還, 朝家褒, 其淸白勳勞, 封
동국 허다 공헌 옥적 필 수 이 환 조가 포 기 청백 훈로 봉

安岳君, 爲食采邑 歿後賜謚景安公. 第五子曰根, 封
안악 군 위 식 채읍 몰후 사 시 경안공 제 오자 왈 근 봉

密陽君, 孫曰文, 官至嘉善. 第六子曰浦,官至右相,封
밀양군 손 왈 문 관 지 가선 제 육자 왈 포 관 지 우상 봉

唐岳君, 孫曰東茂, 官至吏曹判書, 滅珍島賊. 女適判書
당악 군 손 왈 동 무 관 지 이조판서 멸 진도 적 여 적 판서

朴之長. 公之淸白勳勞事蹟, 著於國史, 炳若日星,萬古
박 지 장 공 지 청백 훈로 사적 저 어 국사 병 약 일성 만고

不朽, 一國之慕,百世愈新
불후 일국 지 모 백세 유 신

大匡輔國崇祿大夫 議政府 領議政 黃喜撰
대광보국 숭록대부 의정부 영의정 황 희 찬

大匡輔國崇祿大夫 議政府 領議政 趙浚跋
대광보국 숭록대부 의정부 영의정 조 준 발

大匡輔國崇祿大夫議政府右議政 鄭權贊 畫像
대광보국 숭록대부 의정부 우의정 정 권 찬 화상

大匡輔國崇祿大夫 議政府 左議政 河崙 製修謹
대광보국 숭록대부 의정부 좌의정 하 륜 제 수 근

상당백(上黨伯) 충헌공 암곡(巖谷) 양선생 행장

공의 휘(諱)[1]는 기(起)요 자(字)[2]는 가윤(可尹)이고 성(姓)은 양(楊)씨 이며 중국 사람이다. 그 선조께서는 당숙우(唐叔虞)의 후손이다, 백교(伯僑)께서 진(晋)나라에서 주(周)나라로 오시니 주나라에서 양후(楊侯)로 봉하고 양(楊)에게 식채(食采)[3]로 해서 성(姓)을 내리시어 양(楊) 씨가 되었다. 진나라 대부 숙향(叔向, 唐叔虞) 또한 양(楊)에 식채(食采)가 그 땅인 즉 평양(平陽) 양(楊)씨의 현(縣)도 이곳이었다. 숙향께서 백석(伯石)을 낳았는데 호가 양석(楊石)이시다. 그 후로 숙향의 자손들이 화산(華山) 선곡(仙谷)에 은둔하여 화음(華陰)에 살기에 이르렀다. 아들 양장(楊章)이 있는데, 한(韓)나라 양왕(襄王)의 장수로서 무덕(武德)을 닦았다 그로 인해 하내(河內)[4]에 살게 되었다. 장의 아드님이 관포(款苞)이신데 진(晋)나라 상경이 되셨고, 관포의 아드님이 석(碩) 이며 석의 자는 태초

1) 휘(諱) : 죽은 사람의 이름을 말할 때 쓰는 말
2) 자(字) : 성년, 관례(冠禮) 때 지어주는 이름
3) 식채(食采) : 食邑으로 생계를 세움
4) 하내(河內) : 황하강

(太初)이시다, 패공(沛公)을 따라 정벌(征伐)에 나서 태사(太史)가 되셨다. 석의 아드님이 희(喜)이시다. 희의 자는 유라(幼羅)인데 고조(高祖, 楊章) 때의 큰 공훈(功勳)으로 적천엄후(赤泉嚴侯)에 봉하셨다. 희의 아드님이 부(敷)이시다, 부의 자는 백종(伯宗)이고 적천정후(赤泉定侯)가 되셨다. 부의 아드님이 윤(胤)이시다, 윤의 자가 무해(無害)이고 태자(太子)의 스승을 잇게 되었다. 윤의 아드님이 창(敞)이시다, 창의 자는 군평(君平)이며 안평경후(安平敬侯)[5]가 되셨다. 창의 아드님이 충(忠)이시다, 충의 자는 신중(信仲)인데 안평경후(安平頃侯)[6]가 되셨다. 충의 아드님이 담(譚)이시다, 담의 자는 직지(直之)인데 속국(屬國)에 안평후(安平侯)[7]가 되셨다. 담의 아드님이 보(寶)이시다, 보의 자는 치연(稺淵)이고 구양(歐陽)[8]을 숭상하여 글씨를 배웠고 애평(哀平)[9] 때에는 교수(教授)[10]로 은거(隱居)하시다가 거섭(居攝) 2년에는 공(龔)[11]과 둘이 함께 불러들였으나 벼슬에 나아가지 않고 은둔하시니 사시는 곳을 알지 못했으나, 광무(光武帝)께서 높은 그 절의(節義)에 공거(公車)[12]로 특별히 불러 등용하려 하였으나 늙고 병이 드시어

5) 안평경후(安平敬侯)
6) 안평경후(安平頃侯)
7) 안평후(安平侯) : 5), 6), 7)번의 직책은 서로 다른 것일 수 있어서 원문 그대로 둠.
8) 구양(歐陽) : 구양순체의 글씨를 쓴 구양순
9) 애평(哀平) : 애제(哀帝) 평제(平帝)
10) 교수(教授 : 사학(四學)의 유생들을 가르치는 벼슬아치
11) 공(龔) : 공승(龔勝 : 애제 때의 충신

이르지 못하였다. 보의 아드님이 진(震)이시다, 진의 자는 백기(伯起)인데 어려서부터 배우기를 좋아해 명경(明經)[13]박식(博識)[14]하여 성년이 되니 천하에서 관서부자(關西夫子)라 부르며 칭찬하여 태위(太尉) 벼슬을 내렸다. 진의 아드님이 병(秉)이시다, 병의 자는 숙절(叔節)이다, 기구(箕裘)[15]를 전해 배우시고 겸(兼)해서 경(京) 씨의 주역(周易)에도 밝아 시서(詩書)에도 박통(博通)[16]하셨으나 교수(敎授)로 은거(隱居)하셨으나 후에 불러서 태위 벼슬을 받았다. 병의 아드님이 사(賜)이시다, 사의 자는 백헌(伯獻)이다, 가학(家學)[17]을 잃지 않으셨기 시호(諡號)가 문렬(文烈)이시다. 사의 아드님이 표(彪)이시다, 표의 자는 무선(文先)인데 불러서 태위 벼슬을 받았다. 표의 아드님이 수(修)이시다. 수의 자는 덕조(德祖)이고 총명(聰明)하고 재주가 뛰어나 공경(公卿)[18]이 되셨다. 수의 손자가 준(準)이시다. 공경(公卿)이 되셨다. 준의 증손(曾孫)이 전기(佺期)이신데 시중(侍中)[19]이 되셨고 전기의 후손이 선재(善才)이시다. 높은 덕을 지닌 사람으로 처음부터 금자광록대부 시중이 되셨다. 선재의 아드님이 간(幹)이시다, 간의 자는 여

---

12) 공거(公車) : 漢代의 官署를 이름
13) 명경(明經) : 성인의 경서를 익혀 알다.
14) 박식(博識) : 보고 들은 것이 넓어 아는 것이 많음
15) 기구(箕裘) : 조부(祖父)의 가업(家業)을 이어받음
16) 박통(博通) : 널리 통하여 아는 것이 많음
17) 가학(家學) : 집안 대대로 내려오는 학문
18) 공경(公卿 : 삼공(三公)과 구경(九卿), 고위 고관을 이름
19) 시중(侍中) : 문하부에 으뜸 벼슬, 문하시중

수(汝秀)이며 시중 벼슬을 받았다. 간의 아드님이 인보(仁保)이시다, 인보의 자가 의현(義顯)이며 시중이 되셨다. 인보께서 공(公)을 나셨으니 공께서는 천성(天性)이 어질고 너그로우시어 어려서부터 청백(淸白)하여 법도로서 꾸밈이 없고 한 큰 뜻을 품어 온포(溫飽)[20]함에 있지 않고 제세(濟世)[21] 안민(安民)[22]하니 자신의 직무가 괴과(魁科)에 높이 등용되어 분화(紛華[23]하여도 기뻐하지 않으셨다. 삼중(三重)[24]인 대광금자광록대부 도첨의정승(政丞)의 관직에 이르셨다. 그런 까닭으로 대체(大體)[25]임에도 불구(不拘)하고 작은 절(節)[26]의 지위로 정내(鼎鼐)[27]의 신분으로 사시면서도 누대(樓臺)도 없는 집에서 사셨다. 사지(四知)의 유풍(遺風)[28]이 있어 조정에 나가서는 일치(一治)[29]의 굉규(宏規)[30]만 있었고, 물러나 쉴 때 강호(江湖)[31]를 걱정하셨다. 그 임금이 거처하는 곳에 나갈 때는 조정을 걱정하며 그 백성에게는 논도경방(論道經邦)[32]함에

---

20) 온포(溫飽) : 의식(衣食)이 충분함
21) 제세(濟世) : 세상의 폐해를 없애 사람들을 고난에서 건져 줌
22) 안민(安民) : 백성이 편안함
23) 분화(紛華) : 빛나며 화려함
24) 삼중(三重) : 예악(禮樂)을 의논하며 제도를 마련하여 문물을 헤아리는 일
25) 대체(大體) : 큰 모양, 그릇
26) 절(節) : 등급(等級), 등차(等差)
27) 정내(鼎鼐) : 재상(宰相)의 자리에 비유
28) 유풍(遺風) : 조상 대대로부터 전해오는 풍습
29) 일치(一治) : 오로지 다스림
30) 굉규(宏規) : 큰 법도
31) 강호(江湖) : 은사(隱士)가 살아가는 곳

음양(陰陽)의 섭리(燮理)로 정성껏 정을 보좌하여 제세(濟世)[33]를 세우셨으니 직(稷)[34]과 설(卨), 이려(伊呂)[35]의 도움보다 못하지 아니하다 하시며 천자(天子)께서 기뻐하시며 썩 선량한 고굉(股肱)[36]이라 부르시니 임우주즙(霖雨舟楫)[37]에 임금님을 보필하는 신하로 부탁받으니 그 임금에 포(褒)[38]의 소중함이 이와 같으므로 상(相) : 三公)[39] 10년에 중국의 백성들이 그 택덕(澤德)을 입지 않은 이가 없었으니 중화(中華)에 이름이 널리 알려지고 외국까지 떨쳤다. 그때 천자(天子)께서 청백(淸白) 두 글자를 하사하시니 공께서 대답해 말씀하시기를 신(臣)은 단지 의지(意志)을 얻고자 한 것이 아니옵니다. 이를 바꾸어 말하면 집안에서 전해오는 풍속을 공손하게 지켜서 그릇되지 않음이 신의 후세(後世)에 전해져 청백이 자손에게 누(累)가 없는 것, 이것이 소원(所願)인데 하물며 이렇게 군(君)께서 내리시니 어찌 감히 위(違)[40]하겠습니까? 이 신하는 더욱더 뜻에 명감(銘感)[41]하여 복응(服膺)[42]할 것입니다.

---

32) 논도경방(論道經邦) : 나라를 다스릴 길을 논하여 국가를 경륜함
33) 제세(濟世) : 세상에 폐해를 없애니 사람들을 고난에서 건져냄
34) 직(稷) : 오곡의 신
35) 이려(伊呂) : 은나라의 이윤과 주나라의 여상
36) 고굉(股肱) : 팔다리, 가까운 신하를 이름
37) 임우주즙(霖雨舟楫) : 장마, 즉 어려운 때
38) 포(褒) : 칭찬하다.
39) 상(相) : 三公
40) 위(違) : 위반하다.
41) 명감(銘感) : 마음에 새겨 감사함
42) 복응(服膺) : 잘 기억하여 잠시도 잊지 않음

그 공께서 물러나 쉬고 있을 때 혹(或) 종족(宗族)이나 오래 사귀어 오던 친구가 재산(財産)을 영(營)[43]할 것을 권하는 사람이 있으면 정금(整襟)[44]하고 무릎을 꿇고 바르게 앉아서 말씀하시기를, 신하의 도리는 마땅히 세상 사람들을 널리 구제하고 백성들을 편안하게 다스려야지 일실(一室)[45]에만 끼쳐서 편안하다면 곧 자손들을 오래 지킬 수 있는 가훈으로써 가이(可以) 후세(後世)에 법정(法程)이 되며 어찌 듣는 자(者)가 열복(悅服[46])하는 유(遺)[47]가 없다면 그것이 가정의 법이 될 수 있겠는가! 하셨다.

한 나라의 긍식(矜式)[48]이 직사(職事)[49]에 부지런함에 보불(黼黻)[50]되어서 황유(皇猷)[51]를 찬양(贊襄)[52]하는 치도(治道)[53]를 베풀게 하시니 중국이 윤택해지고 번비(藩鄙)[54] 에도 서기(庶幾)[55]인 주소(周召)[56]의 다스림이었다. 나라의 주

---

43) 영(營) : 만들다.
44) 정금(整襟) : 옷깃을 여미다.
45) 일실(一室) : 한집안에 사는 식구
46) 열복(悅服) : 기쁜 마음으로 복종함
47) 유(遺) : 끼침
48) 긍식(矜式) : 존경하여 모범으로 삼음
49) 직사(職事) : 직무에 관련되는 여러 일
50) 보불(黼黻) : 천자의 예복에 수를 이름
51) 황유(皇猷) : 제왕이 나라 다스리는 계획
52) 찬양(贊襄) : 도와서 성취함
53) 치도(治道) : 정치의 방법
54) 번비(藩鄙) : 속국(屬國)의 식읍(食邑)
55) 서기(庶幾) : 현인을 일컬음
56) 주소(周召) : 주나라의 주공단과 소공단

석(柱石)[57]으로써 천하가 안여(晏如)[58]하니 그 시대에 수많은 백성들을 춘대(春臺)[59] 위에 올려놓았다.

삼대(三代)[60]의 유풍(遺風)이 중화(中華)에 다시 돌아와 다스림에 군자와는 친하게 지내고 소인(小人)과는 멀리하며 숭유(崇儒)[61]의 술(術)[62]로 반드시 예법과 음악에 현재(賢才)[63]를 간발(簡拔)[64]에 이르니 낭묘(廊廟)[65]에서는 나라를 염려하고 근심함으로 정성껏 방촌(方寸)[66]의 안에서 권권(拳拳)[67]하며 백성을 윤택하게 하는 도(道)로 범위(範圍)의 사이에서 부지런히 힘쓰며 백성에게도 미치게 하였으니 이때 받은 은덕이 위대했다. 그 직분상의 큰 책임에 임하여 대사(大事)를 처(處)할 때면 당시 대신(大臣)들은 능력이 미치지 못하여 천자(天子)를 자세히 살피며 팔, 다리, 귀, 눈이 되어 온 천하의 백성들에게 널리 알려져 칭송함이 있었기 삼태(三台 : 三相)의 직위에 오른 것을 주(主)[68]들도 의심하지 않았으니 그 보리(輔

57) 주석(柱石) : 기둥과 주춧돌
58) 안여(晏如) : 편안하고 여유가 있는 모양
59) 춘대(春臺) : 봄에 높고 평평한 땅
60) 삼대(三代) : 하(夏), 은(殷), 주(周)
61) 숭유(崇儒) : 유교를 숭상함
62) 술(術) : 학문, 학술
63) 현재(賢才) : 현명한 재능 있는 사람
64) 간발(簡拔) : 가려 뽑음
65) 낭묘(廊廟) : 정사를 보는 곳
66) 방촌(方寸) : 마음
67) 권권(拳拳) : 알뜰히 돌보는 모양
68) 주(主) : 공경대부(公卿大夫)

理)69)의 도가 이와 같았다.

공께서는 평소 교양과 성품이 착하시어 마음에 품은 생각에는 사욕(私欲)이 털끝만큼도 없이 오로지 어맹(語孟)70)책을 읽어 본지(本旨)71)로서 이(伊)72)의 가르침대로 설명하여 명하시니 큰 법칙이 성리(性理)73)가 일상이 되었다. 잠(潛)74) 구(究)75)하지 않음 없이 항상 말씀하시길 도(道)로써 다스리면 마땅히 개(凱)76)에 근원이 될 것이고, 백성을 편안하게 함의 도는 마땅히 고(皐)77) 기(夔)78)해야 법이 된다. 곧 사리에 맞음으로써 경세제민(經世濟民)79)이 되고 제일 먼저 해야 할 일을 잘 행해서 이를 일정한 자리에 두니 저 찬연(燦然80))이 함께 갖추어 두루 미침으로써 중국의 정치를 맡기게 되었다.

중국 사람들이 좋은 향기 덕에 선량(善良)함이 많아졌다. 그 청검(淸儉81))한 절행(節行82))에 양심(養心)83)의 법을 들으면서

---

69) 보리(輔理) : 다스림을 돕다.
70) 어맹(語孟) : 논어와 맹자
71) 본지(本旨) : 본래의 취지
72) 이(伊) : 이윤(伊尹)
73) 성리(性理) : 인성과 천리(天理)
74) 잠(潛) : 마음을 모아 기울이다.
75) 구(究) : 다하다 궁구하다.
76) 개(凱) : 화(和)하다.
77) 고(皐) : 명령하다.
78) 기(夔) : 조심하다, 삼가는 모양
79) 경세제민(經世濟民) : 세상을 다스려 백성들의 괴로움을 구제함
80) 찬연(燦然) : 찬란하게 빛나는 모양
81) 청검(淸儉) : 청렴하고 검소함
82) 절행(節行) : 절의의 행동

온 세상에 성년들이 천하의 학자라 부르며 암곡(巖谷) 선생이라 칭(稱)하였다.

황제께서 공을 일컬어 말씀하시기를 공의 청백절검(淸白節儉)[84]은 선대로부터 후세에 전해져 내려와 자손인 경(卿)에게 그 풍속이 대대로 물려받음으로 여러 대를 이어온 바라고 거듭해서 칭찬하시며 짐(朕)이 진실로 좋아해서 경으로 하여금 이주(伊周)[85]가 맡은 일을 해주기 바란다. 육척지고(六尺之孤)[86]로써 짐의 자손을 당부하니 청검(淸儉)한 예절을 취(取)하여 본받아 배우라 하시면서 곧 공에게 수시중(首侍中)의 벼슬을 내려 공주를 부탁하시니 공주를 경중(敬重)[87]하고 또 업신여기지 않고 어른을 받들어 모시는 일의 급(及)으로 하셨다. 그 공주가 성장하여 공주를 고려(高麗)에 하가(下嫁)[88]하여 우리나라로 이강(釐降)[89]하시며 황제께서 공에게 말씀하시기를 고려는 전에도 태조(太祖)께서 제실(帝室)[90]과 통혼(通婚)하는 것을 허락한 일이 있어 지금에 공주를 고려로 시집 보낸

---

83) 양심(養心) : 심성을 수양함
84) 청백절검(淸白節儉 : 청렴결백한 절의와 검소함)
85) 이주(伊周) : 이윤(伊尹)과 주공, 이윤은 탕왕이 하(夏)나라의 폭군 걸왕을 정벌하고 은(殷)나라를 세우는 데 공(功)이 크고 경세제민(經世濟民)을 실천한 중국 최초의 명재상
86) 육척지고(六尺之孤) : 부모를 잃은 15세 정도의 고아, 공주를 뜻함
87) 경중(敬重) : 존경하고 중히 여김
88) 하가(下嫁) : 공주나 옹주가 귀족이나 신하에게 시집감
89) 이강(釐降) : 임금의 딸을 신하에게 시집보내는 일
90) 제실(帝室) : 황제의 가족

다. 경(卿)에게 이미 책무를 부탁(付託)하였으니 경이 공주와 함께 돌아가 동국을 보리(輔理[91])하면 짐(朕)의 마음에 부담이 없겠다 하셨다.

공께서 명령을 받고 고려로 오시니 곧 왕께서 자임(自任)하여 황제께서 소중히 총애하시니 기쁘다며 공이 오신 것에 공을 일컬어 말씀하시기를 중국 조정에서 자기의 귀하신 신하를 나에게 부탁하신 덕택(德澤)이 경(輕 : 적다 가볍다)하지 않으니 어찌 아니 행복합니까? 중국에서 인현(仁賢)[92]을 내려주시어 우리나라 사람을 긍식(矜式)[93]하게 하니 감히 공경하지 않을 수 있겠습니까? 이에 정승으로 만들어 좌우(左右)에 세우고 도(圖)[94]의 정치를 하겠습니다. 라 하셨다.

공께서 자세히 살피고 조사하니 국내에 폐단이 많다며 늘 한탄하여 말씀하시기를 바다 동쪽 한 모퉁이의 편소(編小)[95]한 나라에서 몹시 많은 공물을 바치고 있는 즉 오래가지 못해 자진(自盡)[96]이 틀림 없다 하니 나라의 임금은 장차 무엇으로서 창생(蒼生)[97]을 보호하며 창생(蒼生)은 또한 무엇으로서 그 국군(國君)을 섬길 수 있겠는가! 더욱 생각하고 더욱 살피

91) 보리(輔理) : 도와 다스리다.
92) 인현(仁賢) : 어질고 슬기로운 사람
93) 긍식(矜式) : 존경하고 모범으로 삼음
94) 도(圖) : 그리다, 베끼다.
95) 편소(編小) : 좁고 작음
96) 자진(自盡) : 저절로 다 됨
97) 창생(蒼生) : 세상의 모든 사람

시고는 명(明)나라 황제 홍무(洪武)의 신하로서 중국 조정으로 다시 돌아가니 천자(天子)께서 동번(東藩)[98]의 폐단을 친히 물으시기에 공께서 대답해 말씀하시기를 신(臣)이 몰래 살펴보니 조선(朝鮮)에 사세(事勢)는 연무(延袤)[99]가 불과(不過) 수천 리이고, 여러 고을 또한 불만족한 백 여섯인데 그 안에서 인물(人物)을 헤아려 예쁜 젊은이로 가려서 그 오천의 어린 여자를 만리(萬里) 밖으로 해마다 뽑아 들여 공물로 바치니 백성들은 역소(驛騷[100])합니다. 옛날 신라(新羅) 진평왕(眞平王) 시절에 견사(遣使)[101]가 당나라에 두 미인을 임금에게 드리려 할 때 위징(魏徵)이 받는 것은 마땅치 않다, 하니 태종(太宗)께서 기뻐하며 말씀하기를 저 임읍(林邑)에서 받친 앵무(鸚鵡)새도 마치 고한(苦寒)[102]에서 돌아갈 생각만 말하는데 하물며 두 어린 여식을 멀리 보낸 부모야 어떠하겠는가? 중사(中使)[103]에게 부탁하여 돌아갈 것만 생각할 것이니 저 한 쌍의 계집아이는 오히려 받지 않는 것이 옳다 하셨는데 지금 이 오천인(五千人)의 여인은 그 수가 심할 정도로 많습니다. 이약(以若)[104]하여 유한(有限)[105]의 여인이면 따름이 맞다 하나

98) 동번(東藩) : 동쪽 왕가의 부용국
99) 연무(延袤) : 땅의 넓이를 말함
100) 역소(驛騷) : 끊임없이 소란함
101) 견사(遣使) : 외국에 사신을 보냄, 또는 그 使者
102) 고한(苦寒) : 지독한 추위
103) 중사(中使) : 임금이 내밀하게 보내는 사신
104) 이약(以若) : 같다고 생각한다.
105) 유한(有限) : 한계, 제한이 있다.

무한(無限)한 공물인즉 사람을 없앨 수 있어 나라를 보존하기가 어려운 것이 첫 번째요. 또 해동(海東)106) 하늘 아래에는 말(馬)이 적어서 지금은 그 삼만(三萬) 필의 세공에 물건이 다함이 있어 나라에는 공물이 이미 없습니다. 이에 그 동번(東藩)은 지탱할 능력이 없는 것이 두 번째입니다. 또한 우왕(禹王)의 공물에 총명(總名)107)함을 보면 즉 현훈(玄纁)108) 을 직조(織組)109)하고 염사(檿絲)110)의 직문(織文)111)은 모두 그 고장에 맞는 공물이나 제잠(鯷岑)112)은 또한 12주(州)밖에 떨어져 있어 화려(華麗)한 물건의 금수(錦繡)113)가 없는 데도 특별한 삼만(三萬) 동(同)의 비단과 명주는 대광주리에서 파내는 세공이 되니, 그 문제뿐만 아니라 국내에 재력(財力)이 허모(虛耗)114)하여 많은 백성의 근심과 괴로움이 심(甚)하게 넘쳐 땅이 좁은 나라에서는 고폐(痼弊)115)한 것이 세 번째입니다. 마시(馬枲)116) 섬호(纖縞)117)는 모두 청주(青州) 서주(徐

---

106) 해동(海東) : 고려
107) 총명(總名) : 총칭(總稱), 전부를 총괄하여 일컬음
108) 현훈(玄纁) : 하늘빛의 붉은 비단
109) 직조(織組) : 피륙 따위를 기계로 짜는 일
110) 염사(檿絲) : 산뽕나무를 먹여 기른 누에고치에서 뽑은 실
111) 직문(織文) : 무늬 있는 옷감
112) 제잠(鯷岑) : 우리나라의 딴 이름
113) 금수(錦繡) : 비단
114) 허모(虛耗, 虛秏) : 헛되이 소모함, 몸이 쇠약하고 괴로워함
115) 고폐(痼弊) : 바로잡기 어려운 폐단
116) 마시(馬枲) : 삼
117) 섬호(纖縞) : 주름진 비단

州)의 공물로는 맞으나 동토(東土)에 이르면 알맞은 토질이 아니므로 혹 갈고 심는다 하더라도 현담(玄紞)[118]을 만들기는 적합하지 않고, 또한 이곳에서 생산되는 물건이 아닙니다. 처음부터 헌납할 것이 없는데 주라고 명하시니 해마다 항상 그 육만(六萬) 필(匹)의 저포(紵布)를 세공으로 받치면 차례로 나라 안에는 쌓아둔 것이 없는데도 전국 모든 백성들이 조세를 바치면 백성은 안득불곤(安得不困)[119]하여 요역(徭役)[120]에 번거로움이 많은 것이 네 번째입니다.

폐하(陛下)께서 정성으로 헤아리시어 후(厚)하게 가고 박(薄)하게 오는 마음으로 이 4대 공물을 없애주시면 신(臣)이 동방 고려로 돌아가 나라의 여러 가지를 도울 수 있으나, 그러하지 않으면 고려는 좁고 작은 나라라 10년을 지탱하며 머물기가 불가(不可)합니다. 신은 외국 사람으로 살아가면서 그 보리(輔理)[121]하는 것이 군신(君臣)의 도(道)라 생각합니다. 폐단의 고질이 이와 같은데도 제거해주지 않으시면 신이 재상의 지위를 차지하고 있는 것은 도비(徒費)[122]로 헛된 녹봉일 뿐, 무슨 이득이 있겠습니까?

천자께서 이 말을 들으시고는 깊이 한탄하며 말씀하시기를 동국(東國)의 공물 폐단이 난감(難堪)한 것을 이제 비로소 깨

---

118) 현담(玄紞) : 빛나는 좋은 옷
119) 안득불곤(安得不困) : 마땅히 피곤해할 것이다.
120) 요역(徭役) : 정부에서 구실 대신 시키는 노동, 부역
121) 보리(輔理) : 도와 다스림
122) 도비(徒費) : 돈을 헛되이 씀

달았고 경(卿)의 나라 위하는 정성과 백성을 보호하는 마음은 작은 데서부터 임지(稔知)[123]하는구나 복(復)[124]하는데 어찌 옳고 그름이 어디 있겠는가! 이를 바로 잡겠다. 비로소 부모의 나라로서 특별히 각종 4대 공물의 큰 것을 제거하는 조사(詔使)[125]가 되었다. 공께서는 삭(削)[126] 하려는 공물의 문서를 다듬어 정리하고 공이 점검(點檢)하여 동국에서 바치는 물건 어린 소녀 5천인, 준마 3만 필, 능견 3만 동, 백저포 6만 필의 부서(簿書)[127]를 오래도록 잘라내라 하시고 동국으로 다시 돌아오니 비로소 나라는 태평함을 얻고 백성들은 여력(餘力)이 있어 재물이 여유가 있으니 풍속(風俗)도 순후(淳厚)[128]해져 예법(禮法)을 많이 갖추게 되어 완연히 희호(熙皥)[129]한 세상 같음으로 왕이 기뻐하는 송성(頌聲)[130]을 만드시니 그 큰 공은 비로소 만세(萬世)에 공(功)이 되었다.

고려를 이끌어나가는 데 공(功)이 매우 많은 신하로 비견(比肩)[131]하기가 불가능함으로 도리어 그 아래의 공(功)은 덮혀졌다.

---

123) 임지(稔知) : 지식이 익다.
124) 복(復) : 요역 조세 따위를 면제하다.
125) 조사(詔使) : 조서를 받들고 가는 사신
126) 삭(削) : 잘라 내다.
127) 부서(簿書) : 전곡(錢穀)의 출납을 기록하는 장부
128) 순후(淳厚) : 인정이 두터움
129) 희호(熙皥) : 백성이 화락함
130) 송성(頌聲) : 태평을 구하는 노랫소리
131) 비견(比肩) : 우열(優劣)이 없이 동등(同等)하게 함

이 세덕(世德)[132]을 후세에 전하고, 이를 옳게 정리하여 바로 잡은 사람의 원공(元功)[133]에 작(爵)과 읍(邑)을 상(賞)으로 내려 벽상삼한창국공신 청백리 상당백에 봉(封)하고 본관을 청주로, 청주 해주 송화를 식읍이 되게 하사함으로써 국가(國家)에서 좋은 일에 크게 사의를 표하여 짝을 이루었다.

그 치국(治國)의 규모(規模)[134]가 오로지 중국의 제도에 의지하여 예악(禮樂)과 문물(文物)이 삼대(三代)[135])의 번성한 정치로 다시 돌아가 마치 기자(箕子)[136]의 풍속에 있음으로써 더욱더 동토는 번영이 있었다. 아마, 조선(朝鮮)을 8개 지역의 도(道)로 나누는데 이르렀고, 해표(海表)[137]에도 은혜를 입지 않은 것이 없었으니 그 태평하게 된 덕택에 삼한(三韓)[138]의 유민(遺民)[139]들이 같이 돌아오고, 인량(寅亮)[140]으로 이 세상을 보상(輔相)[141]하시니 차츰차츰 균형이 잡히고 재상(宰相)의 사업이 성취되어 개국(開國)[142]하는데 제일이 되었다.

---

132) 세덕(世德) : 여러 대로 거쳐 쌓아 내려오는 덕화(德化)
133) 원공(元功) 으뜸 되는 공
134) 규모(規模) : 본보기가 될 만한 제도
135) 삼대(三代) : 중국 夏 殷 周 시대
136) 기자(箕子) : 미자(微子), 비간(比干)과 어울려 일컫는 은나라 삼인의 한 사람
137) 해표(海表) : 바다의 먼 곳
138) 삼한(三韓) : 신라 고구려 백제, 마한(馬韓) 진한(辰韓) 변한(弁韓)
139) 유민(遺民) : 망하여 없어진 나라의 백성
140) 인량(寅亮) : 삼가 정성을 다함
141) 보상(輔相) : 정사를 도움
142) 개국(開國) : 새로운 나라를 세움

공께서 중국 조정의 정승으로 벼슬을 할 때 혜택(惠澤)이 천하에 두루 널리 알려졌고 상(相)에서 물러나시어 고려에 뛰어난 공적이 만세(萬世)토록 보국(輔國)143)에 오랜 힘을 입힌 백성을 편안하게 하는 도(道)가 숙(孰)144)이 이와 같았는가! 무륜(無倫)145)의 총우(寵遇)146)로 품(品)을 존중받는 신분으로 사셨다. 공의 좋은 말과 선행(善行)이 밝게 빛나니 당세(當世)에 태사(太史)147)로서 붓을 잡은 사람이 큰 글씨로 특별히 써서 표출(表出)하고 죽백(竹帛)148)에 명(銘)149)하여 공적을 후세에 전하게 하니 이정(彝鼎)150)이 소소(昭昭)151)하게 세상에 전해졌다.

공께서 만년(晩年)에 관직에서 물러나시어 송화현(松禾縣) 묵산(墨山) 아래에서 물러나 쉬시니 그곳이 진퇴(進退)152)한 곳이다. 중앙(中央)153)에 거처할 곳을 얻음으로써 그 정사를 놓지 않고 조정에 견사(遣使)154)로 평상시에도 의지하는 노숙

143) 보국(輔國) : 나라의 일을 도움
144) 숙(孰) : 누구, 어느 것
145) 무륜(無倫) : 도리에 없음
146) 총우(寵遇) : 사랑하여 특별히 대우함
147) 태사(太史) : 한림(翰林)
148) 죽백(竹帛) : 서책
149) 명(銘) : 경계의 글을 새겨 조석(朝夕)으로 반성하는 자료로 삼는 글
150) 이정(彝鼎) : 옛날 공로가 있는 신하의 공적을 여기에 새김
151) 소소(昭昭) : 환하고 또렷함
152) 진퇴(進退) : 직무상의 거취
153) 중앙(中央) : 수도를 일컬음, 여기서는 고려의 수도 개성
154) 견사(遣使) : 외국에 사신을 보냄, 또는 그 사람

한 정승의 예우(禮遇)로 분부하시고 혹시 국가에 큰일이 있으면 반드시 성초(星軺)[155])로 묵산(墨山) 아래로 가서 물으면 그를 물이 흐르듯 부결(剖決)[156]하여 국가가 바라는 바를 보좌하니 조정(朝廷)에서 감탄하여 말하기를 참으로 천하가 주의(注意)[157]하여야 한다.

공께서는 젊어서부터 늙을 때까지 훌륭함을 갖춘 북두(北斗)[158]로 크고 많은 나라의 형평과 힘을 처리하여 편안하게 하시니 우리 동토(東土)에 마침내 4대 공물의 중국에 폐(弊)를 제거하는 공덕(功德)이 만세(萬世)토록 아래로 베풀어주니 좌해(左海)[159]의 백성들이 윤택하게 살게 되니 그 빛이 열렬(烈烈)하였다.

그리하여 조가(朝家)에서 늘 견사(遣使)로 요구하면 공께서는 병(病)으로 정사를 세울 능력이 없다고 사양하시니 조가(朝家)에서는 근심하며 그가 늙어 힘쓰지 못함을 한탄하며 그를 오래도록 볼 수 없어 화공(畵工)[160]에게 초상화를 그리게 하여 보게 하니 그의 삶이 위야(魏野)[161]와 같은 고로 편전(便

155) 성초(星軺) : 사신이 타는 수레
156) 부결(剖決) : 시비(是非), 선악(善惡)을 판단 결정함
157) 주의(注意) : 마음에 새겨 조심함
158) 북두(北斗) : 북두칠성, 여기서는 큰 학자의 뜻
159) 좌해(左海) : 우리나라
160) 화공(畵工) : 그림 그리는 것을 업으로 하는 사람
161) 위야(魏野) : 송(宋) 섬주(陜州) 섬현(陜縣) 사람. 자는 중선(仲先), 호는 초당거사(草堂居士). 벼슬에 나아가지 않고 시(詩)와 금(琴)을 즐기며 왕단(王旦) 구준(寇準)과 수창(酬唱 : 시가(詩歌)를 서로 주

殿)[162]에 형상을 그려 섬기게 하고, 당개(唐介)[163]와 같은 고로 자취를 조정(朝廷) 벽 위에 걸어놓고 서로 대면하는 날에는 뵙는 것 같은 의용(儀容)[164]을 하게 하였다.

이러하니 그의 삶이 가정의 행실은 곧 자신을 수양하는 것에 가지런하고 그 의관(衣冠)을 갖추고 그 안색(顏色)[165]과 거동은 단정하게 매만지는데 힘쓰고 행동은 공묵(恭默)[166]하며 단정하게 앉자 그렇게 한거(閒居)[167]하셨다. 매상(昧爽)[168]이면 일어나 조상의 사당을 배알(拜謁)하시고 방에 분향하고 문을 닫고 물러나 앉아서 분전(墳典)을 구람(究覽)[169] 하시며 성현지역(聖賢之域)[170]의 정신에 머물면서 군소지배(群小之輩)[171]에는 병적(屛迹)[172]하셨다. 그러나 향당린리(鄕黨隣里)[173] 사람들이 그의 문(門) 앞에서 사알(私謁)[174]을 불감

고받음) 하였다. 시가 정미하여 당인(唐人)의 풍격(風格 : 풍채(風采)와 품격(品格))이 있었다.

162) 편전(便殿) : 임금이 평상시 거처하는 궁전

163) 당개(唐介) : 송(宋) 강릉(江陵) 사람. 자는 자방(子方), 시호는 질숙(質肅). 전중시어사(殿中侍御史)로 장요좌(張堯佐)와 문언박(文彦博) 등을 탄핵하고 희령(熙寧) 초기에는 왕안석(王安石)과 논쟁 하였다.

164) 의용(儀容) : 예절을 갖춘 태도

165) 안색(顏色) : 얼굴의 기색

166) 공묵(恭默) : 공손하고 조용함

167) 한거(閒居) : 일이 없이 한가로이 있음

168) 매상(昧爽) : 동틀 무렵

169) 구람(究覽) : 궁구하게 봄

170) 성현지역(聖賢之域) : 성현의 경계

171) 군소지배(群小之輩) : 소인배들의 무리

172) 병적(屛迹) : 자취를 감추고 드러나지 아니함

(不敢)[175]하면 궤안(几案)[176]에 편안하게 하고 장자와 노자의 책을 놔두지 않고도 항상 외우며 대소(大小)를 가르쳐서 구심(求心)[177]을 얻게 하셨다.

출입(出入)할 때에는 모임에 화려함을 좋아하지 않으시어 단지 행이(行李)[178]로는 한 마리의 말과 두 명의 하인으로 쓸쓸하니 도로(道路)에서 보는 사람들이 재상(宰相)의 왕래(往來)인지 알지 못하였다.

그 위의(威儀)[179]한 용지(容止)[180]의 속에는 어려서부터 늙을 때까지 혹독한 추위나 한더위라 할지라도 미상유위(未嘗有偉)[181] 하셨다. 섬김에는 먼저 극(極)[182]으로 그 효(孝)[183]를 따르고, 후에 극(極)은 집안의 사이에 자(慈)[184]하고 부부(夫婦)는 엄숙하고 화평하여 은의(恩義)[185]가 두터워짐을 이이(怡怡)[186]하셨고, 그 제사 지내는 일에는 섬거(纖巨)[187] 없이

---

173) 향당린리(鄕黨隣里) : 지방마을 이웃 동네
174) 사알(私謁) : 사사로이 뵘
175) 불감(不敢) : 감히 하지 못함
176) 궤안(几案) : 의자나 안석 따위의 통칭
177) 구심(求心) : 참된 마음을 찾아 참선함
178) 행이(行李) : 여행할 때 쓰는 모든 도구
179) 위의(威儀) : 위엄 있는 의용
180) 용지(容止) : 몸가짐
181) 미상유위(未嘗有偉) : 원망함을 품고 있지 아니하다.
182) 극(極) : 지선(至善)의 도
183) 효(孝) : 부모님 섬기는 일
184) 자(慈) : 자식에 대한 부모의 사랑
185) 은의(恩義) : 은혜와 의리
186) 이이(怡怡) : 기뻐서 좋아하는 모양

반듯이 정성을 다했고 반듯이 공경하며 조금도 뜻에 거슬리지 않게 종일(終日) 즐거워하지 않으셨으며, 자기 집 제사에도 예에 위반됨이 없이 유연(油然)[188]함으로써 편안하다고 하셨다. 사람이 죽어서 장사를 지낼 때는 애척(哀戚)[189]하고, 음식(飮食) 준비에 이르러서는 기용(器用)[190]을 각기 불러서, 그 정(情)의 손님들이 오시면 무불연우(無不延遇)[191]하라 이르고 가족에게는 무상(無常)[192]함에 정성을 다하고, 그 일가, 친척에게는 환(懽)[193]함이 있는 고로 비록 사이가 탐탁하지 아니해도 반드시 전송해 보내고, 향리(鄕里)에서 그를 사랑하는 대상이 비록 미천(微賤)해도 반듯이 대접해서, 그 길흉경조(吉凶慶弔)[194]의 예를 잃는 바가 없게 공손하게 하고 주휼(賙卹)[195]이나 유은(遺恩)[196]을 물어 부족한 바가 없었다.

그 자봉(自奉)[197]에는 옷을 취할 때 몸만 감싸고 음식을 취할 때는 배만 채우는 행동거지에 만족하게 여김으로써 비바람

---

187) 섬거(纖巨) : 가는 것과 큰 것
188) 유연(油然) : 어떤 느낌이 저절로 일어나는 모양
189) 애척(哀戚) : 사람의 죽음을 슬퍼함
190) 기용(器用) : 재간이 쓸 만한 사람을 비유
191) 무불연우(無不延遇) : 시간을 미루어 푸대접함이 없다.
192) 무상(無常) : 덧없음, 모든 것이 생멸(生滅) 변전(變轉)하여 상주(常主)함이 없음.
193) 환(懽) : 좋아하고 사랑하다.
194) 길흉경조(吉凶慶弔) : 좋은 일과 언짢은 일, 경사를 축하하고 흉사를 조문함
195) 주휼(賙卹) : 주궁술빈(賙窮卹貧), 몹시 가난한 사람을 도와줌
196) 유은(遺恩) : 죽은 사람이 끼치고 간 은혜
197) 자봉(自奉) : 자기 몸을 스스로 보양(保養)함

은 가렸으나 감(堪)[198]은 능히 할 수 없는 인품으로 일을 처리할 때는 너그럽게 하셨다.

그 조(朝[199])하여 립(立)[200]하면 국궁병기(鞠躬屛氣)[201]하고 의견을 자세히 말하여 잘 바로잡아 인도하시니 그 임금이 군자와 같은 반열에 두시고 정사(政事)에 득실(得失)을 논함으로써 관직에 임용되셨는데, 그때 곤직(袞職)[202]과 대궐이 걱정스러웠다. 고려 말에는 불법(佛法)이 점점 어지러워지고 위태로워 삼대(三代)[203]의 유도(儒道)도 밝지 못해 인륜(人倫)을 정(定)하여 천리(天理)를 밝혀서 사(事)[204]한 처음과 마지막의 진소(秦疎)[205]를 아무 년 아무 달에 유위(有謂)[206]하여 모두 다 쓰기가 불가했으니 선생의 사업(事業)을 정성껏 기록하기는 불가했다.

참으로 세도(世道)[207]는 융체(隆替)[208]를 아직 얻지 못하고 척(斥)[209]하여 결(闋)[210])하게 되니. 그 이단(異端)[211]도 숭

---

198) 감(堪) : 천도(天道)
199) 조(朝) : 임금을 알현하다.
200) 립(立) : 출사(出仕)
201) 국궁병기(鞠躬屛氣) : 몸을 굽히고 숨을 죽임
202) 곤직(袞職) : 임금을 보좌하는 삼공(三公)의 직책
203) 삼대(三代) : 三界, 天, 地, 人
204) 사(事) : 정치, 임금을 섬김
205) 진소(秦疎) : 상소문의 총칭
206) 유위(有謂) : 일컬어 말한 것이 있다.
207) 세도(世道) : 세상을 올바르게 다스리는 도리(道理)
208) 융체(隆替) : 성하고 쇠함
209) 척(斥) : 물리치다
210) 결(闋) : 일이 끝나서 문을 닫다, 끝나다.

상하며 그 유교의 학술에도 뜻이 있어서 취(就)212)하지 않고 묵산 아래에 물러나 사는 것을 기뻐하시며 이를 스스로 즐기셨다.

공의 자택이 넓은 언덕에 진(晉)213)같이 있어서 공의 잠자리도 낙원(洛園)214)에 온화함 같이 있었다. 그 경륜(經綸)215)을 꾀함은 바르고 커서 두루 훌륭하였고, 그 풍공(豐功)216)과 위열(偉烈)217)이 밝고 분명하게 정로(呈露)218)함으로 더욱 오래가고 더욱 새로워졌다. 이같이 벼슬에 나가도 좋고 그만둬도 좋은 종심소욕(從心所欲)219)하는 사람인데도 오히려 선생께서는 소리(素履)220)를 하셨다.

아들이 여섯 명이 있었는데 각기 행검(行檢)221)하게 닦아 모두 대관(大官)222)하시니 가정의 가르침은 석분(石奮)223)의

---

211) 이단(異端) : 자기가 믿는 이외의 道, 유교에서 다른 사상. 곧 노(老), 장(莊), 양(楊), 묵(墨) 등의 제자백가(諸子百家)를 일컫는 말

212) 취(就) : 벼슬에 나아가다.

213) 진(晉) : 64괘의 하나로 곤하(坤下) 이상(離上), 지상(地上)에 광명(光明)이 나타나는 상(像)

214) 낙원(洛園) : 洛陽의 동산

215) 경륜(經綸) : 천하를 다스림

216) 풍공(豐功) : 매우 큰 공(功)

217) 위열(偉烈) : 위대한 공로

218) 정로(呈露) : 드러내어 나타냄

219) 종심소욕(從心所欲) : 마음에 하고 싶은 대로 좇아서 함

220) 소리(素履) : 검소한 생활

221) 행검(行檢) : 품행이 방정(方正)하고 절도(節度)가 있음

222) 대관(大官) : 큰 벼슬에 오른 사람

223) 석분(石奮) : 한(漢) 온(溫) 땅의 사람. 만석군(萬石君)의 본명. 문학적 소양은 없었으나 공손함과 부지런함으로 고조(高祖)의 총애를

가문처럼 하고 이양(頤養)[224]의 도(道)는 소광(疏廣)[225]의 삶과 같았다. 만년(晩年)이 청복중절(淸福中節)[226]하시니 후인뒷세대 사람들이 본받아 법으로 이에 두루 미치게 되었다.

홍무(洪武) 갑술년(홍무 27년, 1394년, 태조 3년) 7월에 환후(患候)[227]가 깊고 중(重)해지자 모든 아들이 조금도 옆을 떠나지 않았는데 한결같이 집안일에는 말 한마디 없고 나라일의 보리(輔理)[228]만 훈계하시고는 이에 7일에 염연(恬然)[229]하게 돌아가시니 향년 92세이셨다.

이 부음(訃音)[230]이 궁중에 알려지자 조정에서 한탄하며 말씀하시기를 하늘이 어찌하여 나의 어진 신하를 빼앗아 갔는가! 눈물을 흘리면서 즉시 명하여 선(饍)[231]할 때 그 3일을

얻었다. 문제(文帝) 때 적공(積功)으로 태중대부(太中大夫)가 되었고, 경제(景帝) 때 구경(九卿)의 반열에 올라 2천 석의 녹봉을 받았다. 건(建) 등 4형제가 모두 이천 석 벼슬을 하여 경제로부터 만석군이라 불리었다.

224) 이양(頤養) : 이신양성(頤神養性) 의 준말, 마음을 수양하는 바른 정신을 기름)

225) 소광(疏廣) : 한(漢) 동해(東海) 난릉(蘭陵) 사람. 자는 중옹(仲翁). 맹경(孟卿)에게 춘추(春秋)를 배웠다. 선제(先帝) 때 박사(博士), 태부(太傅)를 지냈다. 관직을 버리고 고향으로 돌아갈 때, 그의 학덕을 기려 수많은 백성이 동문(東門)에서 전송하였다.

226) 청복중절(淸福中節 : 좋은 복(福)으로 중정(中正) 하며 절조(節操)가 있음.

227) 환후(患候) : 웃어른의 병의 높임말

228) 보리(輔理) : 돕고 다스림

229) 염연(恬然) : 욕심 없이 마음이 편안함

230) 부음(訃音) : 죽음을 알리는 통지

231) 선(饍) : 찬을 차리어 권함

소찬(素饌)[232]의 예로 올리라 하고, 이 백천군(白川郡)[233] 남쪽 학암(鶴巖)산[234] 아래 원동(院洞)에 계(癸)[235]자리 언덕에 장사지내고 시호를 충헌(忠憲)이라 내리고 또 생초(生綃)[236]에 유상(遺像)[237]을 그려서 내리시며 이 송화현(松禾縣)을 장구(杖屨)[238]의 장소로 본 고장 유림으로 하여금 사당을 세워 봉안(奉安)[239]하고 하나로 의지하여 백록동(白鹿洞)에 규정을 세워서 춘추(春秋) 양정(兩丁)[240]에 조두(俎豆)의 예로서 건성(虔誠)[241]으로 제사를 지내면서 초상화에 늠름함을 우러러보면서 연(然)[242]하듯 숙경(肅敬)[243]하라 하셨다.

부인은 청주(淸州) 한(韓)씨로 동정(同正)[244]인 문길(文吉)의 따님이시다. 6남 1녀를 낳으셨는데 장남은 성주(成柱)로 관(官)에 우상(右相)에 이루었고 서원백(西原伯)에 봉해졌다. 손자는 백연(伯淵)이고 관(官)에 찬성(贊成)에 이루었고 도지휘사(都指揮使)로 운봉(雲峰) 인월역(引月驛)에서 발도(拔

232) 소찬(素饌) : 나물만으로 된 반찬
233) 백천군을 배천군이라고도 함
234) 학암(鶴巖)산, 관암(鸛巖)산이라고도 함.
235) 계(癸) : 방위로는 북쪽
236) 생초(生綃) : 생사로 얇게 찬 옷감
237) 유상(遺像) : 죽은 사람의 초상
238) 장구(杖屨) : 어른에 대한 높임말
239) 봉안(奉安) : 조상의 신주나 화상을 만들어서 모심
240) 양정(兩丁) : 두 번 정일(丁日)
241) 건성(虔誠) : 삼가고 정성스러운 일
242) 연(然) : 그렇다고 여기다.
243) 숙경(肅敬) : 공손히 섬김
244) 동정(同正) : 같은 정품

都)[245]의 도적을 멸망시켜 승전비를 세웠고 돌아가신 후 충간(忠簡)의 시호를 받으셨다. 둘째 아드님은 천주(天柱)로 관에 좌상(左相)에 올랐고 손자는 익귀(益貴)이며 관에 우윤(右尹)이 되었다. 셋째 아드님은 만춘(萬春)이며 관에 판서(判書)에 올랐고 손자도 정간(貞幹)인데 관에 판서에 올랐다. 넷째 아드님은 지수(之壽)이며 관에 광정찬성사(匡靖贊成事)로서 청백리(淸白吏)와 서평군(西平君)에 봉하셨고 손자는 흥립(興立)이며 관에 판서에 올랐고 둘째 손자가 천진(天震)인데 주청사(奏請使)로 중국 조정에 들어가 여러 해를 머물러 벼슬하면서 우리나라에서 몹시 많이 바치던 공물의 옥적(玉籍)[246]을 영원히 없애도록 행하고 마침내 돌아오시니 나라에서는 포상으로 그 청백의 훈로(勳勞)[247]를 안악군(安岳君)에 봉하고 채읍(采邑)[248]으로 생활하게 하시고, 돌아가신 후 경안공(景安公)의 시호를 내려주셨다. 다섯째 아드님은 근(根)이시며 밀양군(密陽君)에 봉하셨고 손자는 문(文)이고 관에서 가선(嘉善)에 이르셨다. 여섯째 아드님은 포(浦)이시며 관에서 우상(右相)에 이르셨고 당악군(唐岳君)에 봉 하셨다. 손자는 동무(東茂)이시며 관에는 이조판서(吏曹判書)로 진도(珍島)의 도적을 멸망시키셨다. 따님은 판서 박지장(朴之長)에게 시집가셨다.

---

245) 발도(拔都) : 사람 이름, 바투(Batoo)의 한자식 이름 흠찰한국(欽察汗國)의 창시자로 몽고 칭기즈칸의 손자다.

246) 옥적(玉籍) : 귀중한 문서

247) 훈로(勳勞) : 훈공을 세움

248) 채읍(采邑) : 食邑, 한 고을의 세금을 개인이 받아쓰는 고을

공의 청백한 훈로(勳勞)의 사적(事蹟)249)이 국사(國史)에 서술되어 해와 별같이 빛나 한없는 세월 썩지 않으니 한 나라의 모(慕250)함이 백세(百世)토록 더욱더 새로워질 것이다

대광보국숭록대부 의정부 영의정 황희(黃喜)251) 찬(撰)

대광보국숭록대부 의정부 영의정 조준(趙浚)252) 발(跋)

대광보국숭록대부 의정부 우의정 정권찬(鄭權贊) 화상(畵像)

대광보국숭록대부 의정부 좌의정 하륜(河崙)253) 제수근(製修謹)

---

249) 사적(事蹟) : 일의 자취

250) 모(慕) : 우러러 받들어 본받음

251) 황희(黃喜) : 조선 초 세종 때의 명재상 1363(고려 공민왕 12)-1452(조선 문종 2). 자는 구부(懼夫), 호는 방촌(厖村), 시호는 익성(翼成). 본관은 장수, 조선시대를 통하여 가장 뛰어난 재상으로 평가받으며 후세에 추앙을 받았다. 1452년(문종 2) 세종의 묘정에 배향되었고 시문집 『방촌집』이 있다. 상주 옥동서원, 장수 창계서원, 파주 방촌영당에 배향되었다. 3세 경안공(景安公)의 사위이니 병사공(兵使公)의 매형이시다

252) 조준(趙浚) : 고려말 조선 초의 문신. 1346(고려 충목왕2)-1405(조선 태종 5). 자는 명중(明仲), 호는 우재(吁齋), 송당(松堂). 시호는 문충(文忠). 본관은 평양. 조선왕조의 정치적 기반을 안정시키는데 힘을 기울여 새 왕조 치국의 근본을 세웠을 뿐만 아니라 태조 때 조선 최초의 법전인 『경제육전(經濟六典)』을 간행하게 하였다. 태조의 묘정에 배향되었다

253) 하륜(河崙) : 조선 초 태종을 보필하여 조선의 기틀을 다진 문신. 1347(고려 충목왕 3)-1416(조선 태종 16). 자는 대림(大臨), 호는 호정(浩亭), 시호는 문충(文忠) 본관은 진주. 시문, 음양, 의술, 지리 등 다방면에 정통하였고 태종의 총애를 받았는데 성현(成俔)의 『용재총화(慵齋叢話)』에 따르면, 태종이 왕위에 직위할 수 있었던 것은 오로지 하륜의 공이라고 할 정도였다. 시문집 『호정집』이 있고 태종의 묘정에 배향되었다.

忠憲祠奉安文, 退隱楊先生事蹟
충헌사 봉안문 퇴은 양 선생 사적

公 姓楊 諱治 字致淳 號退隱 忠憲公 巖谷先生之曾孫 西平君之壽之孫 景安公天震之子也. 公生有異質而義勇武略屹然 爲萬夫之特 金節齋, 宗瑞 築九城. 聞公名選隷帳下多所籌策. 年十八 討野人賊 開拓六鎭 虜獲甚衆 朝家聞而壯之卽拜 爲靈光郡守 又 陞資 爲黃海咸吉兩道兵馬節度使及至.

공 성 양 휘 치 자 치순 호 퇴은 충헌공 암곡 선생 지 증손 서평군 지 수 지 손 경안 공 천 진 지 자 야 공 생 유 이질 이 의용 무략 흘 연 위 만부 지 특 김 절재 종 서 축 구성 문 공 명 선 예 장하 다 소 주책 년 십 팔 토 야인 적 개척 육진 로 획 심 중 조가 문 이 장 지 즉 배 위 영광 군수 우 승자 위 황해 함길 양도 병마절도사 급 지

端廟初, 服見, 皇甫仁, 金宗瑞, 鄭苯, 三相臣被禍 卽棄官歸隱 抱川山中逮夫.

단묘 초 복 견 황보 인 김 종 서 정 분 삼상 신 피화 즉 기 관 귀 은 포천 산중 체 부

上王狩越之時 有惠嬪楊氏 卽 公之從姪女也 以國寶不傳 幷其二子漢南君玜 永豐君瑔, 同時被禍而有詔. 敢

상왕 수 월 지 시 유 혜빈 양씨 즉 공 지 종질 여 야 이 국보 부 전 병 기 이 자 한남군 어 영풍군 천 동시 피화 이 유 조 감

收屍者族 公愕然恫泣曰 此何變也, 吾生不能死於君 又
수시 자족 공 악연 통읍 왈 차하변야 오생불능사어군 우

見不忍言之慘禍生 亦 何爲 遂乘夜親自收其棄體 不棺
견 불인 언지 참화 생 역 하위 수 승야 친자수기기체 불관

不誌 潛葬於抱川機塘谷中而畏約無窮泯 其處而平之仍
부지 잠장어 포천 기당곡중이 외약 무궁 민 기처이평지잉

居. 抱川村舍佯狂自恣居 常 東望越中血淚如雨至. 聞淸
거 포천 촌사 양광 자자거 상 동망월중 혈루 여우지 문청

冷浦烈風雷雨之變 卽 煩冤嗚泣如不欲生而每月朔朝 具
랭포렬풍 뇌우 지변 즉 번원 오읍 여불욕생이 매월 삭조 구

公服向魯陵 焚香四拜 旣 仰天長吁曰, 吾不與六臣同死
공복 향 노릉 분향 사배 기 앙천 장우 왈 오불여 육신 동사

何顔立於天下乎 遂以罪人自稱而杜門隱.
하안립어 천하 호 수이 죄인 자칭 이 두문 은

約四十餘年 作詩以見志曰 菊萎霜降日 松落歲寒時
약 사십 여년 작시 이견지왈 국위상강일 송락세한시

物色猶多變 吾心斷不移 又曰 世事茫然已白頭 千年遺
물색유다변 오심단불이 우왈 세사망연기백두 천년유

恨子規樓 功名武勇今何用 但願歸從六鬼啾 仍 自號
한자규루 공명무용금하용 단원귀종육귀추 잉 자호

退隱名 其理曰 杜門. 又戒 其子校理 順達曰 淸白忠貞
퇴은 명 기리왈 두문 우계 기자 교리 순달왈 청백 충정

自吾忠憲公以來 世守家法也 自今以後 汝勿以仕進 爲
자오충헌공 이래 세수 가법 야 자금 이후 여물이 사진 위

意也. 成化乙巳終 享年八十六.
의야 성화 을사 종 향년 팔십 육

唐城 洪直弼 梅山 撰行狀
당성 홍직필 매산 찬 행장

月城 崔益鉉 勉庵 跋 實記
월성 최익현 면암 발 실기

충헌사(忠憲祠) 봉안문

퇴은(退隱) 양선생 사적(事蹟)

공(公)의 성(姓)은 양(楊)이요 이름은 치(治)요 자(字)는 치순(致淳)이고 호(號)는 퇴은(退隱)이시다. 충헌공(忠憲公) 암곡(巖谷) 선생의 증손이고 서평군(西平君) 지수(之壽)의 손자이며 경안공(景安公) 천진(天震)의 아드님이시다. 공의 삶에 이질(異質)[1]이 있어 의용(義勇)[2]한 무략(武略)[3]이 우뚝 솟았다. 그래서 많은 장정 중 특별히 김절재(金節齋) 종서(宗瑞)와 구성(九城)을 쌓게 되었다. 공께서는 장하(帳下)[4] 의 예(隷)[5]로 선발되어 주책(籌策)[6]이 많이 있어 훌륭하다 들었다. 세종 18년(1436년)에 야인의 도적을 토벌하고 6진을 개척할 때 진실로 많은 사람을 노획(虜獲)[7]했다고 왕실에서 듣고 장함에 벼

1) 이질(異質) : 뛰어난 재주
2) 의용(義勇) : 충의와 용기
3) 무략(武略) : 군사상의 책략
4) 장하(帳下) : 대장군의 아래
5) 예(隷) : 소신(小臣)
6) 주책(籌策) : 이해관계를 헤아린 끝에 생각해낸 꾀
7) 노획(虜獲) : 적을 생포로 잡거나 적의 목을 베는 일

슬을 내려 영광(靈光)군수가 되셨다. 또 관직이 올라 황해(黃海) 함길(咸吉) 양도(兩道) 병마절도사(兵馬節度使)에 이르렀다.

단묘(端廟, 단종) 초에 실천에 옮긴 것을 보면 황보 인(皇甫仁), 김종서(金宗瑞), 정분(鄭苯), 세 정승의 신하가 화를 입자 즉시 관직을 버리고 숨어들어 포천 산중에 이르셨다!

상왕(上王)[8]이 수월(狩越)[9]할 때 혜빈(惠嬪) 양(楊) 씨가 계셨다, 곧 공의 종질녀이었는데 옥새를 내놓지 않아 두 아들 한남군(漢南君) 어(玹)와 영풍군(永豊君) 천(瑔)이 더불어 동시에 화를 당하였다는 알림이 있어 감히 족(族)[10]의 시신을 수습하며 공께서 놀라 당황하며 마음 아파 울면서 말씀하시기를 이 어쩐 반란인가! 내 삶이 능하지 못해 왕비께서 돌아가셨고 또 이 참지 못할 참혹한 재화가 생기는 것을 본들 또한 무엇을 하겠는가? 밤을 이용하여 내버려진 수족을 친히 몸소 거두어 관도 없고 기록도 없이 포천(抱川) 기당(機塘) 골짜기에 몰래 장사를 지내고 외(畏)[11]를 약(約)[12]함으로써 무궁(無窮)토록 민(泯)[13]하여 그곳에서 무사하게 살 수 있었다. 포천 촌집에서 미친 척하며 스스로 거리낌 없이 사시면서 항상 동(

8) 상왕(上王) : 여기서는 세조
9) 수월(狩越) : 군사로서 분수를 넘음
10) 족(族) : 벌이 일족에게 미치는 극형인 자
11) 외(畏) : 억울한 일로 죽음을 당한 일
12) 약(約) : 묶다.
13) 민(泯) : 눈에 보이지 않는 모양

東)[14]쪽을 바라보며 분수에 넘치도록 비 오듯이 피눈물을 흘리셨다. 청령포(淸冷浦)가 열풍뇌우(烈風雷雨)[15]로 변했다는 소문을 들으시고는 즉시 번원(煩寃)[16]하며 탄식하여 우시면서 삶에는 욕심이 없는 것처럼 매월 초하루 아침이면 관복을 갖추고서 노능(魯陵)[17]을 향해 분향 사배 후 곧바로 하늘을 바라보시며 길게 탄식하여 말씀하시기를 내가 육신과 더불어 같이 죽지 아니하였으니 어찌 하늘 아래서 얼굴을 들고 있겠는가! 수(遂)[18] 죄인이라 스스로 부르며 두문(杜門)[19]하며 숨어서 약 40여 년 시 지은 것을 보고 뜻을 말하면

국화는 서리 내리던 날 시들었고
소나무도 추운 계절의 철이 되니 버려져서
물색이 마치 많이 변한 것 같아도
내 마음은 결단코 움직이지 않는구나.
또 말하기를
세상사는 망연한데 이미 머리는 희어졌고
자규루에 천년의 한이 서려 있지만
공명과 무용인들 지금 와 무슨 소용이 있겠는가!

---

14) 동(東) : 주인, 즉 임금이 있는 쪽
15) 열풍뇌우(烈風雷雨) : 맹렬한 바람과 우레와 같아 내리는 비
16) 번원(煩寃) : 괴로워 고민함
17) 노능(魯陵) : 노산군, 단종의 능
18) 수(遂) : 두루, 널리
19) 두문(杜門) : 문을 닫다

단지 육신들의 혼을 따라가 실컷 울고 싶을 뿐이다.

이에 스스로 호를 퇴은(退隱)이라 하고 그 마을을 두문(杜門)이라 하였다. 또 그 아들 교리(校理) 순달(順達)에게 훈계하여 말하기를 청백충정(淸白忠貞)은 우리 충헌공으로부터 내려와 대대로 지키는 가법(家法)이니 지금부터 이후에는 너도 벼슬길에 나아가지 말라는 뜻을 행하셨다.

성화 을사년(1485년)에 돌아가시니 향년 86세이시다.

당성 홍직필 매산이 지은 행장에서 월성 최익현 면암 발 실기

忠憲祠 奉安文 大峰 楊先生 事蹟
충헌사 봉안문 대봉 양선생 사적

公姓楊 諱熙之 字可行 號大峰 巖谷先生八代孫 唐岳君
공성양 휘희지 자가행 호대봉 암곡 선생 팔대손 당악군
七代孫 判書公 諱渼之孫也. 天順六年丙午中 生進居泮時
칠대손 판서공 휘미지손야 천순 육년 병오 중 생진 거반 시
疏論圓覺寺創建之非後 有巫稱內旨禱祀于文廟外 諸生慴伏
소론 원각사 창건 지비후 유무칭 내지 도사 우 문묘 외 제생 습복
噤不言 公與 安公彭命奮 然 驅遂巫俾 不大妃怒 上聞之
금 불언 공여 안공 팽명분 연 구수무비 불 대비노 상문 지
蹶然曰, 士氣如此 吾病頓欲祛.
궐연 왈 사기 여차 오 병돈욕거

成廟甲午闡大科 先是上聞 其名已熟及 柝號喜甚 賜對
성묘 갑오 천 대과 선시 상문 기명이숙급 탁호희심 사대
便殿 御筆題詩曰 才子楊家玉樹姿 其名端合搜稀枝 遂賜名
편전 어필 제시 왈 재자 양가 옥수 자 기명단합수희지 수 사명
與字特授 藝文館檢閱輟寶 燭以歸恩榮世罕有也. 丙申別選
여자특수 예문관 검열 철보 촉이귀 은영 세한유야. 병신 별선
湖堂 命揀靑少文臣 有才學者. 賜假赴藏義寺讀書 廩繼粟
호당 명간청소 문신 유재 학자. 사가부 장의사 독서 름계속

庖繼肉盖 所以儲養也. 戊午, 寒暄, 一蠹, 諸先生 安置
포 계 육 개 소이 저양 야 무오 한 훤 일 두 제 선생 안치

西北道 書以勸勉疏以量移. 靜庵趙先生 有求道志 屢度請益
서북도 서 이 권면 소 이 양이 정암 조 선생 유 구도 지 루 도 청익

先書紹介于寒暄堂 勸送,熙川,適所.
선 서 소개 우 한훤당 권 송 희천 적소

中宗丁卯遣禮曹正郎, 李賢輔, 致祭. 正宗丙午 士林建祠於
중종 정묘 견 예조정랑 이 현 보 치제 정종 병오 사림 건 사 어

大邱梧川 行俎豆之禮 文章德業妙年鳴世 官至大司憲. 按節
대구 오천 행 조두 지 예 문장 덕업 묘년 명 세 관 지 대사헌 안절

八路 最名淸白 多載國乘 有文集行于世.
팔로 최 명 청백 다 재 국승 유 문집 행 우 세

平康 蔡濟恭 樊庵 撰行狀
평강 채 제 공 번 암 찬 행장

충헌사 봉안문(奉安文) 대봉(大峰) 양(楊)선생 사적

공의 성(姓)은 양(楊)이요 휘(諱)는 희지(熙止)요, 자(字)는 가행(可行)이요 호(號)는 대봉(大峰)이시다. 암곡(巖谷) 선생의 8대손이며 당악(唐岳)군의 7대손이요 판서공 휘 미지(渼之)의 손자이시다.

천순(天順) 6년(세조 8년 1462년) 병오(성종 17년 1486년) 사이 생진(生進)[1]으로 반(泮)[2]에 거처할 때에 원각사(圓覺寺) 창건에 비후(非後)[3]하며 사리를 밝혀 상소하셨고, 무당을 불러서 내지(內旨)[4]라며 문묘(文廟) 밖에서 도사(禱祀)[5]한 일이 있었다. 많은 유생이 습복(慴伏)[6]하고 입 다물고 말이 없었으나 공께서는 안(安)공 팽(彭)과 더불어 명령에 분(奮)[7]하였다. 그러나 마침내 무당을 몰아냈는데도 대비(大妃)께서 나무라지 않음을 상문(上聞)[8]하니 궐연(蹶然)[9]하며 말씀하시기를 사기

1) 생진(生進) : 생원과 진사
2) 반(泮) : 성균관
3) 비후(非後) : 뒤에 서지 아니하다
4) 내지(內旨) : 임금님으로부터 은밀히 받은 명령
5) 도사(禱祀) : 기도하고 제사함
6) 습복(慴伏) : 위엄에 눌려 엎드림
7) 분(奮) : 세차게 마음을 떨쳐 일으킴
8) 상문(上聞) : 임금에게 아룀

(士氣)[10]가 이와 같으니 내 병을 떨쳐 없애고자 함이 돈(頓)[11]하였다.

성묘(成廟) 갑오(성종 5년 1474년)에 대과(大科)가 열렸는데, 선시(先是)[12] 임금님께 아뢰니 그 이름은 이미 익숙하다. 불러서 기쁘고 편안하게 펼쳐 편전(便殿)에 마주하도록 분부하시고 어필(御筆)[13]로 시를 지어 말씀하시기를 양(楊)씨 가문에 재자(才子)[14]로 아름다운 나무의 모습이라며 그 이름의 실마리를 합하여 희지(稀枝)라 찾고 마침내 이름의 글자와 더불어 특별히 하사하시니 예문관(藝文官)에 검열(檢閱)[15]들이 철(輟)[16]하니 보배로운 등불로 은영(恩榮)[17]이 돌아가는 것은 세상에 드물게 있다.

병신(성종 7년 1476년)에는 호당(湖堂)[18]에 명(命)하여 젊은 문신(文臣) 중 재주 있는 학자(學者)로 간(揀)[19]하여 별선(別選)[20]해서 여유롭게 장의사(藏義寺)로 나아가 독서(讀書)하

---

9) 궐연(蹶然) : 깜짝 놀라는 모습
10) 사기(士氣) : 선비의 기품
11) 돈(頓) : 멈추다.
12) 선시(先是) : 이에 앞서
13) 어필(御筆) : 임금님이 글씨
14) 재자(才子) : 재주 있는 남자
15) 검열(檢閱) : 정9품의 관직
16) 철(輟) : 하던 일을 멈추다.
17) 은영(恩榮) : 임금님의 은혜를 입는 영광
18) 호당(湖堂) : 독서당의 고친 이름, 또는 그곳에서 공부하던 사람
19) 간(揀 : 가리다.
20) 별선(別選) : 특별히 가려 뽑음

여 쌀 광에는 오곡이 불어나게 하고 부엌에는 고기가 불어나게 하고자 하라 분부하신 까닭은 양(養)[21]하여 저(儲)[22]하고자 함이었다.

무오(연산 4년 1498년)에는 한훤(寒暄), 일두(一蠹) 여러 선생이 서북도(西北道)[23]로 안치(安置)[24]됨에 글로서 권면(勸勉)[25]하고 상소도 하여 양이(量移)[26]하게 하셨다. 정암(靜庵) 조(趙) 선생에게 구도(求道)[27]한 뜻이 있어 여러 차례 법도를 청익(請益)[28]하니 선생께서는 한훤당(寒暄堂)에게 소개(紹介)하는 글을 써주시며 희천(熙川) 적소(謫所)[29]로 사람을 보낼 것을 권했다.

중종(中宗) 정묘(중종 2년 1507년)에 예조정랑(禮曹正郎) 이현보(李賢輔)를 파견하여 제사를 맡기였고 정종(正宗) 병오(정종 10년 1786년)에는 사림(士林)들이 대구(大邱) 오천(梧川)에 사당을 세워서 조두(俎豆)의 예로써 제사를 지냈다

문장(文章)과 덕업(德業)이 묘년(妙年)[30]에 세상에 명성이

21) 양(養) : 먹을거리를 저장하다.
22) 저(儲) : 비축하다.
23) 서북도(西北道) : 평안도
24) 안치(安置) : 대신을 귀양 보냈던 일
25) 권면(勸勉) : 타일러 힘쓰게 함
26) 양이(量移) : 가까운 곳으로 옮기 일
27) 구도(求道) : 바른 진리를 물어 찾음
28) 청익(請益) : 더욱 유익한 가르침을 청함
29) 적소(謫所) : 죄인이 귀양 가서 있는 곳
30) 묘년(妙年) : 젊은 시절

드날리셨고 관(官)에 대사헌(大司憲)에 이르러 팔로(八路)[31]에 규칙의 이치를 더듬어 밝히시며 최고로 명예스러운 청백(淸白)함이 국승(國乘)[32]에 많이 기재되었으니 이어 내려오는 가계의 행실이라고 문집(文集)에 있다.

평강(平康) 채제공(蔡濟恭)[33] 번암(樊庵) 찬(撰)한 행장

---

31) 팔로(八路) : 팔도
32) 국승(國乘) : 그 나라 역사를 기록한 책
33) 채제공(蔡濟恭) : 조선 후기 10여 년간 재상으로 재직하여 정조의 정책을 보필한 남인 계 문인. 1720(숙종 46)-1799(정조 23). 자는 백규(伯規), 호는 번암(樊巖), 번옹(樊翁). 시호는 문숙(文肅). 본관은 평강. 시문집(번암집)이 있다.

賜祭文
사제문

維 正德二年 歲次丁卯 十一月 庚子朔 十六日乙卯. 國王
유 정덕이년 세차정묘 십일월 경자삭 십육일을묘 국왕

遣臣禮曹正郞 李賢輔 諭祭于 卒大司憲楊熙止之靈往在宣陵
견신 예조정랑 이현보 유제우 졸 대사헌 양희지지령왕재 선릉

髦士濟濟 傑卓惟卿 出類罕儢 自入泮宮 已箸義聲 迨釋褐
모사제제 걸탁유경 출류한려 자입반궁 이저의성 태석갈

初 蒙不世榮 御詩錫名 蓮燭送院 藝文淸街 藏義別選 步武
초 몽불세영 어시석명 연촉송원 예문청가 장의별선 보무

靑雲 歷敭要華 啟沃繩糾 闢異斥邪 入告出宣 經幄藩維
청운 역양요화 계옥승규 벽이척사 입고출선 경악번유

政事大學 左右俱宜 稟河嶽氣 全文武才 聖朝智臣 八字打開
정사대학 좌우구의 품하악기 전문무재 성조지신 팔자타개

有嶷其樹 戊庚之際 因災捄賢 靡血四體 耿耿其衷 烈烈其
유억기수 무경지제 인재구현 미혈사체 경경기충 열렬기

讜 暫黜何傷 回天可尙 予閱史草 得卿遺章 三復永嗟 九原
당 잠출하상 회천가상 여열사초 득경유장 삼복영차 구원

茫茫 憶在私邸 目覯心欽 祥鸞端鳳 美玉精金 進止雍容 望
망망 억재사저 목구심흠 상란단봉 미옥정금 진지옹용 망

若松喬 及玆履艱 恨末同朝 追惟盡傷 贊奠泂酌 不昧者存
약송교 급자리간 한말동조 추유진상 찬전형작 불매자존

庶幾來格.
서기래격

임금님이 내리신 제문(祭文)

유(維)[1)]! 정덕(正德) 2년(중종 2년 1507년) 세차(歲次) 정묘(丁卯) 11월 경자(庚子) 삭(朔) 16일 을묘(乙卯)

국왕이 신하 예조정랑 이현보(李賢輔)를 보내 제사를 이끌게 하니 작고한 대사헌 양희지(楊熙止)의 신령은 선릉(宣陵)[2)]을 방문하여라.

모사제제(髦士濟濟)[3)] 하였으나, 걸탁유경(傑卓惟卿)[4)] 으로 출류한려(出類罕儷)[5)]하니 자입반궁(自入泮宮)[6)]으로 이저의성(已著義聲)[7)]하여 태석갈초(迨釋褐初)[8)]에도 몽불세영(蒙不世榮)[9)]하였도다. 어시석명(御詩錫名)[10)]하시며 연촉송원(蓮燭送

---

1) 유(維) : 예, 여기
2) 선릉(宣陵) : 성종(成宗)의 묘
3) 모사제제(髦士濟濟) : 뛰어난 인물이 많고 성함
4) 걸탁유경(傑卓惟卿) : 훌륭한 사람은 오직 경(卿)뿐이다.
5) 출류한려(出類罕儷) : 동렬(同列)에서 짝을 할 만한 사람은 드물다.
6) 자입반궁(自入泮宮) : 반궁(성균관)에 들어와서부터
7) 이저의성(已著義聲) : 이미 올바른 소리로 드러냈고
8) 태석갈초(迨釋褐初) : 첫 석갈, 처음으로 사관(仕官)함에 이를 때
9) 몽불세영(蒙不世榮) : 불세(不世), 세상에 드문 영화를 입음
10) 어시석명(御詩錫名) : 임금님께서 시로서 이름을 지어 주시다.

院)[11]하니 예문청가(藝文淸街)[12]가 되라고 장의별선(藏義別選)[13]하니 보무청운(步武靑雲)[14]하였다.

역양요화(歷敭要華)[15]로 계옥승규(啓沃繩糾)[16]하고 벽이척사(闢異斥邪)[17]하니 입고출선(入告出宣)[18]하시고 경악번유(經幄藩維)[19]하며 정사대학(政事大學)[20]하니 좌우구의(左右俱宜)[21]하여 품하악기(稟河嶽氣)[22]로 전문무재(全文武才)[23]하

11) 연촉송원(蓮燭送院) : 연꽃의 등불로 절에 보냄
12) 예문청가(藝文淸街) : 기예와 학문이 맑은 통로(通路)
13) 장의별선(藏義別選) : 특별히 뽑아 장의사(藏義寺)로 보냄, 서울 서대문구 선영동에 있던 절로 신라 무열왕 3년에 창건. 1462(세조 8년)에는 소년 문관 신우수(申優秀)에게 풍부한 의식을 지급, 이 절에서 독서 하게 하였다. 현재는 남아있지 않다.
14) 보무청운(步武靑雲) : 청운(靑雲), 학덕이 있고 명망이 높음을 보무(步武) 남을 뒤따라 이를 배우게 일
15) 역양요화(歷敭要華) : 역양(歷敭), 차례로 여러 직위를 거치며 꽃을 피웠다.
16) 계옥승규(啓沃繩糾) : 계옥(啟沃), 사심(私心) 없이 충성된 마음으로 생각하는 바를 임금에게 아뢰어 승규(繩糾), 과(過)와 실(失)을 바로 잡음
17) 벽이척사(闢異斥邪) : 척사(斥邪), 사기와 사교를 물리쳐 다르게 열다.
18) 입고출선(入告出宣) : 아뢰러 들어가면 성종(成宗)께서 나오셨다.
19) 경악번유(經幄藩維) : 경악(經幄), 임금 앞에서 경서를 강론하는 자리에서 유(維), 벼리, 책의 첫머리에 속 내용을 대강 추려 차례로 벌여 놓은 줄거리를 번(藩), 지키다.
20) 정사대학(政事大學) : 대학(大學), 최고급의 교육을 베푸는 학교에서 정사(政事) 정치상의 일을 하다.
21) 좌우구의(左右俱宜) : 좌우, 주위에 거느리고 있는 사람과 마땅히 함께함
22) 품하악기(稟河嶽氣) : 큰 강과 높은 산의 기운을 품음
23) 전문무재(全文武才) : 모든 문무(文武)의 재주가 있음)

니 성조지신(聖朝知臣)[24]으로서 팔자타개(八字打開)[25]하고 유억기수(有嶷其樹)[26]로써 무경지제(戊庚之際)[27]에 인재구현(因災捄賢)[28]하니 미혈사체(靡血四體)[29]하고 경경기충(耿耿其衷)[30]해서 열렬기당(烈烈其讜)[31]함이 잠출하상(暫黜何傷)[32]이라!

회천가상(回天可尙)[33]에 여열사초(予閱史草)[34]하니 득경유장(得卿遺章)[35]한 것에 삼복영차(三復永嗟)[36]라! 구원망망(九原茫茫)[37]해도 억재사저(憶在私邸)[38]하니 목구심흠(目覯心欽)[39]하는 상난서봉(祥鸞瑞鳳)[40]과 미옥정금(美玉精金)[41]이 진

24) 성조지신(聖朝知臣) : 성조(聖朝), 당대의 조정을 백성들이 일컫는 존칭의 지혜로운 신하
25) 팔자타개(八字打開) : 명료하게 해명함
26) 유억기수(有嶷其樹) : 높이 있는 그 나무
27) 무경지제(戊庚之際) : 무오 1498년-경신 1500년 사이
28) 인재구현(因災捄賢) : 재앙(災殃)에 관련하여 어질게 구원하다.
29) 미혈사체(靡血四體) : 사지(四肢)에 피가 마름
30) 경경기충(耿耿其衷) : 그 정성스러운 마음에 경경, 즉 잠이 오지 않는 모양
31) 열렬기당(烈烈其讜) : 그 바른말이 성대한 모양
32) 잠출하상(暫黜何傷) : 갑자기 물러나니 어찌 마음 아프지 않겠는가?
33) 회천가상(回天可尙) : 쇠잔(衰殘)한 세력을 돌이키니 도리어 옳았다.
34) 여열사초(予閱史草) : 내가 조선조 때 사관(史官)이 시정(時政)을 적어 둔 사기(史記)를 조사함
35) 득경유장(得卿遺章) : 경(卿)을 얻어 문장을 후세에 남긴다.
36) 삼복영차(三復永嗟) : 세 번 되풀이하며 길게 감탄하라!
37) 구원망망(九原茫茫) : 저승길이 끝없는 모양
38) 억재사저(憶在私邸) : 생각은 집에 있을 것이니
39) 목구심흠(目覯心欽) : 눈으로 만나고 마음으로 공경함
40) 상난서봉(祥鸞瑞鳳) : 상서로운 난 새의 단정한 임금
41) 미옥정금(美玉精金) : 아름다운 옥과 잘 세공된 금, 여기서는 신하를 뜻함

지옹용(進止雍容)[42]으로 망약송교(望若松喬)[43]하니 급자리간(及玆履艱)[44]이라! 한말동조(恨末同朝)[45]하면서 추유진상(追惟盡傷)[46]하며 찬전형작(贊奠泂酌)[47]하여 불매자존(不昧者存)[48]하니 서기래격(庶幾來格)[49] 하여라.

---

42) 진지옹용(進止雍容) : 나아감과 머무름에 온화하고 조용함
43) 망약송교(望若松喬) : 높이 솟은 소나무 같기를 바라니
44) 급자리간(及玆履艱) : 더더욱 어려운 지위에 오름
45) 한말동조(恨末同朝) : 같은 조정의 신하로 원통하다.
46) 추유진상(追惟盡傷) : 오래도록 잊지 않고 생각하며 정성을 다해 마음 아파함
47) 찬전형작(贊奠泂酌 : 멀리서 술을 따라 제사 지내는 것을 돕다.
48) 불매자존(不昧者存) : 어둡지 않고 환한 곳에 있다.
49) 서기래격(庶幾來格) : 바라건대, 귀신이 강림(降臨)하다.

春秋享祀祝文
춘추 향사 축문

河嶽間氣 一代偉人 完名峻節 儀式衿紳
하 악 간 기 일대 위인 완 명 준절 의식 금신

安鼎福 謹製
안 정 복 근제

춘추(春秋) 향사(享祀) 축문(祝文)

하악간기(河嶽間氣) : 큰물과 높은 산의 기운인

일대위인(一代偉人) : 한 세대의 위대한 사람이어라

완명준절(完名峻節) : 완전한 명예와 높은 절개에

의식금신(儀式衿紳) : 관리들이 예식에 알맞은 법식의 큰 띠를 매었습니다

안정복(安鼎福)[1] 삼가 지음

1) 안정복(安鼎福) : 조선 영조 정조 때에 『동사강목(東史綱目)』을 저술한 실학자. 1712(숙종 38)-1791(정조 15). 자는 백순(百順), 호는 순암(順菴), 한산병은(漢山病隱), 우이자(虞夷子), 상헌(橡軒). 시호는 문숙(文肅). 본관은 광주(廣州). 은퇴한 후에는 후진 양성으로 여생을 보냈다, 이 시기에는 천주교에 대한 자신의 비판적 입장을 정리하여 천학고(天學考), 천학문답(天學問答)을 저술하였다.

道谷 楊先生 事蹟
도곡 양 선생 사적

公姓楊 諱應春 字仁卿 忠憲公巖谷先生 十三世孫
공 성 양 휘 응 춘 자 인 경 충 헌 공 암 곡 선생 십 삼 세 손

主簿, 號東岡 忠伯之子也. 萬曆辛卯懷德縣監 壬辰之
주부 호 동 강 충 백 지 자 야 만력 신묘 회덕 현감 임진 지

亂 乘輿西幸公居廬 慨然流涕曰 君怛未報國 事至此義
란 승여 서행 공 거려 개 연 유체 왈 군 달 미 보국 사 지 차 의

不可全孝 乃以色絲繡姓名三字於內衫 以爲覓尸之資遂
불가 전 효 내 이 색사 수 성명 삼자 어 내 삼 이 위 멱 시 지 자 수

黙襄 與趙重峰赴義至. 淸州破倭至 錦山終日力戰三敗
묵 양 여 조 중 봉 부 의 지 청주 파 왜 지 금산 종일 역전 삼 패

矢盡 兵竭張空 拳冒白刃 與重峰同爲殉節 贈吏曹參議.
시 진 병 갈 장 공 권 모 백인 여 중 봉 동 위 순절 증 이조참의

立旌閭配享于 怛津, 魯浦, 雙節祠 與葛山書院. 號道谷
입 정려 배향 우 달 진 노 포 쌍 절 사 여 갈산 서원 호 도 곡

有文集一卷.
유 문집 일 권

海平府院君 尹根壽 月汀 撰行狀
해평 부원군 윤 근 수 월 정 찬 행장

도곡(道谷) 양(楊) 선생 사적(事蹟)

공(公)의 성은 양(楊)이요 휘(諱)는 응춘(應春)이요 자(字)는 인경(仁卿)이며 충헌공(忠憲公) 암곡(巖谷) 선생의 13세손이다. 주부(主簿)[1]이며 호(號)가 동강(東岡)인 충백(忠伯)의 아드님이시다.

만력(萬曆)[2]에 신묘(선조 24년 1591년)에 회덕(懷德) 현감(縣監)으로 계셨다. 임진(1592년) 난(亂, 임진왜란)으로 승여(乘輿)[3]에 서(西, 棲)[4] 행(幸)[5]하시니 공께서는 여(廬)[6]하여 생활하시며 개연(慨然)[7]하여 눈물을 흘리며 말씀하시기를, 임금님에게 보국(報國)[8]하지 못하니 슬프고, 임금 모심을 의(義)[9]로

---

1) 주부(主簿) : 장부를 맡은 벼슬
2) 만력(萬曆) : 모든 직무상 기록을 적은 책
3) 승여(乘輿) : 거동 때의 임금을 말함, 피난할 때
4) 서(西, 棲) : 잠자리
5) 행(幸) : 임금의 침소(寢所) 시중을 들다.
6) 여(廬) : 임시 거처
7) 개연(慨然) : 슬퍼 탄식하는 모양
8) 보국(報國) : 나라를 위해 충성함
9) 의(義) : 임금에게 충성하는 일, 의병(義兵)

이루어야 하는 모든 효(孝)[10]에도 옳지 않도다. 이로써 내삼(內衫)[11]에 성명 세 자를 색실로 수를 놓아 입고서는 주검을 찾아서 재물을 이루어 말없이 조중봉(趙重峰)[12]을 도와 함께 의병으로 나아가기에 이르렀다.

청주(淸州)에서 왜병을 무찌르고 금산(錦山)에서 종일 힘을 다해 싸웠으나 세 번 패(敗)하니 화살도 다 떨어져 병사들이 장(張)[13]하는데 있는 힘을 다였으나 내실(內實)이 없다 하니 백인(白刃)[14]을 주먹에 쥐고 앞 뒤 가리지 않고 나아갔으나 중봉(重峰)과 같이 순절(殉節)[15]하셨다.

이조참의(吏曹參議)로 증직(贈職)되셨다. 정려(旌閭)[16]가 세워졌고 달진(怛津) 노포(魯浦)에 쌍절사(雙節祠)와 더불어 갈산서원(葛山書院)에 배향(配享)되셨다. 호는 도곡(道谷)이고 문집 1권이 있다.

해평(海平) 부원군(府院君) 윤근수(尹根壽) 월정(月汀) 찬 행장

---

10) 효(孝) : 선조의 뜻을 올바르게 계승하는 일
11) 내삼(內衫 : 속적삼
12) 조중봉(趙重峰) : 금산 700의총으로 유명한 의병장 조헌, 아호는 중봉이다.
13) 장(張) : 활시위를 매다.
14) 백인(白刃) : 시퍼런 칼날
15) 순절(殉節) : 충신이 충절을 위해 죽음.
16) 정려(旌閭) : 충신 효자 열녀 등을 그들이 살던 고을에 정문(旌門)을 세워 표창하는 일

春秋享祀祝文
춘추 향사 축문

張拳冒刃 殺身成仁 宗報百世 雙廟雷春
장 권 모 인 살 신 성인 종 보 백세 쌍묘 뇌 춘

通訓大夫 弘文館 校理兼 經筵侍讀官春秋館記事 兪冣
통훈대부 홍문관 교리 겸 경연 시독관 춘추관 기사 유 최

基 謹製
기 근제

춘추 향사 축문

장권모인(張拳冒刃)

주먹으로 활을 매고 칼 잡고 앞뒤 가리지 않고 나아가

살신성인(殺身成仁)

목숨을 내걸고 절개를 지키신

종보백세(宗報百世)

그 근본을 영원토록 갚고자

쌍묘뢰춘(雙廟雷春)[1]

쌍절사의 위패에 공손히 술을 올리옵니다

통훈대부 홍문관 교리겸 경연시독관 춘추관기사 유최기(兪最基) 근제

---

1) 춘(春) : 술로 당대(唐代)에 쓰던 말, 뇌(雷)는 위엄이 있는 모양

漁村 楊先生 事蹟
어촌 양 선생 사적

公姓楊, 諱晅以貞 忠憲公巖谷先生 十四世孫也. 公
공 성 양 휘 훤 이 정 충 헌 공 암 곡 선생 십 사 세 손 야 공

倜儻慕高行 自爲兒時已如成人 又能讀書力學 二十一成
척당 모 고행 자 위 아시 이 여 성인 우 능 독서 역학 이 십 일 성

進士 當光海之末閉 大妃於西宮用事者.
진사 당 광해 지 말 폐 대비 어 서궁 용사 자

日令館諸生 亦上疏言當廢,謂之大論 云 公恥之不應
일 령 관 제생 역 상소 언 당 폐 위 지 대론 운 공 치 지 불응

榜而歸時江右. 士論務大言禮法 以爲利階得官者 皆是
방 이 귀 시 강 우 사론 무 대언 예법 이 위 이 계 득 관 자 개시

公笑之曰 寧 服優之服 誦優之言 以資衣食無愧也.
공 소 지 왈 영 복 우 지 복 송 우 지 언 이 자 의식 무괴 야

癸亥 光海廢以先君之命 入太學 太學諸生多慕 與之交
계해 광해 폐 이 선군 지 명 입 태학 태학 제생 다 모 여 지 교

者. 方 國家中興選用才學士天官 爲之注擬者數而不及
자 방 국가 중흥 선용 재 학사 천관 위 지 주 의 자 수 이 불급

一命, 命也. 平生好直義勇 往不旨下氣 輿人苟合以此
일명 명 야 평생 호 직 의용 왕 부 지 하기 여인 구합 이 차

不悅者多而 亦以此見重.
불열 자 다 이 역 이 차 견중

有母之喪 食粥居廬 不脫絰帶 三年哭之幾滅性. 喪服
유 모 지 상 식 죽 거려 불 탈 질대 삼 년 곡 지 기 멸성 상복

父在 爲母朞 君子行禮 猶 恐不盡於禮也. 不降非禮也
부 재 위 모 기 군자 행례 유 공 부진 어 예 야 불 강 비례 야

君子以爲孝子之過也.
군자 이 위 효자 지 과 야

丙子之亂 南漢受圍急 公起義兵赴亂 聞乘輿下城,亡
병자 지 난 남한 수 위 급 공 기 의병 부 란 문 승여 하 성 망

草澤終身不出 五十四卒. 疾病屛婦女 母得居前男, 道
초 택 종신 불출 오 십 사 졸 질병 병 부녀 모 득 거 전 남 도

南, 請聞終身行之者 公已不能言 書十六字與之 亦書
남 청 문 종신 행 지 자 공 이 불능 언 서 십 육 자 여 지 역 서

不成 其可識者 守死善道 四字而已遂絶.
불성 기 가 식 자 수 사 선도 사 자 이 이 수 절

享光山書院. 有文集二卷.
향 광산 서원 유 문집 이 권

通訓大夫 行 三陟都護府使 許穆 撰行狀
통훈대부 행 삼척 도호부사 허 목 찬 행장

어촌(漁村) 양(楊) 선생 사적(事蹟)

공(公)에 성(姓)은 양(楊)이요 휘는 훤(晅)이요 자(字)는 이정(以貞)이고, 충헌공(忠憲公) 암곡(巖谷) 선생의 14세손이시다.

공께서는 척당(倜儻)[1]하시어 고행(高行)[2]을 모(慕)[3]하시니 저절로 어린 시절부터 이미 성인 같으셨다. 또 책 읽기와 부지런히 배우는데 능하시어 21세에 진사(進士)가 되셨다. 마땅히 광해(光海君)의 신하가 되어야 함에도 폐(閉)[4]하고 서궁(西宮)의 대비에게 용사(用事)[5]한 사람이다.

일령관(日令館)의 많은 유생이 또 상소로 마땅히 폐해야 한다고 말하며 대론(大論)[6]을 이루었다. 그러나 공께서는 부끄러운 방(榜)[7]에 응하지 않음으로써 그때 강(江)[8]에 우(右)[9]

---

1) 척당(倜儻) : 출중(出衆)함
2) 고행(高行) : 고상한 행실
3) 모(慕) : 우러러 받들어 본받다.
4) 폐(閉) : 단절하다.
5) 용사(用事) : 힘써 행하여 할 일
6) 대론(大論) : 크게 논함
7) 방(榜) : 방문(榜文), 사람이 많이 모이는 곳에 써 붙이는 글
8) 강(江) : 조정

로 돌아섰다.

사론(士論)[10]은 정사(政事)의 예법(禮法)에 훌륭한 말이라며 계(階)[11]를 얻어 욕심을 부리려는 관(官)의 사람들은 모두 옳다 하였으나 공께서는 웃으며 말씀하시기를 차라리 광대의 옷을 입고 광대의 말로 왈가왈부하여 입고 먹는 밑천으로 함이 부끄러움이 없을 것이다.

계해(광해 15년 1623년)년에 광해가 폐하게 됨으로서 선군(先君[12])의 명(命)으로 태학(太學)에 들어가니 태학의 유생이 많이 뒤를 따라 그들과 친하게 지내셨다. 바야흐로 국가가 중흥(中興)[13]하여 재주 있는 학사(學士)로 뽑히니 천관(天官)[14]에서 의심에 뜻을 두는 사람이 여럿이 되었으나 한번 명령함이 미치지 못함이 명(命)이다.

평생을 곧은 의용(義勇)[15]을 좋아하시어 부지(不旨)[16]의 하기(下氣)[17]로 향해 가셨다. 많은 사람은 구합(苟合)[18]하여 이를 기뻐하며 따르지 않는 사람도 많았으나 또한 이를 견중(見

---

9) 우(右) : 우파(右派), 온건주의적 경향을 지닌 파
10) 사론(士論) : 선비들의 주장
11) 계(階) : 품계(品階), 관등(官等)
12) 선군(先君) : 여기서는 대왕(인조)
13) 중흥(中興) : 쇠퇴하던 나라 집안일 따위가 다시 흥성하여 감
14) 천관(天官) : 이조(吏曹)의 다른 이름
15) 의용(義勇) : 충의(忠義)와 용기(勇氣)
16) 부지(不旨) : 속에 먹는 마음이 없다.
17) 하기(下氣) : 온순한 성질
18) 구합(苟合) : 경솔히 남의 뜻에 영합함

重)[19]하기도 하였다.

어머님의 상(喪)을 당했을 때 죽만 먹고 여(廬)[20]에 거처하며 질대(絰帶)[21]를 벗지 않고 3년을 곡(哭)하며 가끔 멸성(滅性)[22]하기도 하셨다. 상복(喪服)은 아버님이 계시면 어머님은 1년이 군자(君子)가 행하는 예인데 오히려 예를 다하지 못함을 걱정하시었다. 예가 아니면 임하지 말라 하였는데 군자로서 효자(孝子)의 과(過)[23]가 되셨다.

병자(인조 14년 1636년)의 호란(胡亂)에 남한(南漢)[24]이 포위되어 급하게 되니 공께서 의병을 일으켜 난(亂)에 나가려 했으나 승여(乘輿)[25]께서 성을 나오셨다는 소문을 듣고는 망해 없어진 초원의 늪에서 종신(終身)토록 나오지 않으시고 54세에 돌아가셨다.

질병(疾病)으로 계실 때 부녀자들을 물리치고는 앞에 삶의 근원을 얻고자 아들 도남(道南)이 종신토록 행동해야 할 것들을 청해 들으려 했으나 공께서는 이미 말할 힘이 없어 16글자를 쓰시고는 또 쓰지 못하셨다. 그중 알아볼 수 있는 것은 수사선도(守死善道)[26] 네 자였으나 이미 죽음을 맞으셨다.

---

19) 견중(見重) : 남에게 소중히 여김을 받는 것
20) 여(廬) : 여막(廬幕), 무덤 가까이에 짓고 상제가 거처하는 초가
21) 질대(絰帶) : 상복을 입을 때 머리에 쓰는 수질(首絰), 허리에 두르는 요질(腰絰)
22) 멸성(滅性) : 친상을 당하여 지나친 슬픔으로 성명(性命)을 잃음
23) 과(過) : 지나치다.
24) 남한(南漢) : 남한산성
25) 승여(乘輿) : 거동 때의 임금을 이르는 말

광산(光山)서원에 배향되셨고 문집 2권이 있다.

통훈대부(通訓大夫) 행(行) 삼척(三陟) 도호부사 허목(許穆)27) 찬 행장

---

26) 수사선도(守死善道) : 착한 도를 죽을 때까지 지켜라.

27) 허목(許穆) : 조선 후기에 청남(淸南)의 영수로 활약하며 고학(古學)에 조예가 깊었던 문신, 1595(선조28)-1682(숙종8). 자는 문부(文父), 화보(和甫). 호는 미수(眉叟), 대령노인(臺嶺老人). 시호는 문정(文正) 본관은 양천, 역사에도 조예가 깊어 동사(東事)를 저술하여 근대 민족주의 역사학에 영향을 주었으며 고전(古篆)에 능하였다. 저서로는 『방국완조례(邦國王朝禮)』, 『경설(經說)』 등이 있다.

春秋享祀祝文
춘추 향사 축문

學懋踐實 節高警俗 報祀無替 景仰遺馥
학 무 천 실 절 고 경 속 보사 무 체 경앙 유 복

李東沆 謹製
이 동 항 근제

춘추 향사 축문

학무실천(學懋實踐)
학문에 힘써서 정성스럽게 실천하시고
절고경속(節高警俗)
높은 절개의 풍속들을 조심하게 하여
보사무체(報祀無替)
쇠퇴함이 없도록 하심을 제사로 보답하며
경앙유복(景仰遺馥)
덕을 사모하여 우러러 그 명예를 후세에 전하옵니다.

이동항(李東沆) 삼가 지음

忠憲祠 四先生 追配實記
충헌사 사 선생 추배 실기

有一名公大人 以德以公 爲朝家所褒予 後世所崇慕建
유 일명 공 대인 이 덕 이 공 위 조가 소 포 여 후세 소 숭모 건

祠而俎豆之 則 其子孫之賢者 亦得以公議而躋配之 此
사 이 조두 지 즉 기 자손 지 현자 역 득 이 공의 이 제 배 지 차

其典禮之所 由來者久矣. 忠憲公楊先生之遺象 本, 在於
기 전례 지 소 유래 자 구 의 충헌 공 양 선생 지 유상 본 재 어

松禾杖屨之所墨山下. 後,仍移摹妥奉於子孫之所居 魯城,
송화 장 구 지 소 묵산 하 후 잉 이 모 타 봉 어 자손 지 소 거 노성

樂安, 昌寧, 皆有之其. 在魯城之酒谷者 士林以春秋
낙안 창녕 개 유 지 기 재 노성 지 주 곡 자 사림 이 춘추

舍菜 盖已累百年矣. 賴公之嘉庥遺謨 傳至十數世不斬
사채 개 이 누 백년 의 뢰 공 지 가 휴 유 모 전 지 십 수 세 불 참

有若,退隱公之風節, 大峰公之道學, 道谷公之臨亂殉義,
유 약 퇴 은 공 지 풍절 대 봉 공 지 도학 도 곡 공 지 임 란 순의

漁村公之炳幾昏朝磊磊, 相繼於百年之間 在法宜可祀而
어 촌 공 지 병 기 혼조 뇌뢰 상 계 어 백년 지 간 재 법 의 가 사 이

祀之莫宜於配食. 忠憲祠, 儒論以是起 金台鎬, 吳晉善,
사 지 막 의 어 배식 충헌 사 유 론 이 시 기 김 태 호 오 진 선

倡之於始而本孫, 致灝, 春稙, 與, 夏甲, 喆錫, 徹式, 徹
창 지 어 시 이 본손 치 호 춘 직 여 하 갑 철 석 철 식 철

殷, 踵而成之以甲申秋躋享四賢. 自其後仍各納, 享土五
은 종 이 성 지 이 갑신 추 제향 사현 자 기후 잉 각 납 향 토 오

斗落 而退隱派. 達川宗中, 大峰派, 夏甲. 道谷派, 明俊,
두락 이 퇴은 파 달천 종중 대 봉 파 하 갑 도곡 파 명 준

各自獨納. 漁村派, 自其宗中, 幷納. 用資籩豆之供.
각 자 독 납 어촌 파 자 기 종중 병 납 용 자 변두 지 공

其後 更以其祠宇之狹隘, 難容 故 齋任 洪承宰, 李載
기후 갱 이 기 사우 지 협애 난 용 고 재임 홍 승 재 이 재

根, 金東淳, 與, 本孫, 春稙, 夏甲, 澈殷, 喆錫, 浩植,
근 김 동 순 여 본손 춘 직 하 갑 철 은 철 석 호 식

寅攝, 曦錫, 協議發端而士林及. 本孫各自 捐晞恢而大
인 섭 희 석 협의 발단 이 사림 급 본손 각자 연 희 회 이 대

之. 爲三架於是 前烈後光肅肅. 在位僾予 百世之可 卽
지 위 삼 가 어 시 전 렬 후 광 숙숙 재 위 애 여 백세 지 가 즉

而多士駿犇 濟濟將事 有足以存其盛古之威儀馬庸. 敢
이 다사 준 분 제제 장사 유 족 이 존 기 성 고 지 위의 마 용 감

志其事略俾 後之人有以稽焉.
지 기 사 략 비 후 지 인 유 이 계 언

丁酉 季春 中浣 坡平 尹滋埏 謹記.
정유 계춘 중 완 파평 윤 자 연 근 기

충헌사(忠憲祠) 네 선생 추배(追配) 실기(實記)

덕(德)으로써 공무를 인솔하는 공대인(公大人)[1]이 한 사람 있으면 국가에서 포상을 주어서 후세(後世)에 숭모(崇慕)하는 사당을 세워 제사를 지내게 하였다. 만일 그 자손에서 현자(賢者)를 또 얻으면 공(公)들을 의논하여 이들을 배향하고 제(躋)[2]하는 그런 전례(典禮)[3]는 유래(由來)[4]된 바가 오래전부터 있었다.

충헌공 양(楊) 선생의 유상(遺像)[5]은 본래 장구(杖屨)[6]의 장소로 묵산(墨山) 아래 송화(松禾)에 있었다.

후에 그대로 따라 자손(子孫)들이 사는 장소에서 편안히 모시려고 본떠서 옮겨 왔다. 노성(魯城), 낙안(樂安), 창녕(昌寧)에

---

1) 공대인(公大人) : 조정에서 도량이 넓고 덕행이 높은 사람
2) 제(躋) : 또 올리다.
3) 전례(典禮) : 왕실 또는 나라의 길흉에 관한 의식
4) 유래(由來) : 사물의 근본 내력
5) 유상(遺像) : 죽은 사람의 초상
6) 장구(杖屨) : 지팡이와 짚신. 웃어른의 소지품이란 뜻으로 어른에 대한 높임말

모두 그가 있었는데, 노성 주곡(酒谷)에 있는 것은 사림들이 봄 가을로 석채(舍采)[7]한 지가 대략 이미 여러 백 년 되었다.

다행히도 공에 아름답고 훌륭한 모(謨[8])가 후세에 전하여 십수 세(世)를 끊이지 않고 전해져서 퇴은공(退隱公)의 풍절(風節)과 대봉공(大峰公)의 도학(道學)과 도곡공(道谷公)의 임난(臨亂)의 순의(殉義)[9]와 어촌공(漁村公)의 혼탁한 조정을 살피며 밝혀서 뇌뢰(磊磊)[10]함이 같이 있게 백 년 동안을 서로 계통을 이었으니 마땅히 제사를 지내야 옳다는 법(法)으로써 제사를 지내야 하나 배식(配食)[11]할 적당한 곳이 없기에 충헌사 유림과 논(論)하여 이 일이 시작되었다. 김태호(金台鎬), 오진선(吳晉善)이 시작에 창(倡)[12]하고 본손(本孫)인 치호(致灝), 춘직(春稙)과 더불어 하갑(夏甲), 철석(喆錫), 철식(撤式), 철은(撤殷)이 뒤쫓음으로써 이루게 되어 갑신년(1944년) 가을에 4현(賢)의 제향을 올리고 그 후로부터 거듭하여 각납(各納)[13]한 향토(享土)[14] 5두락과 퇴은파 달천(達川) 종중, 대봉파 하갑(夏甲), 도곡파 명준(明俊)이 각자(各自) 혼자서 헌납하고 어

---

7) 석채(舍采) : 옛날 처음으로 입학할 때 예물로서 채소류를 선사(先師)에게 바치던 일
8) 모(謨) : 광범위한 계획
9) 순의(殉義) : 의(義)를 위하여 죽음
10) 뇌뢰(磊磊) : 도량이 넓어 작은 일에 구애하지 않음
11) 배식(配食) : 배향
12) 창(倡) : 앞장서서 부르짖음
13) 각납(各納) : 각자 헌납함
14) 향토(享土) : 제사 모실 토지

촌 파에서는 그 종중으로부터 병납(幷納)[15]하여 변두(籩豆)[16]로 받들고 재물로 썼다. 그 후에 다시 사당집이 좁고 갑갑하여 일상생활의 동작이 어려운 고로 재임(齋任)[17]하던 홍승재(洪承宰), 이재근(李載根) 김동순(金東淳)과 더불어 본손 춘직, 하갑, 철은, 철석, 호식(浩植), 인섭(寅攝), 희석(曦錫)이 협의(協議)하여 발단(發端)함으로써 사림(士林)과 함께 하였다.

본손 각자가 마음이 크고 넓게 바라보며 기부하였으니 훌륭하도다. 이러한 삼가(三架)[18]는 전(前)에 강하고 곧은 후광(後光)[19]이 되어 숙숙(肅肅)[20]하니 어렴풋이나마 함께하는 자리에서 백세(百世)토록 들려주면 곧 많은 선비가 뛰어난 사람을 향해 감으로써 제제(濟濟)[21]를 마땅히 섬김이 족히 있어 그 많은 죽은 사람의 위의(威儀)[22]가 크게 쓰임이 있을 것이다.

감히 그 일들을 대략 따라서 기록하였으니 후에 더할 사람이 있으면 서로 견주어 헤아리리라.

정유년(1957년) 계춘(음력 3월) 에

중완(中浣) 파평(坡平) 윤자연(尹滋埏) 근기(謹記)

---

15) 병납(幷納) : 모아서 헌납함
16) 변두(籩豆) : 제사에 사용하는 그릇
17) 재임(齋任) : 향교에 묵던 유생
18) 삼가(三架) : 삼각대, 즉 훌륭한 조상, 유림, 자손
19) 후광(後光) : 부처의 몸 뒤에서 비추는 광명
20) 숙숙(肅肅) : 엄정(嚴正)한 모양
21) 제제(濟濟) : 위의(威儀)가 성한 모양
22) 위의(威儀) : 예법에 맞는 몸가짐

丁酉十月 日
忠憲祠誌

會城酒谷忠憲祠創建事實

忠憲公巖谷楊先生本中華弘農人早登魁科位極
三台而清儉之德冠于四海以 天朝金紫光祿大
夫都僉議政丞陪魯國大長公主偕歸輔理東國公
受命東來王荷帝重眷喜公之來謂公曰天朝貴臣
己托於我德澤不輕何幸天錫仁賢使我國人矜式
欽不敬乎 洪武末回還 天朝極陳東國四大貢
之弊特蠲東國各賸童女五千人駿馬三萬匹綾綃
三萬同帛布六萬疋歲貢由是國富民樂竟得太平
功德益重故拜公璧上三韓昌國功臣上黨伯賜貫

三

忠憲祠誌　一

清州以清州海州松禾爲食邑力辭不受則又封清白吏諡忠憲號巖谷眞像遺奉于松禾杖屨之所墨山下使本主章甫設春秋俎豆之禮 崇禎紀元後丙寅魯城儒林以追慕之誠以謂雲仍世居之地不可無建祠設香之禮倡議呈許終以 朝令自松禾移摹影本奉安于魯城酒谷以爲設香火也向在戊辰毁撤八路院祠而本祠以麗朝三韓昌國功臣幸得免保守豈非士林之幸而后孫之慶耶歲甲申秋士論齊發本孫同應以公之名孫退隱大峯道谷濂村四先生追配於公之左右於是可見其卓節偉行

百世不泯而士林慕賢之誠愈久而愈新也祖孫一堂眞可有是祖有是孫則公之靈安得不莞爾於冥冥之中耶略記事實以爲觀瞻之資云爾

忠憲公叢谷楊先生忠憲祠奉安文

中朝首相東國佐理獘除四貢德垂百禩著四知清食三邑埰我 朝褒賢西海像在士林追慕摹移東魯季秋奠獻共得拜觀

通訓大夫行魯城縣監崔文顯謹撰

春秋享祀祝文

氣質清粹德器成就勳銘彝鼎名垂宇宙寧謐緹岑

顯晦龍繇風聲愈新誦慕如舊

大匡輔國崇祿大夫議政府左議政南在謹製

上黨伯忠憲公巖谷楊公行狀

公諱起字可尹姓楊氏中華人也其先卽唐叔虞之後伯僑自晋歸周周封楊侯食采於楊賜姓楊氏至于晉大夫叔向又食采於楊其地則平陽楊氏縣是也叔向生伯石號楊石其後叔向子孫隱於華山仙谷遂居華陰有子楊章爲韓襄王將守修武因居於河内章子款笣爲秦上卿款笣子碩碩字太初從沛公征伐爲太史碩子喜喜字幼羅高祖時有大功勳封

赤泉嚴侯喜子敷敷字伯宗爲赤泉定侯敷子胤胤字無害爲太子師傅胤子敬敬字君平爲安平敬侯敬子忠忠字信仲爲安平項侯忠子譚譚字直之爲蜀國安平侯譚子寶寶字稱淵學歐陽尚書哀平時隱居教授居攝二年與兩龔俱徵遂隱不出仕不知所處光武高其節義以公車特徵稱以老病不至寶子震震字伯起自少好學明經博識冠于四海而號稱關西夫子拜太尉震子秉秉字叔節學傳賁裘兼明京氏易博通詩書常隱居教授後徵拜太尉秉子賜賜字伯獻不墜家學謚文烈賜子彪彪字文先徵

七

拜太尉彪子修修字德祖聰明俊才爲公卿修孫準爲公卿準曾孫佺期爲侍中佺期後孫善才大德初爲金紫光祿大夫侍中善才子幹幹字汝秀拜侍中幹子仁保仁保字義顯爲侍中仁保生公公天性仁恕自幼以淸白爲度而素抱大志不在溫飽以濟世安民爲己任卓登魁科不喜紛華官至三重大匡輔國金紫光祿大夫都僉議政丞因大體不拘小節位居鼎鼐地無樓臺居家有四知之遺風進朝有一治之宏規退休江湖則憂其君進處廟堂則憂其民論道經邦燮理陰陽輔國之誠濟世之策不下於稷禹

伊呂之佐天子嘉之以元良股肱稱之以霖雨舟楫託之其天褒之重如是而爲相十年中國之民無不被其澤德流中華名振外國于時天子賜以淸白二字公對曰臣之淸白非但得之於心是乃傳家之風而謹守勿失則臣之後世遺以淸白無累子孫是所願也矧此君賜豈敢違乎此臣之尤爲銘感於心而服膺者也其於公退之暇或有宗族故舊勸營財產者整襟危坐曰人臣之道當廣濟生靈安事一室遺之以安則子孫久守家訓而可以爲後世法程何爲無遺聞者悅服其傳家之法爲一國之矜式勸於職

事黼黻皇猷贊襄治道施于中國洽于藩鄙庶幾周召之治矣爲國柱石而天下晏如一世之兆民躋之於春臺之上三代之遺風復回於中華之治親君子遠小人崇儒術尚禮樂簡拔賢才致之廊廟憂國之誠眷眷於方寸之內澤民之道孜孜於範圍之間民到于今受賜大矣其於臨大節處大事則當時大臣莫能及之天子視之股肱耳目化流四海民有頌位登三台至不疑其輔理之道如是矣公素養性善無一毫私欲於襟懷之間讀書必以語孟爲本旨以伊訓說命爲大經而凡於性理無不潛究常曰爲治之

道當以元凱爲法安民之道當以皐夔爲則可矣以
經世濟民爲先務舉斯措彼燦然備具竟以致治于
中國中國之人薰其德而善良者多矣其清儉節行
存養心法聞于一世冠于四海學者號稱巖谷先生
帝謂公曰公之清白節儉自先世以來遺之子孫而
卿世襲其風爲世所稱重朕甚嘉之欲使卿爲伊周
之任託六尺之孤以朕之子孫取效清儉禮節焉即
拜公首侍中爲公主之付公主敬重亦不怠而事之
及其公主之長也公主下嫁於高麗釐降于東國帝
謂公曰高麗前有功於太祖許帝室通婚令公主歸

東卿旣爲付託之任卿與公主偕歸輔理東國無負
朕意公受命東來則王荷帝之重眷喜公之來請公
回天朝貴臣已託於我德澤不輕何幸天賜仁賢使
我國人矜式敢不敬予爰立作相置諸左右而圖治
焉公按察國中之弊多常歎曰海東一隅褊小之國
有此許多之貢獻則不久自盡必矣國君將何以保
其蒼生蒼生亦何以事其國君予念茲在茲 皇明
洪武末回還天朝天子親問東藩之弊公對曰臣竊
觀朝鮮之事勢延袤不過數千里列邑亦不滿百六
十而其間人物之數鮮少選其五千之童女以貢萬

里之外年年選入民間驛騷昔新羅眞平王時遣使如唐獻二美人魏徵以爲不宜受太宗喜曰彼林邑獻鸚鵡而猶言苦寒思歸況二童女遠別父母哉付中使歸之惟彼一雙之姬尙可不受令此五千之女厥數甚多以若有限之女俾當無限之貢則人有盡而國之難保者一也且海東馬少於天下而今夫歲貢至於三萬匹則物有盡而國之貢無已此其東藩之所不能支者二也又觀禹貢之總名則玄纁織組厥絲織文皆是厥土之貢而鯷岑亦在十二州之外別無錦繡華麗之物而特以三萬匹之綾絹爲厥篚

之貢非但國中財力之虛耗羣黎之愁惱益甚褊邦之痼弊者三也麻枲纖縞皆是青徐之貢至於東土則不是宜土而雖或耕種不合於玄紞之服又非所產之物也既無納錫之命而歲歲常貢其六萬匹之紵布第無國中之貯皆賦於四境之民生靈安得不困乎徭役之煩重者四也陛下誠推厚往薄來之心蠲此四大之貢則臣往東邦庶可以輔國矣不然則東藩褊小之國不可久支十年臣之居於外國者惟其爲輔理君臣之道也弊痼如此而不除之則臣居相位徒費虛祿而已何益之有乎天子即覽此言淺

歎曰東國貢弊之難堪今始覺之矣卿之爲國之誠
保民之心自少抱知矣復何有可否之端乎於是始
爲父母之國而特蠲各種四貢之大者詔使公修削
貢籍公點檢簿書永削東國貢獻童女五千人駿馬
三萬匹綾絹三萬同白紵布六萬匹而還癸衆國始
得太平國有餘力民有餘財風俗淳厚禮法備盛宛
若熙皞之世而頌聲作王嘉其丕績始爲萬世之功
麗羅之許多功臣不能比肩而反在其下功蓋于世
德垂于民於是定元功賞爵邑封壁上三韓昌國功
臣淸白吏上黨伯賜貫淸州以淸州海州松禾爲食

邑以爲匹休拜美於國家矣其治國規模一依中華之制度禮樂文物復移三代之盛治宛有箕子之風而尤有光於東土矣蓋朝鮮分道八域至于海表而莫不被其澤三韓遺民同歸於太平之化實亮天地輔相燮調宰相之事業遂爲開國之第一焉公入相中朝惠澤旁流於天下出相東藩功烈永耀於萬世輔國安民之道孰如斯耶位居崇品寵遇無倫公之嘉言善行輝煥當世而太史秉筆者大書特書作傳表出乘於竹帛銘于彝鼎昭昭傳世矣公晩年致仕退休于松禾縣墨山之下其進退也得處中矣而家

失其正朝家遣使賜以几杖禮遇老相若有國家大事則必以星軺徃問于墨山之下其剖決如流以副國家之望朝廷歎曰眞天下注意也公自少至老名齊北斗而措國勢於泰山之安使吾東土竟除四大貢之弊於中國而功德無於萬世之下洽于左海之民烈烈其光焉朝家每遣使徵之則公辭以病不能造朝朝家憫其老而不至歎其久而不見使畫工畫看其居如魏野之故事繪像優厥如唐介之故蹟掛之朝堂壁上時日相對如見儀容焉其居家之行則修諸身者整其衣冠齊其顏色攝儀厲行恭默端坐

其閒居也昧爽而興拜謁家廟退坐一室焚香閑閣究覽墳典留神於聖賢之域屛迹於羣少之輩雖鄉黨鄰里之人不敢私謁於其門几案之間則不置莊老之書常誦大小之學以爲求心之要出入則不喜華靡只以一馬二僮行李蕭然道路觀者不知宰相之來往其威儀容止之間則自幼至老雖祈寒盛暑未嘗有違也奉先極其孝撫下極其慈閨庭之間內外嚴和恩義之篤怡怡也其祭祀也事無纖巨必誠必敬少不如意則終日不樂己祭無違禮則油然而泰死喪之間哀戚備至飮食器用各稱其情賓客之來

無不延邀稱家有無常盡其歡於親故雖疏遠必致
其愛於鄉里雖微賤必待其謹吉凶慶弔禮無所遺
賙䘏問遺恩無所闕其自奉則衣取蔽體食取充腹
居止足以障風雨人不能堪而處之裕如也其立於
朝也鞠躬屛氣開陳善端以導其君而與同列君子
論政事得失以補其袞職之闕憂麗季佛法之猖乱懼
三代儒道之不明以明天理定人倫爲務而前後奏
疏不可盡書有謂年月不可盡錄先生之事業實関
世道之隆替而未得斥其異端崇其儒術有志未就
退居墨山之下怡然自樂有若晉公之宅乾岡有似

溫公之卧洛園其經綸規畫正大宏偉其豊功偉烈
昭晰呈露愈久愈新若夫可仕可止從心所欲者蓋
先生之素履也有子六人各修行檢皆至大官而家
庭之訓如石奮之門頤養之道如疏廣之居晚年清
福中節以爲後人之楷式焉至于洪武甲戌七月患
候沈重諸子小不離側但無一言家事或以輔理國
事越七日恬然而逝享年九十有二訃音至于九重
朝家歎曰天何奪我賢相爲之流涕卽命饍夫三日
進素饌以禮葬于白川郡南鶴巖山下院洞癸坐原
賜謚忠憲又賜所畫生綃遺像于松禾縣杖傑之所

使本土章甫建祠奉安一依白鹿洞規設俎豆之禮於春秋兩丁虔誠行祀遺像凜然瞻者肅敬焉配清州韓氏同正文吉之女生六男一女長曰成桂官至右相封西原伯孫曰伯淵官至贊成以都指揮使滅拔都賊於雲峰引月驛竪勝戰碑歿後賜謚忠簡第二子曰天柱官至左相孫曰益貴官至右尹第三子曰萬春官至判書孫曰貞幹官至判書第四子曰之壽官至匡靖贊成以清白吏封西平君孫曰興立官至判書第二孫曰天震以奏請使入中朝當仕數紀永削東國許多貢獻至籍畢修以還朝家褒其清白

敕勞封安岳君有食采邑歿後賜謚景安第五子曰
㟐封密陽君孫曰文官至嘉善第六子曰浦官至右
相封唐岳君孫曰東浚官至吏曹判書渊珍島賊女
適判書朴之長公之清白勲勞事蹟著於國史炳若
日星萬古不朽一國之慕百世愈新
大匡輔國崇祿大夫議政府領議政黃喜撰
大匡輔國崇祿大夫議政府領議政趙浚跋
大匡輔國崇祿大夫議政府右議政鄭擢賛畫
像
大匡輔國崇祿大夫議政府左議政河崙㔚修謄

祠享安文

退隱楊先生事蹟

公姓楊諱治字致淳號退隱忠憲公巖谷先生之曾
孫西平君之壽之孫景安公天震之子也公生有異
質而義勇武略屹然爲萬夫之特金節齋宗瑞華九
城閫公名選隷帳下多所籌策年十八討野人賊閭
拓六鎭虜獲甚衆　朝家聞而壯之卽拜爲靈光郡
守又陞資爲黃海咸吉兩道兵馬節度使及至
端廟初服見皇甫仁金宗瑞鄭苯三相臣被禍卽棄
官歸隱抱川山中逮夫　上王將越之時有患嬪楊

氏卽公之從姪女也以 國寶不傳并其二子漢南君(瑗) 來豐君(瑑) 同時被禍而有詔敢收屍者族公慟愁憫泣曰此何變也吾生不能死於君又見不忍言之慘禍生亦何爲遂乘夜親自收其乘軆不棺不誌潛葬於抱川機塘谷中而畏約無竊泯其處而平之仍居抱川村舍佯狂自悠居常東望趨中血淚如雨至聞清泠浦烈風雷雨之變則煩冤嗚泣如不欲生而每月朔朝具公服向魯陵焚香四拜旣而仰天長呼曰吾不與六臣同死何顏立於天下乎遂以罪人自稱而杜門隱約四十餘年作詩以見志曰蜀姜霜

降日松落歲寒時物色猶多變吾心莳不移又曰世
事茫茫已白頭千年遺恨子規樓功名武勇今何用
但願歸從六鬼啾仍自號退隱名其里曰杜門又戒
其子校理順達曰清白忠貞自吾忠憲公以來世守
家法也自今以後汝勿以仕進爲意也 成化乙巳
終享年八十六 唐城洪直弼梅山撰行狀 月城
崔益鉉勉菴撰實記

春秋享祀祝文

菊萎松凋丹心未移東風灑淚彼美之思

梅山居士洪直弼謹撰

忠憲祠奉安文

穹壤之間曰有正氣公乃所受烈烈其志早遇風雲名聞九城歷敭銓憲治績有聲粤惟　端廟睿質孔仁其奈運否呼子不辰白馬無影寃禽空啼噫噫魯陵可不忍提有臣草野聞變而狂聲聲招魂吾君難忘公曰吾家忠孝世傳況又惠嬪同堂至親我何生為自川晦跡成朴諸賢贊同聲烈可蹈白刃竟不搖衷既辨其義舍取魚熊西山之餓東海之蹈萬古雲霄一揆前後于彼魯鄕迺祖靈宮以孫配祖禮無不公士林合辭論議完成於千萬載是侑是享

侍從李鍾恭謹撰

大峰楊先生事蹟

公姓楊諱熙止字可行號大峰叢谷先生八代孫唐岳君七代孫判書公諱淩之孫也 天順六年丙午中生進居泮時疏論圓覺寺創建之非後有巫稱内旨禱祀于 文廟外諸生慴伏喋不言公與安公彭命奮然驅逐巫俾不 大妃怒 上聞之蹶然曰士氣如此吾病頓欲祛 成廟甲午闡大科先是 上聞其名已熟及拆號喜甚 賜對便殿 御筆題詩曰才子楊家主樹姿其名端合搜稀枝遂

賜名與字特授藝文館檢閱輟寶燭以歸 恩榮世
罕有也丙申別選湖堂 命揀青少文臣有才學者
賜暇赴藏義寺讀書廩繼粟庖繼肉蓋所以儲養也
戊午寒暄一蠹諸先生安置西北道書以勸勉疏以
量移靜庵趙先生有求道志屢書請益先書紹介于
寒暄堂勸送熙川謫所 中宗丁卯進禮曹正郞李
賢輔致祭 正宗丙午士林建祠於大郞梧川行俎
豆之禮文章德業妙年鳴世官至大司憲按節八路
最名清白多載國乘有文集行于世 平康蔡濟恭
樊庵撰行狀

賜祭文

維正德二年歲次丁卯十一月庚子朔十六日乙
卯 國王遣臣禮曹正郎李賢輔諭祭于卒大司
憲楊熙止之靈惟 宣陵髦士濟濟傑卓惟卿
出類罕儷自入泮宮已著義聲迨釋褐初蒙不世
榮 御詩錫名蓮燭送院藝文清銜藏義別選安
武青雲歷敭要華啓沃繩糾闢異斥邪入告出宣
經幄藩維政事文學左右俱宜稟河嶽氣全文武
才 聖朝知臣八字打開有疑其樹戊庚之際因
究採賢靡血四體耿耿其衷烈烈其讜暫黜何傷

忠憲祠誌　十四

回天可尚予閱史草得卿遺章三復永嗟九原英
爽憶在私邸目覩心欽祥鸞瑞鳳美玉精金進止
雍容望若松喬及茲履艱恨未同朝追惟盡傷賁
奠洞酌不昧者存庶幾來格

春秋享祀祝文

河嶽間氣一代偉人完名峻節儀式衿紳

安昌福謹製

道谷楊先生事蹟

公姓楊諱應春字仁卿忠憲公巖谷先生十三世孫
主簿藐東岡忠伯之子也萬曆辛卯懷德縣鹽壬辰

之亂 乘輿西幸公居廬慨然流涕曰君恩未報國
事至此義不可全孝乃以色絲繡姓名三字於內衫
以為覔尸之資遂墨衰與趙重峰赴義至清州破倭
至錦山終日力戰三敗矢盡兵竭張空拳冒白刃與
重峰同為殉節 贈吏曹參議 立旌閭配享于恩津
魯浦褒節祠與葛山書院號道谷有文集一卷
海平府院君尹根壽月汀撰行狀

春秋享祀祝文

張奉冒刃殺身成仁崇報百世褒廟當春
通訓大夫弘文館校理兼 經筵侍讀官春秋

館記事俞㝡基謹製

漁村楊先生事蹟

公姓楊諱晅字以貞忠憲公巖谷先生十四世孫也公倜儻慕高行自為兒時已如成人又能讀書力學二十一成進士當光海之末閉 大妃於西宮用事者日令館諸生亦上疏言當廢謂之大論云公恥之不應榜而歸時江右士論務大言禮法以為利階得官者皆是公笑之曰寧服優之服誦優之言以資衣食無愧也癸亥光海廢以先君之命入太學太學諸生多慕與之交者方國家中興選用才學士天官為之

狂擬者數而不及一命命也平生好直義勇往不肯
下氣與人苟合以此不悅者多而亦以此見重有母
之喪食粥居廬不脫經帶三年哭之幾滅性喪服父
在爲母朞君子行禮猶恐不盡於禮也不降非禮也
君子以爲孝子之過也丙子之亂南漢受圍急公起
義兵赴亂聞 乘輿下城亾草澤終身不出五十四
辛疾病屛婦女母得居前男道南請聞終身行之者
公已不能言書十六字與之亦書不成其可識者守
死善道四字而已遂絶享光山書院有文集二卷

通訓大夫行三陟都護府使許穆撰行狀

春秋享祀祝文

學懋踐實節高警俗報祀無替景仰遺馥

李東沆謹製

忠憲祠四先生追配實記

有一名公大人以德以公爲朝家所褒予後世所崇纂建祠而俎豆之則其子孫之賢者亦得以公議而躋配之此其典禮之所由來者久矣忠憲公楊先生之遺像本在於松禾扶巖之所墨山下後仍移奉安奉於子孫之所居曾城樂安昌寧皆有之其在曾城

之酒谷者士林以春秋舍菜蓋已累百年矣頼公之
嘉麻遺韻傳至十數世不斬有若退隱公之風節大
峰公之道學道谷公之臨亂殉義漁村公之炳幾皆
朝磊磊相繼於百年之間在法宜可祀而祀之莫宜
於配食忠憲祠儒論以是起金台鎬吳晋善倡之於
始而本孫致顯春植與夏甲喆錫澈式澈殷踵而成
之以甲申秋躋享四賢自其後仍各納享土五斗落
而退隱派達川宗中大峰派夏甲道谷派明俊各自
獨納漁村派自其宗中并納用資籩豆之供其後更
以其祠宇之狹隘難容故齋任洪承宰李載根金東
淳與本孫春植夏甲澈殷喆錫浩植寅攝[illegible]

發端而士林及本孫各自損貲而大之爲三架於是前烈後光肅肅在位儼乎百世之可卽而多士駿奔濟濟将事有足以存其盛古之威儀焉庸敢志其事略俾後之人有以稽焉

丁酉季春中浣坡平尹滋埏謹記

1957

제4장 청령사 (淸寧祠)

西平君 墓碑文
서평군 묘비 문

清州楊氏 東國大姓中業有西平君. 諱, 之壽, 漢丞相
청주 양씨 동국 대성 중 업 유 서평군 휘 지 수 한 승상

關西夫子, 諱, 震, 後也. 諱, 善才, 諱, 幹, 諱, 仁保,
관서 부자 휘 진 후 야 휘 선 재 휘 간 휘 인 보

是公高證祖, 在元朝具爲政丞. 考, 諱, 起, 亦元朝中言
시 공 고 증 조 재 원조 구 위 정승 고 휘 기 역 원조 중 언

省政丞, 削東藩四貢之弊 且元公主釐降于高麗也 以魯
성 정승 삭 동번 사 공 지 폐 차 원 공주 리 강 우 고려 야 이 노

嬪都令偕歸東國. 上嘉其丕績 封上黨伯. 諡, 忠憲. 清州
빈 도령 해 귀 동국 상 가 기 비적 봉 상당 백 시 충 헌 청주

之貫始於此. 妣, 貞敬夫人, 清州韓氏同正, 文吉, 女. 先
지 관 시 어 차 비 정경부인 청주 한씨 동정 문 길 여 선

配, 貞敬夫人密陽朴氏 繼配, 貞敬夫人竹山安氏 封信和
배 정경부인 밀양 박씨 계 배 정경부인 죽산 안씨 봉 신화

宅主典書國祥女. 墓三祔于 京畿 楊州郡 長興面 釜谷里
택주 전서 국상 여 묘 삼 부 우 경기 양주 군 장흥 면 부곡 리

山 五十六 番地 戌原. 有五男四女. 男 興立典書, 興
산 오십 육 번지 술 원 유 오 남 사 녀 남 흥 립 전서 흥

野參議,　添植典書,　天震以開國功臣封安岳郡.　謚,景安
야 참의　첨 식 전서　천 진 이 개국공신 봉 안악군　시 경안

天祿判漢城事. 女 崔判書, 溶 李文和 魯王妃 崔雲海.
천록 판 한성 사 여 최 판서 용 이 문 화 노 왕비 최 운 해

噫 公在麗朝官 至匡靖大夫都僉議贊成事 且, 以魯國
희 공 재 려 조 관 지 광정대부 도첨의 찬성사 차 이 노국

舅 出入天朝 則鼎鍾之貴莫能. 尙, 焉而往還萬里 行裝
구 출입 천조 즉 정종 지 귀 막 능 상 언 이 왕환 만리 행장

蕭條 窓下一庭 馬不容旅 竟, 封淸白吏 西平君. 若非
소조 창 하 일 정 마 부 용 여 경 봉 청백리 서평군 약 비

蘊蓄 有素廉勤 封公者能若是乎. 日,後孫 前純陵參奉,
온축 유 소 렴 근 봉 공 자 능 약시 호 일 후손 전 순릉 참봉

震植. 智陵參奉, 學烈, 語余曰 五百餘年 風雨洗磨 隊
진 식 지릉 참봉 학 렬 어 여 왈 오 백 여년 풍우 세 마 대

途貞珉 無復舊時 容今更新之 潤根 潤植 毅爀 三人
도 정민 무 복 구 시 용 금 갱신 지 윤 근 윤 식 의혁 삼 인

發論 鳩財諸宗 以吾二人 亦從而協贊之 子須文之 乃不
발론 구재 제종 이 오 이 인 역 종 이 협찬 지 자 수 문 지 내 불

揆僭妄而檃栝焉繼 而 銘曰 四世事元 崇爵超秩 公趾
규 참망 이 은 괄 언 계 이 명 왈 사세 사 원 숭 작 초 질 공 지

其美 出入天闕 舅於魯王 何所不獲 淸儉律身 囂囂自樂
기 미 출입 천관 구 어 노 왕 하 소 불획 청검 율신 효 효 자락

西原 韓 達善 謹識
서원 한 달선 근 지

監董 潤根 潤植 毅爀
감동 윤 근 윤 식 의 혁

서평군 묘비 문

청주(淸州) 양(楊)씨가 우리나라 지체가 높은 성의 중엽(中業)[1]에는 서평군(西平君)이 계시다.

이름은 지수(之壽)로 한(漢)나라 승상(丞相)[2] 관서부자(關西夫子) 이름 진(震)의 후손이시다. 휘(諱) 선재(善才), 간(幹), 인보(仁保)께서 이 공(公)의 고조부, 증조부, 조부로 원(元)나라에서 다 같이 정승으로 지내셨다. 아버님의 이름은 기(起)이신데 역시 원나라 조정 중언성(中言省)의 정승으로 고려의 4대 조공의 폐(弊)[3]를 삭(削)[4]하시고, 또 원나라 공주께서 고려(高麗)로 이강(釐降)[5]할 때 노빈도령(魯嬪都令)으로 우리나라에 함께 오셨다. 임금께서 그 큰 공(功)을 가상히 여기시어 상당백(上黨伯)에 봉(封)[6]하셨다. 시호가 충헌(忠憲)이시니 청

1) 중업(中業) : 어느 시대에 중간쯤 되는 시대
2) 승상(丞相) : 옛 중국의 벼슬 이름, 우리나라는 정승
3) 폐(弊) : 귀찮은 신세나 괴로움
4) 삭(削) : 깎다, 떼어내다.
5) 이강(釐降) : 임금의 딸을 신하에게 시집보내는 일
6) 봉(封) : 일정한 땅을 떼 주고 제후로 삼다, 직위나 작품(爵品)을 내려주다.

▲ 서평군 휘 지수(之壽) 묘소

주(淸州)에 본관이 이로부터 시작된다.

부인 정경부인은 청주(淸州) 한(韓)씨 동정(同正) 문길(文吉)의 따님이시다. 먼저 부인 정경부인은 밀양(密陽) 박(朴)씨 이고 다음 부인 정경부인 죽산(竹山) 안(安)씨는 신화택주(信和宅主)에 봉해진 전서국상(典書國祥)의 따님이시다. 묘(墓)는 경기 양주군 장흥면 부곡리 산56번지 서북쪽 둔덕에 세 분과 합장(合葬)하였다.

5남 4녀가 있는데 아들 흥립(興立)은 전서(典書)이시고, 흥야(興野)는 참의(參議)이시고, 첨식(添植)도 전서이시고, 천진(天震)은 개국공신으로서 안악군(安岳君)으로 봉해졌고 시호는 경안(景安)이시다, 천록(天祿)은 판한성사(判漢城事)이시다. 따님은 최(崔) 판서 용(溶)에게, 이문화(李文和)에게, 노 왕비(魯王妃)로, 최운해(崔雲海)에게 시집 보냈다.

아! 공(公)께서는 고려 조정의 벼슬 광정대부도첨의찬성사(匡靖大夫 都僉議贊成事)에 이르셨고 또 노국(魯國)의 구(舅)[7]로서 중국 조정을 출입하시면서 정종(鼎鍾)의 귀(貴)[8]로서 재량(才量)을 부리지 않고 오히려 반대로 만리(萬里) 길을 왕복할 때도 행장(行裝)이 쓸쓸하였고 창문 아래 작은 뜰에 여행하는 말을 치장하지 않으시며 사셨기 마침내 청백리(淸白吏)인 서평군(西平君)을 봉(封)하셨다. 온축(蘊蓄)[9]하지도 않으시고 평소에도 청렴하게 임무를 행하셨으니 봉공(奉公)[10]의 재능이 이와 같습니다.

일전에 후손인 전(前) 순릉(純陵)[11] 참봉 진식(震植)과 지릉(智陵)[12] 참봉 학렬(學烈)이 나에게 말하기를 오백여 년을 비바람에 씻기고 깎이어 비석이 떨어지고 더러워져 옛날로 돌이킬 수 없기에 지금 새로 고치는 것을 마땅하게 여기고 윤근(潤根) 윤식(潤植) 의혁(毅爀) 세 사람이 발론(發論)[13]하고 여

---

7) 구(舅 : 시아비)
8) 귀(貴) : 경대부(卿大夫)
9) 온축(蘊蓄) : 물건을 많이 모아서 쌓음
10) 봉공(奉公) : 공사(公事)를 위해 힘씀
11) 순릉(純陵) : 조선 태조의 조모이신 경순(敬純) 왕후 박(朴) 씨의 능
12) 지릉(智陵) : 조선 태조의 증조부인 익조(翼祖)의 능
13) 발론(發論) : 의견을 꺼냄

러 종중에서 구재(鳩財)[14]하였음으로 우리 두 사람 또한 따라서 협찬(協贊)할 테니 그대의 글(비문)을 바란다기에 참망(僭妄[15])함은 헤아리지도 않고 은괄[16]하고 이에, 덧붙여 명(銘)[17]을 말합니다.

사세사원(四世事元)
4세가 원나라의 임금을 섬기신
숭작초질(崇爵超秩)
높은 신분으로 관직에 오르면서도
공지기미(公趾其美)
공(公)의 발자취는 아름다웠습니다.
출입천관(出入天關)
중국의 관문을 출입하시고
구어로왕(舅於魯王)
노(魯)나라 왕비의 시아버지로서
하소불획(何所不獲)
어찌 얻지 못할 바이겠는가마는
청검율신(淸儉律身)
결백하고 검소하게 스스로 자신을 단속하시며

---

14) 구재(鳩財) : 돈이나 재물을 거두어 모음
15) 참망(僭妄) : 분수에 넘치는 언행을 마구함
16) 은괄(檃佸) : 또는 은괄(檃栝), 잘못을 바로잡음
17) 명(銘) : 금석이나 기물에 새겨 그 사람의 공덕을 기려 후세 자손에게 보이거나, 또는 경계의 글로 삼는 글

효효자락(囂囂自樂)

한가로이 고요하게 스스로 즐기셨네요!

서원(西原)[18] 한(韓) 달선(達善) 근지(謹識)

감동(監董)[19] 윤근(潤根) 윤식(潤植) 의혁(毅爀)

계미(癸未) 1943년(年) 봄(春)

추이(追而) 경진(庚辰) 2000년(年) 가월(佳月)[20]

묘역복원우갱비(墓域復元于更碑)[21]

족인(族人) 우죽(友竹) 진니(鎭尼) 근서(謹書)

* 비석에 새겨진 글을 적은 것임

---

18) 서원(西原) : 淸州의 신라 시대 지명

19) 감동(監董) : 감독관(監董官) 조선시대에 역사(役事)를 감독하기 위하여 일시로 임명된 벼슬

20) 가월(佳月) : 중추(仲秋)

21) 묘역복원우갱비(墓域復元于更碑) : 묘역 복원 때 다시 세운 비

清州楊氏 退隱實記

초판발행일 2022년 8월 31일

엮은이 : 청주양씨 병사공파 퇴은실기 편찬위원회

펴낸 곳 : 도서출판 문학공원
펴낸이 : 김순진
편집장 : 전하라
디자인 : 김초롱
주　소 : 서울 은평구 통일로 633 녹번오피스텔 501호
전　화 : 02-2234-1666
팩　스 : 02-2236-1666
홈페이지 : www.munhakpark.com
이메일 : 4615562@hanmail.net

※ 책값은 뒤표지에 있습니다.
※ 저자와의 협의에 의해, 인지는 생략합니다.